The 1st step of product planning

1からの商品企画

西川英彦
廣田章光 編著

発行所:碩学舎
発売元:中央経済社

序　文

　商品企画に興味はあるが、よくわからない。商品企画を学んだが、手法や理論まではうまく説明できない。そういったはじめて商品企画を学ぶ方、商品企画を1から学び直したい方のために本書は執筆されました。

　本書では、商品企画は実際にどのようなプロセスで行われているのか、そして商品企画をうまくやるために、理論や手法がどのように役立つのかを学びます。これらを学ぶことは、さらに深く商品企画を学ぶきっかけとなり、うまく商品企画を行うための手がかりを得ることになるはずです。

　商品企画を学ぶための入門書は、世の中にはたくさん存在します。その中で、本書はいくつかの特徴をもっています。それは、次の4つの点です。

　まず第1に、ケースを通して商品企画や、そのプロセスを理解できることです。市場にはたくさんのヒット商品があり、商品は店頭やネットで見たり買ったりすることはできます。しかし、その裏側にある商品企画は、商品を見ただけではわかりません。本書では、身近なヒット商品を取り上げ、その商品企画のプロセスをケースでわかりやすく紹介しています。こうした商品企画のプロセスはあまり表に出てこないのですが、多くの企業の方のご協力で実現することができ感謝しています。そのケースをもとに、商品企画の考え方や、実際の進め方、最低限の基礎理論を学べることが本書の特徴です。

　第2に、多様な市場調査の手法や理論を数多く理解できることです。本書では、商品企画において重要となる市場調査を、アイデアやコンセプトを発想するための調査（探索的調査）と、アイデアやコンセプトを確認するための調査（検証的調査）という2つのタイプの市場調査に分けた上で、それぞれ複数の章でとりあげています。ここでは、インタビュー法や、コンセプト・テストなどのよく知られる市場調査だけでなく、近年、消費者すら気づいていないニー

◆◆◆ 序　文

ズを発想するために有効だといわれている観察法やリード・ユーザー法（先端的なユーザーのアイデアを活用する手法）という新しい手法も理解することができます。

　第3に、商品企画プロセスに関連づけて、マーケティングを理解できることです。本書は、商品コンセプトや販促、価格、チャネルなどのマーケティングの基本的な理論を網羅しています。それらが商品企画プロセスの順に取り上げられているので、商品企画プロセスと基礎的な理論との関係が理解できます。本書を通して、商品企画だけでなく、マーケティングの基本を学んだり、その理解を深めたりすることができます。

　最後に、商品企画プロセスの実践的な進め方を理解できることです。各章では、ケースや考え方だけでなく、そのプロセスの実際の進め方や、進める上で気をつける点も取り上げているので、はじめて商品企画を試みる人のためのガイドラインとなり、商品企画の演習などにも適しています。本書の執筆者らのゼミでは、商品化を目指した新商品の企画を競い合う「Ｓカレ」（Student Innovation College の略）に取り組んでおり、こうした実習でも活用できるよう本書を執筆しました。Ｓカレの参加学生には草稿を丹念に読んでもらい、よりわかりやすくすることができ感謝しています。皆さんの中で、Ｓカレの活動に興味があれば、「Ｓカレ」と検索して覗いてください。

　このように本書は、商品企画を学ぶための専門的な入門書として、いくつか独特の特徴をもっています。そのため、大学生であれば、製品開発論、マーケティング・リサーチ、マーケティング論、そしてそれらの演習などのテキストとして使えます。企業の方であれば、商品開発部門、マーケティング部門、リサーチ部門の手引書として使えるでしょう。

◆◆◆ 本書の構成

　本書は、商品企画の考え方や、基礎的な理論、手法を網羅しつつ、基本的に商品企画プロセスの順に構成されています。図のようにプロセスは「探索的調査」「コンセプトデザイン」「検証的調査」「企画書作成」という4つの段階別

序　文

に4部、15章に分かれ、全体で商品企画プロセスを構成するという一貫性をもった流れになっています。ここでは、その概要について簡単に説明します。

　第Ⅰ部「探索的調査」では、商品企画のアイデアや洞察を得るために行う調査を確認します。ここでは、まずは商品企画プロセスの全体像をみた上で、インタビュー法や、観察法、リード・ユーザー法を理解します。

　第Ⅱ部「コンセプトデザイン」では、探索的調査をもとに商品コンセプトの設計や視覚化を行う手法を確認します。ここでは、アイデア創出、コンセプト開発、プロトタイピング（試作品の開発）を理解します。

　第Ⅲ部「検証的調査」では、商品コンセプトを、市場や顧客ニーズ、競合・技術面で検証するために行う調査を確認します。ここでは、市場規模の確認や、競合・技術の確認、顧客ニーズの確認の手法を理解します。

　第Ⅳ部「企画書作成」では、決定された商品コンセプトをもとに販促や価格、チャネル提案などの企画書を作成する手法を確認します。ここでは、販促提案、価格提案、チャネル提案、企画書作成、プレゼンテーションの手法や理論を理解します。

【本章の構成】

第Ⅰ部 探索的調査 → 第Ⅱ部 コンセプトデザイン → 第Ⅲ部 検証的調査 → 第Ⅳ部 企画書作成

第1章 商品企画プロセス	第5章 アイデア創出	第8章 市場規模の確認	第11章 販促提案
第2章 インタビュー法	第6章 コンセプト開発	第9章 競合・技術の確認	第12章 価格提案
第3章 観察法	第7章 プロトタイピング	第10章 顧客ニーズの確認	第13章 チャネル提案
第4章 リード・ユーザー法			第14章 企画書作成
			第15章 プレゼンテーション

出所：筆者作成

序　文

本書の工夫

　本書には、商品企画をはじめて学ぶ人が理解しやすいように、いくつかの工夫を盛り込んでいます。ここでは、その工夫を活かす4つの使い方を紹介します。

　まずは、興味のあるテーマやケースから読んでみましょう。本章は、基本的にどの章から読んでもらっても構いません。各章のケースでは、商品企画における1つのプロセスに焦点をあてていますが、その前後のプロセスも簡単にふれています。このことは、一連の商品企画プロセスにおける各プロセスの位置づけが明らかになるとともに、他のプロセスの予習や復習になります。興味があるケースあるいはプロセスから読みはじめてください。

　コラムを読んでみましょう。各章には、2つのコラムが用意されています。1つめのコラムでは、すべての章を通して、立命館大学の学生グループ「Riv-ing」によってSカレで企画・発売された「smart shelf」のケースを取り上げ、各プロセスの具体例を提示しています。具体的に、商品企画を1からどのように進めたら良いのかが理解できます。もう1つのコラムでは、各章がテーマとして扱っている基本的な理論や背景を主に説明しています。コラムを読むことで、本文のケースや手法の理解が深まることと思います。

　「考えてみよう」を試してみましょう。各章には、学んだことを使えるようにするためのトレーニングとして、3つの設問が用意されています。実際の商品企画の各段階で直面する問題を想定し、その問題を学んだ手法や理論を使って、実際に調査したり、行動したり、そして考えてみることで、各章の理解が進みます。

　「次に読んで欲しい本」を読んでみましょう。各章の手法や理論に興味をもって、より深く理解したいときには、ぜひ「次に読んで欲しい本」で紹介している本に挑戦してみてください。これらは、各章の執筆者が厳選したお薦めの本です。

　では、前置きはこれくらいにして、さっそく商品企画の学びをはじめてみま

しょう。

2011年11月

執筆者を代表して

西川　英彦

目　次

第Ⅰ部　探索的調査

第1章　商品企画プロセス……………………………………3
1　はじめに………………………………………………………4
2　ライオン「トップ ナノックス」の商品企画プロセス………4
　　探索的調査・4
　　コンセプトデザイン・6
　　検証的調査・9
　　企画書作成・10
3　商品企画プロセスの進め方…………………………………12
4　商品企画プロセスで気をつけること………………………15
5　おわりに………………………………………………………17
　　Column 1-1　Riving のケース─商品企画プロセスの実践・14
　　Column 1-2　商品企画プロセスの実践ツール・16
　　考えてみよう・17／参考文献・18／次に読んで欲しい本・18

第2章　インタビュー法……………………………………19
1　はじめに………………………………………………………20

目次

- 2 資生堂「マジョリカマジョルカ」のインタビュー法 ……… 21
  - 背　景・21
  - ターゲットへのインタビュー・22
  - マジョリカマジョルカの誕生・24
- 3 インタビュー法の進め方 ……………………………………… 25
  - グループインタビュー・25
  - デプスインタビュー・26
  - インタビューの前に準備すること・28
  - インタビューが終了したら・29
- 4 インタビュー法で気をつけること …………………………… 31
- 5 おわりに ………………………………………………………… 34
  - Column 2-1　Riving のケース—インタビュー法の実践・30
  - Column 2-2　インタビューの記録方法・33
  - 考えてみよう・35／参考文献・35／次に読んで欲しい本・35

第3章　観察法 ────────────────────────── 37

- 1 はじめに ………………………………………………………… 38
- 2 IDEO「ATM」の観察法 ……………………………………… 39
  - Wells Fargo の ATM・39
  - BBVA の ATM・43
- 3 観察法の進め方 ………………………………………………… 45
  - 基礎情報の理解・46
  - 観察の準備・46
  - 観　察・49

目　次

4　観察法で気をつけること……………………………………………52
先入観を覆されに行こう・52
調査協力者を尊重しよう・53
公共の場所での注意点・53

5　おわりに………………………………………………………………55

Column 3-1　Riving のケース─観察法の実践・51
Column 3-2　エスノグラフィー・54
考えてみよう・55／参考文献・56／次に読んで欲しい本・56

第4章　リード・ユーザー法　　　　　　　　　　　　　　　57

1　はじめに………………………………………………………………58
2　フェリシモ「生活雑貨大賞」のリード・ユーザー法…………58
顧客との共創を目指すフェリシモ・58
生活雑貨大賞の流れ・61

3　リード・ユーザー法の進め方………………………………………65
イノベーションを創出するユーザー・65
リード・ユーザーといかに出会うか・66
リード・ユーザーからいかに協力を得るか・67

4　リード・ユーザー法で気をつけること……………………………69
5　おわりに………………………………………………………………72

Column 4-1　Riving のケース─リード・ユーザー法の実践・68
Column 4-2　クラウドソーシング・71
考えてみよう・72／参考文献・73／次に読んで欲しい本・73

◆◆◆目　次

第Ⅱ部　コンセプトデザイン

第5章　アイデア創出 ──── 77
 1　はじめに ……………………………………………………………… 78
 2　TOTO「クラッソ」のアイデア創出 ………………………………… 78
  TOTOにおける革新的な新商品の歴史・78
  キッチン「クラッソ」の開発・79
  「クラッソ」の試作と社内評価・81
  商品開発部長の発見とサポート・82
 3　アイデア創出の進め方 ……………………………………………… 84
  アイデア創出の方法・84
  アイデア創出のステップ・85
  アイデアの発想法・86
 4　アイデア創出で気をつけること ……………………………………… 92
 5　おわりに ……………………………………………………………… 94

  Column 5-1　Rivingのケース―アイデア創出の実践・91
  Column 5-2　新商品のアイデアは誰が出すのか・93
  考えてみよう・95／参考文献・95／次に読んで欲しい本・95

第6章　コンセプト開発 ──── 97
 1　はじめに ……………………………………………………………… 98

目次

2 エースコック「JANJAN ソース焼きそば」の
　コンセプト開発 ……………………………………………… 98
　カップ焼きそば市場の競争環境・100
　カップ焼きそば市場のセグメンテーション・100
　限定される食用場面・101
　「他人の目」という価値の発見・101
　縦型容器の受容検証・102
　知覚マップの作成・103
　コンセプト（価値）の表現とコードネーム「SQ」・104
　コンセプトに基づくスペックの一貫性・105
　試食テストと市場導入成果・106
3 コンセプト開発の進め方 …………………………………… 108
　コンセプトの役割・108
　コンセプト開発の進め方・108
　コンセプトの検証・110
　コンセプトの表現・112
4 コンセプト開発で気をつけること ………………………… 113
5 おわりに ……………………………………………………… 113

　Column 6-1　Riving のケース―コンセプト開発の実践・111
　Column 6-2　マーケティング・ミックスと商品コンセプト・114
　考えてみよう・115／参考文献・115／次に読んで欲しい本・115

第7章　プロトタイピング ——————————————— 117

1 はじめに ……………………………………………………… 118
2 IDEO「ショッピング・カート」のプロトタイピング …… 118
　　1日目　観察・119

◆◆◆ 目　次

　　　　2日目　ブレーンストーミング・120
　　　　3日目と4日目・121
　　　　5日目　プロトタイプのブラッシュアップ・121
　　3　プロトタイピングの進め方……………………………………123
　　　　プロトタイピングの目的・123
　　　　プロトタイピングの役割・124
　　　　プロトタイピングのプロセス・124
　　4　プロトタイピングで気をつけること………………………128
　　5　おわりに……………………………………………………………130

　　　　Column 7-1　Riving のケース─プロトタイピングの実践・126
　　　　Column 7-2　プロトタイプのためのバックヤード・129
　　　　考えてみよう・131／参考文献・131／次に読んで欲しい本・131

第Ⅲ部　検証的調査

第8章　市場規模の確認───────────135

　　1　はじめに……………………………………………………………136
　　2　ロッテ「Fit's」に見る、市場規模の確認の必要性……136
　　　　Fit'sの市場導入におけるマーケティング活動・136
　　　　相乗効果の仕掛けとその前提・138
　　3　市場規模の確認の進め方………………………………………139
　　　　類似性に基づく推定・140
　　　　比率連鎖法・142
　　4　市場規模の確認で気をつけること……………………………144

目 次

5 おわりに……………………………………………………… 146
　Column 8 - 1　Riving のケース―市場規模の確認の実践・143
　Column 8 - 2　国際マーケティングにおける、市場規模の推定の
　　　　　　　　応用・145
　考えてみよう・147／参考文献・147／次に読んで欲しい本・148

第9章　競合・技術の確認 ───────────── 149

1 はじめに……………………………………………………… 150
2 ホンダ「CR-Z」の競合・技術の確認 ……………………… 150
3 競合・技術の確認の進め方………………………………… 156
　3 C分析・156
　競合・技術の具体的な確認・157
4 競合・技術の確認で気をつけること……………………… 160
5 おわりに……………………………………………………… 162
　Column 9 - 1　Riving のケース―競合・技術の確認の実践・159
　Column 9 - 2　2 次データ・161
　考えてみよう・163／参考文献・163／次に読んで欲しい本・163

第10章　顧客ニーズの確認 ───────────── 165

1 はじめに……………………………………………………… 166
2 ハウス「C1000ビタミンレモンコラーゲン」の
　顧客ニーズの確認………………………………………… 167
　C1000ビタミンレモンコラーゲンの開発背景・167
　模擬棚調査・168

◆ 目　次

　　　　味覚テストと購入意向調査・169
　　3　顧客ニーズ確認の進め方……………………………………170
　　　　母集団とサンプリング・171
　　　　コンセプト・テストとブラインド・テスト・171
　　　　パッケージ・テストとネーミング・テスト・172
　　　　会場テストとホーム・ユース・テスト・173
　　　　リッカート尺度と調査結果の判断・173
　　4　顧客ニーズの確認で気をつけること…………………………175
　　　　データの妥当性と信頼性・176
　　　　質問票の作成・配布・回収・177
　　　　顧客ニーズ確認における制約・178
　　5　おわりに………………………………………………………180

　　　Column10-1　Rivingのケース—顧客ニーズの確認の実践・174
　　　Column10-2　アンケート調査は手軽？　難しい？・179
　　　考えてみよう・180／参考文献・180／次に読んで欲しい本・181

Ⅳ部　企画書作成

第11章　販促提案 ―――――――――――――――185

　　1　はじめに………………………………………………………186
　　2　サントリー「ハイボール」の販促提案………………………187
　　　　いかにしてハイボールを広めるか・187
　　　　インターネットの活用・191
　　3　販促提案の進め方……………………………………………192
　　4　販促提案で気をつけること……………………………………195

5　おわりに……………………………………………………………198
　　　　　Column11-1　Riving のケース──販促提案の実践・194
　　　　　Column11-2　インターネットと口コミ・197
　　　　　考えてみよう・198／次に読んで欲しい本・199

第12章　価格提案 ───────────────────201

　　　1　はじめに……………………………………………………………202
　　　2　パステル「なめらかプリン」の価格提案………………………202
　　　　　利益を確保する改善活動・206
　　　3　価格提案の進め方…………………………………………………208
　　　　　売って儲かる企画商品・208
　　　　　顧客の価格受容度と市場競争・209
　　　　　商品機能を実現するコスト・211
　　　4　価格提案で気をつけること………………………………………215
　　　5　おわりに……………………………………………………………217
　　　　　Column12-1　Riving のケース──価格提案の実践・214
　　　　　Column12-2　コスト決定曲線・216
　　　　　考えてみよう・217／参考文献・218／次に読んで欲しい本・218

第13章　チャネル提案 ─────────────────219

　　　1　はじめに……………………………………………………………220
　　　2　花王「ヘルシア緑茶」のチャネル提案…………………………220
　　　　　花王のヘルシア緑茶開発・221
　　　　　花王のチャネル提案・222

目次

  3 チャネル提案の進め方…………………………………………225
  4 チャネル提案で気をつけること………………………………228
  5 おわりに…………………………………………………………231

   Column13-1 Rivingのケース―チャネル提案の実践・229
   Column13-2 メーカーや卸売業者による売場提案・230
   考えてみよう・231／参考文献・232／次に読んで欲しい本・232

第14章 企画書作成 ——————————————————233

  1 はじめに…………………………………………………………234
  2 フジッコ「フルーツセラピー」の企画書作成………………235
   フジッコ株式会社の概要・235
   フルーツセラピーの開発経緯と現状・235
   企画書の具体的内容・237
  3 企画書作成の進め方……………………………………………240
   企画書作成の進め方・240
   企画書のレイアウト・241
  4 企画書作成で気をつけること…………………………………242
   企画書作成3つのポイント・242
   企画全体を通しての注意点・245
  5 おわりに…………………………………………………………247

   Column14-1 Rivingのケース―企画書作成の実践・243
   Column14-2 伝わる企画書・246
   考えてみよう・248／参考文献・248／次に読んで欲しい本・248

目　次

第15章　プレゼンテーション────249
1　はじめに…………………………………………250
2　グリコ「メンズポッキー」のプレゼンテーション…………251
アイデアのひらめき・251
商品開発会議にて・252
プレゼンテーションは誰にするのか・252
3　プレゼンテーションの進め方…………………254
なぜプレゼンテーションをするのか・254
誰にプレゼンテーションするのか・255
何をプレゼンテーションするのか・256
どのようにプレゼンテーションするのか・258
4　プレゼンテーションで気をつけること……………260
まずスライドを忘れよ・260
理解したい相手に対しての後押し・261
自分たちのプレゼンをビデオに撮りなさい・261
5　おわりに………………………………………263

Column15-1　Riving のケース─プレゼンテーションの実践・259
Column15-2　ノンバーバルコミュニケーション・262
考えてみよう・263／参考文献・264／次に読んで欲しい本・264

索　引……………………………………………265

第Ⅰ部 探索的調査	第Ⅱ部 コンセプトデザイン	第Ⅲ部 検証的調査	第Ⅳ部 企画書作成
第1章 商品企画プロセス	第5章 アイデア創出	第8章 市場規模の確認	第11章 販促提案
第2章 インタビュー法	第6章 コンセプト開発	第9章 競合・技術の確認	第12章 価格提案
第3章 観察法	第7章 プロトタイピング	第10章 顧客ニーズの確認	第13章 チャネル提案
第4章 リード・ユーザー法			第14章 企画書作成
			第15章 プレゼンテーション

第 1 章
商品企画プロセス

1　はじめに
2　ライオン「トップ ナノックス」の商品企画プロセス
3　商品企画プロセスの進め方
4　商品企画プロセスで気をつけること
5　おわりに

◆◆◆ 第Ⅰ部　探索的調査

1　はじめに

　商品企画は、商品に対するアイデアをひねって、企画をつくれば充分だと思っているかもしれない。もちろん、それでうまくいく場合もあるだろう。だが、そう単純にうまくいくものではない。

　商品企画を効果的に行うには、商品企画をプロセスに分けて段階的に実施し、管理する方法が有効である。そのプロセスは、「探索的調査」からはじまり、「コンセプトデザイン」、「検証的調査」、そして「企画書作成」という大きく4段階に分けて考えられる。探索的調査とは「商品企画のアイデアや洞察を得るために行う調査のこと」であり、コンセプトデザインとは「探索的調査をもとに商品コンセプトの設計や視覚化を行うこと」である。さらに、検証的調査とは「商品コンセプトを、市場や顧客ニーズ、競合・技術面で検証するために行う調査のこと」であり、そして企画書作成は「決定された商品コンセプトをもとに販促や価格、チャネル提案などの企画書を作成すること」である。

　本書では、全体を通して、こうした商品企画プロセスの各段階を学習することとなる。その出だしとなる本章では、ライオン株式会社（以下、ライオン）の液体コンパクト洗濯用洗剤「トップ ナノックス」（以下、ナノックス）のケースを通して、商品企画における一連のプロセスを確認し、その内容を理解することからはじめることにしよう。

2　ライオン「トップ ナノックス」の商品企画プロセス

◆◆◆ 探索的調査

　ライオンでは、2005（平成17）年、次世代の洗濯用洗剤の開発のため、洗剤の基本機能である洗浄力の高さの追求に加え、新しい付加価値として、使用量が従来の洗剤の2分の1となる商品の開発が目標として掲げられた。これを受

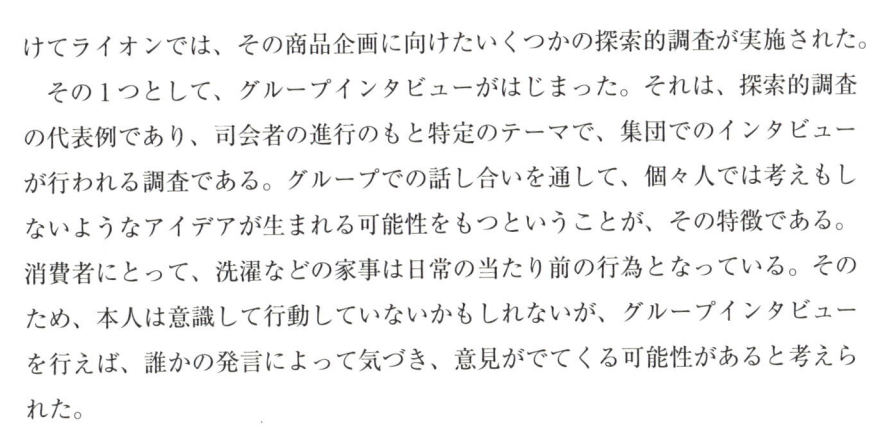

けてライオンでは、その商品企画に向けたいくつかの探索的調査が実施された。

その1つとして、グループインタビューがはじまった。それは、探索的調査の代表例であり、司会者の進行のもと特定のテーマで、集団でのインタビューが行われる調査である。グループでの話し合いを通して、個々人では考えもしないようなアイデアが生まれる可能性をもつということが、その特徴である。消費者にとって、洗濯などの家事は日常の当たり前の行為となっている。そのため、本人は意識して行動していないかもしれないが、グループインタビューを行えば、誰かの発言によって気づき、意見がでてくる可能性があると考えられた。

そこでライオンでは、洗濯用洗剤の主要顧客となる洗濯に関心が高く、ほぼ毎日洗濯している主婦が複数のグループに分けられ、「洗濯において困っていること」や「気になる汚れ」などの洗濯に関するテーマで、グループインタビューが実施された。

これまでの調査では、目に見える汚れを指摘する声が多かった。しかし、グループインタビューの過程で、夫の枕や子供の汗の臭いなど、目に見えない汚れのニオイが落ちなくて困っているという声が多くなってきたことに気づいた。さらには、何人かの主婦たちは、洗濯された衣服や布製品などが、しっかり洗浄できたかどうかを、目で見て汚れを確認しているだけではなく、ニオイでも確認していることがわかった。これらのデータから、ライオンでは、主婦の洗濯用洗剤の洗浄力の評価が、目でみえる「汚れ落ち」から、「ニオイ落ち」に変化しつつあるのではないかと考えられた。「ニオイ落ち」という言葉は、グループインタビューで主婦たちに尋ねれば、必ず反応が返ってくる重要なキーワードの1つであった。

もう1つ、同じく主婦らにグループインタビューで尋ねると反応があるキーワードとして、「コンパクト」という言葉があった。そもそも洗剤のサイズは、消費者にとって当然のものとして受け取られていた。そのため、その重さや大きさが問題とは、はっきりと認識されてはいなかった。しかし、粉末洗剤も液体洗剤も大きく重かったので、取扱いに困っている可能性が想定された。そこ

で、利用の実態を把握するために、同社の主婦モニターに対して、観察法が利用された。一般的な観察法では、企業の調査者が家庭訪問を行い観察する。

　だが、ナノックスの調査では、主婦モニターに頼んで自宅の洗濯物置場をカメラで撮影した写真を持参してもらうことになった。数十枚の写真から見えてきたのは、当時主流の1ℓサイズの液体洗剤が、床に置かれていたり洗濯機と離れた棚に戻されていたりと、サイズが大きいために苦労しているという現実であった。こうしたグループインタビューや観察法の調査は、録音データをもとに発言録の作成や、持参された写真の整理が行われた上で、重要な事実や、それに基づくキーワードや視点がまとめられた。

　一方、技術部門においても、洗う前の衣服の状態が注目されていた。洗濯前の衣服を主婦モニターから提供してもらい調査した結果、洗濯のきっかけがニオイであることがわかった。衣服のニオイは、「皮脂汚れ」が原因で、見た目にきれいな衣服でも皮脂が繊維の奥まで入り込み嫌なニオイを残したり、くすみをつくったりしていたのである。こうした中、ライオンが開発してきた洗浄成分の中で、植物油脂を原料とする洗浄成分「メチル・エステル・エトキシレート」（MEE）が注目された。それは、MEEが皮脂汚れのニオイ落ちにも強いことが実験で明らかになったからである。グループインタビューの対象の主婦らにも、実際に洗濯で使用してもらい、皮脂汚れのニオイ落ちに効果があることが検証された。だが、この時点では、なぜ、ニオイ落ちがよいのかという理由までは明らかにされていなかった。

　このように、ライオンでは、グループインタビューや観察法などの探索的調査が複数回、そして継続的に行われていた。

◆◆◆ コンセプトデザイン

　こうした探索的調査で発見された情報をもとに、ライオンでは、アイデア創出が行われた。グループインタビューや観察法で発見された事実や視点からアイデアが出され、次のグループインタビューの現場でその事実が再確認された。アイデア創出と同時にアイデア・スクリーニングが行われた。アイデア・スク

第1章 商品企画プロセス

リーニングとは、アイデアをふるいにかけて選別する作業である。さらに、開発チームだけでなく、パッケージデザイン担当、CM制作担当にも参加してもらい、アイデア創出を一緒に行っていた。こうしたプロセスを経て、ニオイ洗浄力とコンパクト化というアイデアが見えてきた。このようにアイデア創出は、探索的調査と並列して何度も行われ、内容が詰められていった。

　一方、技術チームでは、コンパクト化を目指して濃縮組成の技術的な検討が行われていた。こうした中、従来の洗浄成分は高濃度で配合するとゲル状になったが、MEEは高濃度で配合しても固まらない優れた特徴をもっていることが明らかになった。さらに、何故、MEEはニオイ汚れに対する洗浄力が高いのかが検証された。MEEは、皮脂汚れを構成する成分であるオレイン酸に対する洗浄力が極めて高いことが明らかになった。オレイン酸とは、菌や空気中の酸素によって酸化・分解し、ニオイの原因となるものである。実際に汚れが落ちるところをビデオに映してみると、オレイン酸の汚れが分解され、ゆらゆらと溶け出すのが見えたという（写真1－1参照）。これは、通常の洗剤では見られない現象であった。従来の洗剤は、マイクロレベル（1マイクロメーターは1mの100万分の1）で汚れを落としているが、これはおそらくナノレベル（1ナノメーターは1mの10億分の1）での洗浄現象が発生していると分

【写真1－1　繊維についた汚れを分解する様子】

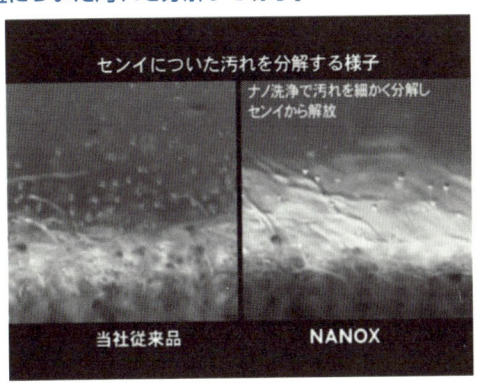

写真提供：ライオン株式会社

析された。ここから、強力な洗浄力を示す言葉として「ナノ洗浄」、さらには商品名の「トップ ナノックス」（以下、ナノックス）が決まった。

　こうした経緯を経て、ナノックスのコンセプトは、「ニオイまで残さない高い洗浄力。洗濯における様々なあきらめも解消」となった。さらには、落ちていなかったニオイのもとまで分解して落としきる「ナノ洗浄」や、使用量１/２でコンパクト化した点が特徴となった。この商品コンセプトは、ナノックスのターゲットとなる主婦に提示され、コンセプトが受け入れられることが確認された。

　続いて、洗剤自体のさらなる開発はもちろん、容器ボトルなどのプロトタイプ（試作品）を開発するプロトタイピングの作業が行われた。ナノックスの先進性を伝えつつ、コンパクト化が期待され、従来品や競合との違いを打ち出すために、今までにないキューブ形状が採用された（写真１-２参照）。だが、キューブ形状は、持ちやすさや強度確保という面で困難な形状であった。ボトルの肩から首にかけて少し山形にすれば、簡単に解決できるが、それではキューブ形状にはならない。そのため、商品を積み上げてもつぶれない強度と、

【写真１-２　トップ ナノックス】

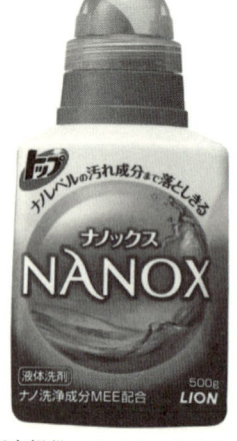

写真提供：ライオン株式会社

見た目の形とのバランスがとられた容器設計が行われた。同時に、女性の小さな手でも持ちやすいよう、胴体の側面の2つの角に浅い切り込みが入れられた。その切り込みの長さや角度は、容器を持った場合の筋肉の活動を測定した結果をもとに、最も負荷の少ないものが採用された。こうしたシミュレーションやプロトタイプが何度も作られ改善されていった。

このように、アイデア創出からはじまりコンセプト開発、プロトタイピング開発を通して、コンセプトデザインが決定された。

だが、こうした中、2009（平成21）年8月に花王から、コンパクト液体洗剤として、「アタックネオ」（以下、ネオ）が発売された。ライオンの開発チームは、同じタイプの商品であったので驚いたが、他社がコンパクト洗剤の認知度を高める土壌をつくっているのだと頭を切り替え、逆にそれを利用しようと考えた。さらに、ナノックスのコンセプトは、ネオに対して、充分に差別化できるものであった。ネオが「すすぎ1回からはじめるエコ」というコンセプトで、節水・節電の効果を強調していたのに対し、ナノックスは「ニオイ汚れ」に着目し、少ない量で高い洗浄力があるという軸を強調していたからである。

◆◆ 検証的調査

コンセプトデザインを受けて、その検証のため調査が行われた。ナノックスでは、顧客ニーズの調査として、すでに実施された「コンセプト・テスト」をはじめ、「使用テスト」、「パッケージ・テスト」が行われた。

使用テストは、実際に洗濯で使用してもらい、性能調査を行うものである。まずは、ナノックスや従来商品、競合商品をそれぞれ何も表示されていない容器に入れ、消費者がどの商品かわからないようにした上で、使用テストが実施された。こうした使用テストは、自宅で使われるので、ホーム・ユース・テストと呼ばれる。このテストは、商品名がわからないので「ブラインド・テスト」でもある。主婦らに調査した結果、ナノックスは、従来商品や競合商品に比べてニオイ落ちにおいて期待どおりの性能が確認された。

次に、ナノックスの商品コンセプトとパッケージデザインを提示し、消費者

◆◆◆ 第Ⅰ部 探索的調査

に実際に洗濯してもらい性能を確認するデザイン付き使用テストが行われた。ここでもナノックスは、競合商品と比べて、主婦たちから高い評価を得ることができた。

　パッケージ・テストは、店舗での陳列棚を模した棚に、ナノックスや競合商品を並べて、ナノックスが選択されるかどうか調査を行うものである。この調査の結果、ナノックスは競合品に比べて高い割合で選択されることが明らかになった。これらの一連の調査は、顧客ニーズの確認と同時に、いずれも競合商品との比較が行われていたので、競合・技術を確認する調査でもあった。

　さらに、市場規模の推移の確認も行われた。競合商品の個別の動向だけでなく、粉末洗剤と液体洗剤という大きな括りで、市場規模の推移が確認された。2004年時点は、粉末洗剤と液体洗剤の割合が9対1であったものが、2005年頃から変わりはじめ、2009年の段階では、5対5近くにまで割合が変化していた。こうした市場の動きは、液体コンパクト洗剤にとって追い風になると考えられ、ナノックスの事業計画に反映された。このようにしてライオンでは、顧客ニーズの確認をはじめ、競合・技術の確認、市場規模の確認を通して、検証的調査が行われた。

◆◆◆ 企画書作成

　最後に、ライオンでは、これまでの情報をもとに、商品コンセプトや商品仕様に、販促、価格、チャネル提案などを加えた企画書の作成が行われた。

　まず、販促提案として、新聞や雑誌、テレビCM、ブログなどを利用した販促が企画された。発売告知の段階から、消費者に実際に使用してもらい、意見をブログに掲載することが考えられた。発売に先立つ商品発表のタイミングでは、イベントホールを借りて社長自らが説明に立つ発表イベントが計画された。さらには、2010（平成22）年1月の発売の予定日には、全国紙での広告が企画された。

　テレビCMについては、発売後数ヶ月間はナノックスのコンセプトを強く訴求するため、ライオンの新商品で過去最多の投下量が計画された。テレビ

第1章　商品企画プロセス

【写真1-3　アテンション付きのナノックス(左)と、詰め替え用ナノックス(右)】

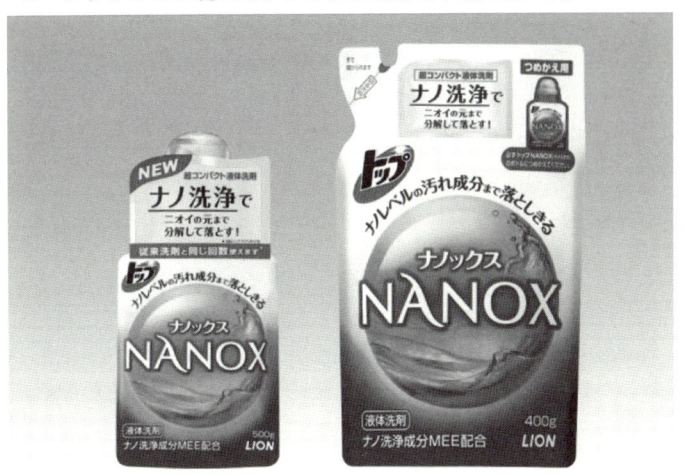

写真提供：ライオン株式会社

　CMの内容も、ニオイ汚れまで落とすナノ洗浄を科学的に説明するものが考えられた。実験室のような空間で、嗅覚の優れたラブラドールレトリバーの子犬と、眼鏡をかけ研究者のように解説するタレントのベッキーが、ニオイ汚れが分解される様子を見せ、洗浄力の先進性を伝えるという内容が企画された。これまでの洗剤のCMの多くが、青空のシーンで洗濯していた風景を描写していたことから比べると、大きく異なる企画であった。

　雑誌での販促については、エッセやマートなどの主婦向け生活情報雑誌に対して、タイアップ広告が計画された。タイアップ広告とは、雑誌の記事風に商品が紹介されるという広告の手法である。ナノ洗浄のよさを理解してもらうため、実際に読者に研究所に来てもらって体験してもらうという、消費者参加型のタイアップ広告が考えられた。価格提案としては、市場での洗剤の価格推移が確認され、高付加価値がある商品でありながらも、市場のボリュームゾーンに合わせた価格設定が行われた。

　チャネル提案は、従来通りのターゲットがよく利用する量販店やドラッグストアなどのチャネルでの展開が考えられた。さらに、売場提案として店頭での

【写真1−4　ナノックスのPOP】

写真提供：ライオン株式会社

　アテンションや、POPが企画された。アテンションとは、商品自体に付ける販促物であり、アテンションの付いた写真1−3の画像と何もない状態の写真1−2の画像と比べてみるとわかりやすい。POPとは、店頭での棚で使用するボード状の販促物であり、発売時に商品だけ訴求するものや、テレビCMと連動したもの、そして詰め替え用を中心にして、リピート使用を訴求するものなどが提案された（写真1−4参照）。さらには、ナノックスの香りの見本を店頭に置くことも企画された。

　ライオンでは、こうした情報が整理された企画書が作成された。企画書には、商品コンセプトやその背景はもとより、事業計画なども記述された。こうして企画書は、企画会議に提案された。そこでは、大きなリスクがないかという確認や、一定以上の売上、利益が実現できるかについての確認がなされた。

　その結果、企画会議で無事に承認された。これらの企画は実際に実施され、ナノックスは2010（平成22）年1月に発売され、好調な滑り出しとなった。

3　商品企画プロセスの進め方

　ナノックスのケースで見てきたように、商品企画を効果的に行うには、探索的調査からはじまり、コンセプトデザイン、検証的調査、そして企画書作成と

【図1-1　商品企画プロセス】

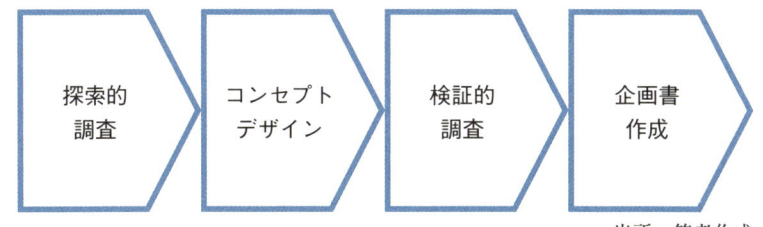

出所：筆者作成

いう一連のプロセスが重要である（図1-1参照）。

　探索的調査では、グループインタビューや、デプスインタビューである「インタビュー法」をはじめ、対象となる現象に関する情報を得るために、人々の行動パターン、事物、出来事について体系的に記録する手法である「観察法」や、自らアイデアをもって改善や開発をしている先端的なユーザーからアイデアを出してもらう「リード・ユーザー法」が行われる。これらの1つを行う場合もあれば、すべてを行う場合、さらにはナノックスのようにミックスされて行う場合もある。

　コンセプトデザインでは、探索的調査をもとにアイデアを創造していく「アイデア創出」、そのアイデアを顧客にとっての価値をわかりやすい形で表現する「コンセプト開発」、コンセプトを具現化して試作品を開発する「プロトタイピング」が行われる。ナノックスの例で見たように、探索的調査の中で、アイデア創出が並行して進む場合も多い。

　検証的調査では、商品コンセプトの市場における可能性を検証する「市場規模の確認」や、商品コンセプトの競合・技術における優位性を検証する「競合・技術の確認」、商品コンセプトの顧客ニーズとの適合性を検証する「顧客ニーズの確認」がある。ナノックスの例でも見たように、アイデア創出の中でアイデア・スクリーニングや、コンセプト開発の中でコンセプト・テストなどの検証的調査が行われることもある。このように、検証的調査が、アイデア創出とコンセプト開発の段階ごとに行われることも多い。さらに、発売後も検証的調査は継続的に実施される。ナノックスでは、初期購入者に対しての追跡調

◆第Ⅰ部　探索的調査

> **Column 1 - 1**
>
> ### Riving のケース――商品企画プロセスの実践
>
> 　各章のコラムの 1 では、立命館大学の学生グループの Riving により実際に企画・発売された「smart shelf」の商品企画のケースを一部参考にして、各章のプロセスごとに、どのように進めたらよいのかを見ていくことにする。
>
> 　Riving は、企画をまとめるのがうまいリーダー、工作が好きなメンバー、イラストレーター（イラスト作成のソフト）の得意なメンバーという女性 3 名のチームであった。つまり、企業に置き換えると、企画担当、技術担当、デザイン担当が揃っていたわけである。チーム名は、家具が生活に深くかかわることからリビング（Living）という単語をベースに、その頭文字を立命館大学の R に置き換えた Riving となった。
>
> 　開発をはじめたのは、家具産地である広島県府中市にある宇野木工株式会社という天然木の家具メーカーから出された家具の商品企画というゼミの課題がきっかけである。夏休み前に課題を聞いたメンバーは、11 月末のメーカー役員へのプレゼンテーションに向けて、効率よく進めるために、スケジュールを立てることからはじめた。とはいえ、いままで商品企画を実践したことはなく、どう進めたらよいかわからなかったので、「1 からの商品企画」を参考に計画を作成し、実践することにした。
>
> 　まず探索的調査を夏休みの期間に実施し、コンセプトデザインを 9 月中に完成、検証的調査を 10 月中に、そして企画提案を 11 月中に作成するという大枠の計画をたてた。さらに、普段はメールで連絡をとりあい情報共有を行うが、1 週間に 1 度は実際に会って会議をすることとした。同時に、Facebook などのソーシャルメディアで専用ページをもち進捗状況を一般公開することにした。
>
> 　とはいえ、具体的な対象商品を決めなければ探索的調査も実施できないので、基本的な知識を得るため、イケアや東急ハンズ、ロフト、無印良品などのサイト閲覧や実際の店舗訪問を通して、現在の家具の動向を理解することにした。
>
> 　いくつかのテーマが候補にあがったが、その中で課題や要望が見つかった「棚」をテーマにすることにした。それらは、「本を入れたときに上にできるスペースを活用したい」や、「背表紙が揃っていないため見栄えが悪い」、「1 冊取ると倒れてくることがある」、「本を元の位置に入れにくい」などである。さらに、

> ターゲット顧客は、ニーズも理解しすい同じ年代の大学生を対象とすることにした。こうして、Rivingによるsmart shelfの開発がはじまった。

査や、ナノックスの浸透度やシェア調査などが発売後に行われている。

　企画書作成では、販促方法を企画する「販促提案」、販売価格を企画する「価格提案」、販売先や販売方法を企画する「チャネル提案」、それらをまとめた「企画書作成」、意思決定者の承認を得るために報告する「プレゼンテーション」が行われる。このように、各プロセスは並列して進んだり、場合によっては戻ったりすることもあり、試行錯誤しつつ進んでいく。

　実際に並列して行われているのであれば、プロセスに分けなくてもよいのではないかと思うかもしれない。だが、プロセスを段階に分け、各段階の最後にチェックを設けていく「ステージ・ゲート・プロセス」という手法は有効性を発揮するといわれる。なぜなら、段階ごとの責任者は、次の段階に移行できる成果を上げようと努力をはらうし、経営者は次の段階へ進める価値があるか、あるいは価値がなく中止するか、保留するか、戻すかという判断ができ、価値のあるものだけを進めることができるからである。さらに、多くの企業を調査した結果、プロセスを採用していない企業に比べて、採用している企業は成功の割合も高いという事実も明らかになっているのだ。

4　商品企画プロセスで気をつけること

　こうした商品企画プロセスを実施する上で、気をつけておいたほうがよいことは何だろうか。ここでは、3点を挙げておく。第1に、商品企画プロセスにおける時間とコストの管理の重要性である。試行錯誤するとはいえ、時間も費用も無制限ではない。段階別のスケジュールや予算を最初に立てて、その進捗状況を把握し、管理していくことが重要である。さらには、時間がかかると、競合商品が先に発売されてしまうというリスクもある。

　第2に、早期の意思決定の重要性である。プロセスの後半になるほど、プロ

> **Column 1 - 2**
>
> ### 商品企画プロセスの実践ツール
>
> 　商品企画プロセスは、企業の専門家でないと実現できないのだろうか。近年、インターネット技術の進展で、消費者が自ら商品企画プロセスを実践することが可能となっている（第4章参照）。たとえば、「空想生活」というサイト（http://www.cuusoo.com/）が、そのわかりやすいケースである。
>
> 　空想生活では、消費者が本当に欲しいものを開発していくことを目的とし、消費者に商品企画プロセスを実践できるツールを提供するサイトである。ここから、実際に消費者による多くの商品が発売され、なかには無印良品やレゴ（LEGO）から発売された商品もある。以下、本書の4段階の商品プロセスに関連させて、提供されている具体的なツールを確認していこう。
>
> 　まず、第1段階の探索的調査は、空想生活では特定のツールが用意されているわけではないので、事前に実施しておく必要がある。
>
> 　第2段階のコンセプトデザインでは、消費者がひらめいたアイデアを自由にサイトに掲載できる「アイデア投稿」できるツールが用意されている。掲載されたアイデアに対して、他の消費者から意見やアイデアが出されるので、グループインタビューとブレーンストーミングを同時に実施している感じである。さらには、そのアイデアを洗練させたデザイン案や試作品を掲載する「デザイン提案」を行うツールがある。なお、他の人のアイデア投稿をもとにデザイン提案することも可能である。このように、空想生活では、第1段階の探索的調査に対して特定のツールが用意されているわけではないが、商品企画のアイデアや洞察が他の消費者から入手することができるのだ。
>
> 　第3段階の検証的調査では、商品コンセプトやデザインなどをテストできるツールが用意されている。消費者からの投票やコメント機能があり、コンセプトの受容性や需要規模が測定できる。投票時には、希望価格も尋ねるので価格調査も同時に行われる。
>
> 　最後の段階の企画書作成としては、このサイトのページ自体が、フォーマット化され企画書のようになっていて対応している。デザインコンセプト段階から開示されているので、先行して販促や売場提案が行われていることとなる。さらに、TwitterやFacebookとの連動も容易である。最終的に、多くの消費者の投票

> 数を集めた商品企画は、空想生活がメーカーの選定を行い発売に向けて支援する。

トタイプ（試作品）の作成などのコストが多くかかるため、よくないアイデアや商品コンセプトは早めに中止の判断をする必要がある。だが、早期の意思決定で、よいアイデアを中止してしまう可能性もあり、その点は留意する必要がある。

　第3に、相互学習の重要性である。自分の出したアイデアや意見を絶対視せず、互いの気付きやその状況を理解し、相互学習していくことが大事である。そのためには、探索的調査などを一緒に体験していくことも意義がある。

5　おわりに

　このように、本章では、ナノックスのケースをもとに商品企画プロセスを、探索的調査、コンセプトデザイン、検証的調査、企画書作成という4つの段階に分けて概観した。その上で、こうした商品企画プロセスの進め方や、実施する上で気をつける点を確認することで、その理解を深めてきた。こうした学習を通して、冒頭でみたような「商品企画は、商品に対するアイデアをひねって、企画をつくれば充分だ」という話しが、かなり荒っぽかったことに気づいたのではないだろうか。以下の章では、4段階の商品企画プロセスごとに、それぞれのプロセスについて具体的に見ていくにしよう。

? 考えてみよう

1. 最近のヒット商品を1つ取り上げ、その商品企画プロセスについて、新聞や雑誌などで調べ、成功しているポイントを考えてみよう。

2. なぜ、多段階のプロセスで商品企画をする必要があるのか、考えてみよう。

3. Column 1-2のように商品企画プロセスを実践できるツールを提供するサ

第Ⅰ部　探索的調査

イトを見たり、参加したりしてみよう。その上で、こうしたツールの意義について考えてみよう。

参考文献

青木幸弘、恩藏直人編『製品・ブランド戦略』有斐閣、2004年。
ナレッシュ・K・マルホトラ（日本マーケティング・リサーチ協会、小林和夫監訳）『マーケティング・リサーチの理論と実践：理論編』同友館、2006年。
フィリップ・コトラー、ケビン・レーン・ケラー（恩藏直人監修、月谷真紀監訳）『コトラー＆ケラーのマーケティング・マネジメント［第12版］』ピアソン・エデュケーション、2008年。

次に読んで欲しい本

恩藏直人・冨田健司編著『1からのマーケティング分析』碩学舎、2011年。
田中洋、リサーチ・ナレッジ研究会『マーケティング・リサーチ入門』ダイヤモンド社、2010年。
延岡健太郎『製品開発の知識』日本経済新聞社、2002年。

第 2 章
インタビュー法

1　はじめに
2　資生堂「マジョリカマジョルカ」のインタビュー法
3　インタビュー法の進め方
4　インタビュー法で気をつけること
5　おわりに

◆◆◆第Ⅰ部　探索的調査

1 はじめに

　「インタビュー」と聞いて皆さんは何を思い浮かべるだろうか？　テレビ番組での一般の人への街角インタビューや、有名人へのインタビューを思い浮かべる人が多いのではないだろうか。ここでテレビ番組での一般の人へのインタビューを思い出してほしい。もちろんインタビュー慣れしていて、まるで有名人のように上手に質問に答えている人もいるが、多くの人は緊張している。そして普段の様子とは異なるであろうことが画面を通じて伝わってくる。

　私たちは日常生活の中で、友人や家族等の知っている人に対して「話す」ということを多くの場合意識をせずに行っている。しかし、インタビューとなると、途端に意識をしてしまう。そしてうまく自分の考えていることが話せなくなる、あるいは話の内容がうまくまとまらなくなってしまうことがある。

　商品企画において、ターゲットとなる消費者が本当に欲しいものを知るために、消費者自身に質問をする、すなわちインタビューを行うというのは非常に重要な作業の一つである。しかし、「インタビューに答えること」は多くの人にとっては緊張するもので、そのような状況で本当に考えていることを話すのは難しい。さらに、できるだけ緊張しない状況を作り出して話してもらうことができたとしても、「自分たちの知りたいこと」や「自分たちの商品企画にとって新たな気付きになること」を聞きだすことができなければ、商品企画に生かすことは難しい。つまり「インタビュー」と「話を聞くこと」は、イコールではないのである。

　したがって、いかに「答えやすい」インタビューを行うか、さらに「自分たちの知りたいことをうまく聞き出すか」、すなわちインタビューの行い方について知っておくことが重要となる。

　本章ではインタビュー法について、株式会社資生堂（以下、資生堂）の「マジョリカマジョルカ」の開発のケースをもとに説明する。

2 資生堂「マジョリカマジョルカ」のインタビュー法

❖ 背　景

　マジョリカマジョルカは、2003（平成15）年7月にデビューしたメーキャップ用化粧品ブランドである。当時、資生堂には「ピエヌ」という20代〜30代の働く女性向けの中価格帯メーキャップブランドはあったが、若年層向けで、主な販路をドラッグストアとするような低価格ブランドはなかった。そこで開発のために組まれたプロジェクトチームで「今の10代〜20代前半の女性像」について雑誌の記事や既存の社内調査等の2次資料（**Column 9-2**（161頁）参照）を元に検討をしたところ、これまでの10代〜20代前半の女性たちと彼女たちは異なる価値観をもっていることがわかってきた。

　女性の生活価値観に関する社内調査の結果をみると、流行を積極的に取り入れる層よりも、流行よりも自分らしさを重視する層が増えていることがわかった。さらに、今回のターゲットが主な購読層の雑誌を見てみると、何らかのテーマに基づいて、アイテムが単品で掲載され、それをいかに組み合わせるかは読者のセンス次第という紙面づくりになっていた。これは従来のようにトータルコーディネートされたモデルの写真が掲載され、読者はそのコーディネートを参考にできるように、つまりそのモデルのようになりたいと思ってもらえるように構成されていたのとは異なるものであった。

　これまでの化粧品業界では、プロモーション方法としてテレビCMや雑誌広告に有名女優を起用し、「その女優のようになりたい」という気持ちを起こさせることで売り上げにつなげるという戦略が従来採用されてきた。

　しかし、調査や雑誌を見る限り、今の10代〜20代前半の女性たちにそれは通用しなさそうである。彼女たちは「流行に左右されず自分たちのセンスを表現する」ということに重視していることが予測された。しかし、何が彼女たちにセレクトしてもらえるか、彼女たちが「かわいい」と思うものは何かがわから

なかった。

　そこで、彼女たちが消費行動においてどんなことに価値を置いているのか、彼女たちの好むテイストとは何なのかをインタビューでより深く探ることとなった。

◆◆◆ ターゲットへのインタビュー

　インタビューは、彼女たちのもつ価値観をより深く探るためにターゲット年代のモニターに友人を誘ってもらい、2人1組に対して行うことにした。インタビューには担当者が複数名参加し、さらに司会者とともに直接話を聞くこととした。そして、事前課題として、なりたい女性像のイメージを雑誌の切り抜き等を使って自由にコラージュしたもの、彼女たちのファッションや化粧品、普段の行動を写真に撮ったもの等を持参してもらうことにした。加えて事前に予算に合わせた買い物をしてもらい、買った品物を持ってきてもらうこととした。

　インタビューでは事前課題をもとに、彼女たちがどんなことを重視しているのか、どんな価値のあるものなら買ってもよいと思っているのか、さらに既存の化粧品を組み合わせた写真を提示し、どれが一番よいと思うのかとその理由を聞くことで、化粧品に対する価値観を探ることとした。

　インタビューで得た情報をもとに商品開発の担当者は議論を重ねた。そしてその結果として、10代〜20代前半の女性像を以下のように導き出した。

　まず、彼女たちは自分たちのファッションについて、「流行に安易に乗りたくない」「自分流の着こなしができることがカッコイイ」というように、自分の好きなアイテムを自分らしく組み合わせることに重点を置いているのではないか、ということだった。

　例えば、彼女たちの「なりたい女性像」はそれぞれさまざまなものがあげられたが、「女優の○○さんのようになりたい」ではなく「ロックなイメージ」「ダンスも歌も一流」というように、「自分らしさ」を抽象的に表現していたのである。さらに、「今の自分から、なりたい自分に変身してみたい」という願

望が強かった。したがって、「なりたい自分を実現できる」アイテムが受け入れられるのではないか、と考えた。

　さらに、彼女たちはアイテムを組み合わせて使っているが、その際に単品を選ぶ基準は3つあることがわかった。それは、第1に、自身の持っている価値観に合った商品であること、第2に、単品にはそれぞれ特徴的な機能があること、そして第3にその組み合わせには彼女たちが自分で考えた物語が付与されているということであった。たとえば、自分の考えている「自分らしさ」を表現するための何らかのストーリーをそれぞれがもっており、商品の選択の基準は「自分の物語にふさわしいかどうか」という点であった。

　この調査結果をもとに開発チームではさまざまなアイデアが出された。アイデアのブラッシュアップを念入りに行い、最終的に、「機能に特徴を持たせる」、すなわち機能的な単品を自分自身で組み合わせてもらうというアイデアと、「商品に『物語性』を持たせる」、すなわち消費者にあらかじめ何らかの物語を提示し、それに共感してもらい選択してもらうというアイデアを採用すること

【写真2-1　マジョリカマジョルカ】

写真提供：株式会社資生堂

第Ⅰ部　探索的調査

にした。

　さらに、そのアイデアをもとに考えられた商品コンセプトの中から、「即効　変身　魔法のようなカスタムコスメ」というコンセプトを採用した。「即効」という言葉で機能性を表現し、「変身」「魔法」という言葉で、「自分だけの願いをかなえる」という物語を商品にもたせることにした。さらに「カスタム」に「自分らしさ」「自分で選びとる楽しさ」をもたせることにした。

◆ マジョリカマジョルカの誕生

　そして誕生したのが「マジョリカマジョルカ」である。まず、消費者にこの商品の提案する物語を理解し、共感してもらうために、魔法から連想されるようなファンタジックな世界観をさまざまな手段で表現することとした。パッケージデザインのコンセプトは「秘薬」であり、ラテン語のメッセージや魔術をイメージするようなアイコンを掲載することにした。さらにメーキャップ化粧品の場合、豊富なカラーを番号のみで表示していることが多いが、マジョリカマジョルカではカラー名に「天使の羽」「紫のけむり」等の特徴的なネーミングとしている。

【写真2-2　マジョリカマジョルカの広告イメージ】

写真提供：資生堂株式会社

そして広告には当時はまだそれほど有名ではなかったモデルを起用した。彼女は有名ではなかったが、製品の世界観を表現できるモデルであり、ターゲットの「なりたいイメージ」を表現できるモデルであった。さらに広告のビジュアルでファンタジックなイメージを訴求する一方、キャッチコピーではその商品の機能性を訴求することにした。

こうして生まれたマジョリカマジョルカは発売以降、そのコンセプトが多くの女性の支持を集め、現在ではアジアへも展開するブランドへと成長している。以下ではマジョリカマジョルカのケースをもとに、インタビュー法について学んでいこう。

3 インタビュー法の進め方

インタビューにおいてまず重要になるのは、「何を知りたいのか」に合わせてインタビューのタイプを選択することである。消費者について多様な情報を知りたいのか、それとも消費者の内面について深く知りたいのかでインタビューのタイプは異なる。その方法は大きく分けて、グループインタビューとデプスインタビューに分かれる。

❖❖ グループインタビュー

グループインタビューは、消費者について、多様な情報を知りたい場合に用いられるインタビュー手法である。消費者の中から自社のターゲットとなる消費者に焦点を当てるため、フォーカス・グループインタビューと呼ばれることもある。5人から10人程度の調査対象者に、テーマについて質問・回答してもらう。調査対象者は自社の製品の主なターゲットになる消費者から選ぶことが多い。

メリットは以下の3点である。第1に、グループで話をすることで、調査対象者同士で相互作用が生まれ、「会話が盛り上がる」ことで、より多くのデー

◆◆◆ 第Ⅰ部　探索的調査

【写真2-3　グループインタビューのイメージ】

写真提供：筆者撮影

タを集めることができる。第2に、限られた人数ではあるが、複数名で話をすることで、1対1で質問するより消費者が普段暮らしている中で話している内容をとらえやすい。第3に、複数名で回答するので、調査対象者に対する負担感が比較的少ない。

　しかしデメリットもある。第1に、複数で話してもらうので1人ひとりの考えていることを深く聞くことができない。第2に、「話し好きな人」「話すのが得意な人」と「そうでない人」が参加した場合、どうしても話すことが好きな人、得意な人が会話の中心となってしまい、調査対象者から得られるデータに偏りが生じてしまうことがある。第3に、他の参加者の意見につられて本当の気持ちとは異なることを回答してしまう場合がある。したがって、テーマについて「広く浅く」知りたい場合にはグループインタビューが向いているといえるだろう。

◆◆◆ デプスインタビュー

　デプスインタビューは、消費者の内面を深く知りたい場合に用いられるイン

【図2-1　グループインタビューとデプスインタビューの使い分け】

> グループインタビュー：
> 「広く浅く」消費者について知りたいときに用いる
> 　例）現在若者の間で流行しているものについて知りたい
> 　　　普段の買い物の状況について知りたい

> デプスインタビュー：
> 「狭く深く」消費者について知りたいときに用いる
> 　例）消費に対する価値観を知りたい
> 　　　ライフスタイルに対する考え方を知りたい

出所：筆者作成

タビュー手法である。調査対象者を通常は1名に絞り、グループでは聞きにくいようなより詳細な内容について質問・回答してもらうインタビューである。

メリットは以下の3点である。第1に、調査対象者の価値観や考え方等のより深い内容を質問することができる。第2に、他者からの影響を受けにくいので、調査対象者自身の意見を聞き取ることができる。

しかしデメリットも存在する。第1に、調査対象者は多くのことを話さなければならないので、心理的負担を感じやすい。第2に、時間やコストがかかるため調査対象者の数が限られ、調査効率が下がる。したがって、テーマについて「狭く深く」知りたい場合にはデプスインタビューが向いているといえるだろう。

マジョリカマジョルカのケースではデプスインタビューという形をとった。なぜなら、10代～20代前半の女性の価値観を探ることが目的であり、彼女たちの考えていることをより深く探るにはデプスインタビューが向いていると考えられたからである。また、通常とは異なり、友人同士で2人1組のインタビューとしたのは、若い女性が緊張しないための工夫である。

◆◆◆ 第Ⅰ部　探索的調査

◆◆◆ インタビューの前に準備すること

　インタビューの方法が決まったら、インタビューに向けた準備をする。準備段階で必要なことを以下の三点にまとめる。

　① インタビュー内容（質問の仕方）を決める

　インタビューの前にはあらかじめどのように質問をするのか、質問内容を決定しておく必要がある。そのためには、事前に「自分たちが何を知りたいのか」を明確にしておくことが重要である。事前に調査者の中でこの調査で知りたいことを明確にしておき、そこから質問項目を考えておく。

　② 役割分担

　調査者の中でインタビューの際の役割分担をしておく。グループインタビューの場合には司会者を決め、どのような流れでインタビューを進めるか、内容ごとの時間配分を決めておく。基本的には司会者がインタビューを行い、それを他の調査者が補足していくことが多い。インタビューではできるだけ消費者から多くの情報を引き出す、もしくはより消費者の内面にせまることが重要であり、それにはどのように質問をするかが非常に重要となる。したがって、インタビューにおいては司会者の役割が非常に大きい。またデプスインタビューの場合は1名の調査対象者に対して、1名の調査者で実施するというのが基本なので、より詳細な事前準備や調査者のスキルが求められる。

　③ 調査対象者への依頼、会場の準備

　インタビューの内容、方法が決まったら、調査対象者の選定を行う。調査対象者が適切でなければ知りたい情報を得ることはできない。したがって、選定の際には対象者の属性、価値観、行動パターンについて熟考することが必要である。その後、調査対象者への依頼を行う。依頼の際には、テーマについて簡単に説明をし、参加してもらう時間を明示する。場合によっては謝礼が必要となることもある。

　インタビュー会場では調査対象者が話しやすい環境をつくることが重要である。机や椅子を話しやすいような形に配置したり、テーマについて話すときに

必要であれば写真や既存商品等も用意しておく。できるだけリラックスした環境で話してもらうために、飲み物などを用意してもよいだろう。

❖❖❖ インタビューが終了したら

　調査が終了したらすぐに、聞いた内容を記録としてまとめる。また、調査者同士でインタビュー内容についての確認とディスカッションを行うことが望ましい。できるだけインタビューの記憶の新しいうちに、調査対象者の回答をどのように解釈したのかを記録・ディスカッションしておくことで、聞き逃し、見逃し、解釈の違いの可能性を減らすことができる。

　さらに「インタビューをすれば必要なデータがすべて得られる」わけではないことにも注意してほしい。インタビューという調査手法を学ぶ際に最も重要なのは、調査担当者がインタビューで得た情報をいかに解釈するか、そして解釈して得た知見をどう商品開発に生かすかを開発担当者が判断することである。つまり、調査者の気づいたことを、商品アイデア、商品コンセプトへと昇華させていく過程が最も重要なのである。

　マジョリカマジョルカのケースでは、インタビュー後に開発チームでディスカッションを行った。「その上で自分らしさを表現する」こと、「自分でよりよいものを選び取る」ことを重視しているという点がインタビューの解釈結果として導出された。こうすることでインタビュー内容そのものについてチームで理解を深めたという。また、ディスカッションを通じて、インタビュー結果の

【図2-2　インタビューの進め方】

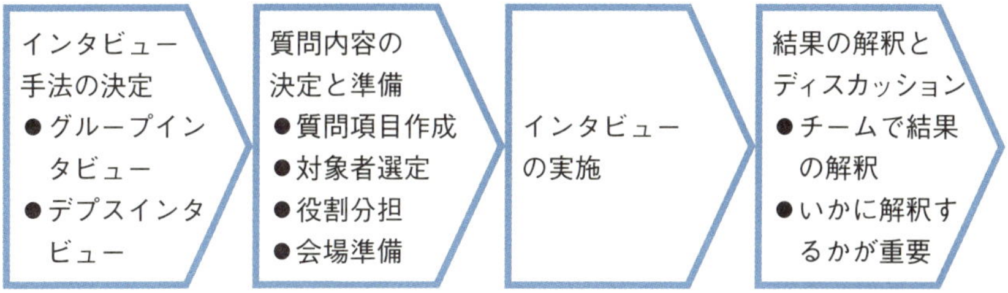

インタビュー手法の決定	質問内容の決定と準備	インタビューの実施	結果の解釈とディスカッション
●グループインタビュー ●デプスインタビュー	●質問項目作成 ●対象者選定 ●役割分担 ●会場準備		●チームで結果の解釈 ●いかに解釈するかが重要

出所：筆者作成

Column 2-1

Rivingのケース―インタビュー法の実践

　Rivingは、探索的調査として、本章の進め方を参考にグループインタビューを実施することにした。デプスインタビューではなく、グループインタビューを選択したのは、個人の深層心理を探ることが目的ではないことと、集団での会話の中からアイデアが生まれることを期待したためである。表のように、進行表と質問項目を設定した。

　リーダーが司会を担当し、1名がそのアシスタントとなり、もう1名は録音と、会話やその場の状況をメモする担当とした。調査対象者は、ターゲット顧客である大学生であり、中でも自室で棚を使っていて意見の出そうな知り合いの学生に依頼した。1回当たり男性3名女性3名の6名とし、2回実施することにした。会場は、大学の部屋を借りて、大きめのテーブルでそれぞれが顔を見て話せるような配置にした上で、リラックスして話せるように飲み物などを用意した。

【表2-1　グループインタビュー進行表と質問項目】

進行表と質問項目
1　はじめに（5分） 　　出席のお礼と挨拶 　　棚の商品企画のための調査であり、棚について自由に話してもらいたいという意向を説明 　　回答には正解も不正解もないことや、録音していることを説明 2　導入（10分） 　　＊参加者に次の点に触れつつ自己紹介をしてもらう 　　名前、好きなインテリア 3　棚の利用の仕方（15分） 　　どのように使っているか 　　棚の使用頻度はどうか 　　棚に何を置いているのか 　　棚で困っている点はないか 　　自分で製作や改良したことはあるか

> 4 棚を取り巻く環境（10分）
>   棚はどこに置かれているか
>   棚の周りには何があるか
> 5 棚の購入経験（10分）
>   棚を選んだ基準は何か
>   棚はどこでどのように購入したか。
> 6 理想の棚（10分）
>   理想の機能やデザインは何か
>   ＊何でもかまわないので（馬鹿げたこと、当たり前のこと）思いついたことを話して欲しいことを説明
> 7 おわり（1分）
>   お礼の挨拶
>
> 出所：筆者作成
>
> 実施後、すぐにチームでのミーティングが行われ、気づいた点が整理された。さらに、見過ごしている発見事項がないように、録音データをもとに発言録も作成された。こうした中から、棚をうまく活用したいと思いつつも、持っているものをうまく整理できず、収納に困っているという現状が明らかとなった。

解釈を行うだけではなく、認識を共有することができたという。さらに、解釈した結果をもとに、さまざまな商品のアイデアが出され、それらの中から「機能に特徴をもたせる」、「商品に『物語性』をもたせる」という商品アイデアを採用したという。さらに、商品アイデアから商品コンセプトを検討し、「即効変身　魔法のようなカスタムコスメ」というコンセプトで表現することにした。開発チームではこのプロセスに多くの時間を割き、入念な検討を行ったという。

4 インタビュー法で気をつけること

インタビュー法において気をつけることは、5点あげられる。

第1に、話しやすい雰囲気をつくることである。調査対象者からすれば、普段とは異なる環境で自身の考えていることを話さなければならない。したがって、インタビューの際にはまず相手の話しやすい環境をつくることが不可欠に

なる。たとえば、インタビューの開始の段階では調査対象者の答えやすい質問をし、後半になるにつれて答えにくい質問、より深い内容について聞く必要がある。

第2に、調査対象者とのラポールを構築する努力をすることである。ラポールとは、調査者と調査対象者の一定の友好的関係のことを指す。皆さんも自分自身が調査対象者になった場合を考えてほしい。「なんだかいやだな」「緊張してしまうな」と思う相手にはなかなか話しづらいものである。

したがって、調査者と調査対象者の間に友好的な関係を築くことは、インタビュー内容をより充実したものにするためには不可欠である。たとえ、はじめて会った相手でも、自分の回答をきちんと聞いてくれて、それに共感してくれる相手にはよい印象を持ち、話しやすい相手となる。

第3に、できるだけ調査対象者から話を引き出すことである。調査者としては、限られた時間でさまざまな内容を調査対象者から引き出したいと考えるだろう。しかし、思ったような回答が得られなかったとしても、司会者や調査者が多く話すのではなく、できるだけ調査対象者から話を引き出すことが望ましい。そのために、できるだけ話をしてもらえるような質問をする工夫をし、調査対象者の話に耳を傾け、聞き上手になる努力が必要である。

第4に、司会者以外の調査者は複数名にするほうがよい。なぜなら全く同じ話を聞いても聞く側の解釈は多様であり、調査対象者の本当に言いたかったことを知るためにはできるだけ多くの調査者が話を解釈するほうがよい。また、調査の中で聞き逃してしまう内容や見逃してしまうボディランゲージを減らすことも可能となる。さらに開発担当者が複数名参加し、実際のインタビューでの雰囲気を理解することで、文字や音声だけをもとに解釈するよりもより解釈がしやすくなる。

ただし、あまりに多い人数が参加し、調査対象者が威圧感を感じてしまうことがある。したがって、どれくらいの人数がよいのかはよく考える必要がある。そのため、調査会社には、調査対象者からは見えないバックヤードでインタビューを聞くことができる設備がある。とりわけ、デプスインタビューの場合

Column 2 - 2

インタビューの記録方法

　インタビュー内容をすべて記憶だけに留めておくことは難しい。インタビューではさまざまな記録媒体を用いることがある。以下ではその説明を行う。

ノートテイク

　インタビューの内容をノートに書き留める方法である。最も容易で基本的な記録方法であり、多くのインタビューで使用される。後から記録として参照する以外に、回答の中で気になったことを書き留めておき、インタビューの中でその点についてさらに質問をする、という場合にも役立つ。ノートをとることに集中しすぎて、調査対象者に「自分の話を聞いていないのかな」と思われることのないように注意したい。

音声録音

　ICレコーダーやMDレコーダー、カセットテープなどで音声を記録する方法である。音声をそのまま録音するので、ノートテイクよりも豊富なデータが得られる。後日、音声データを文章に起こすことも可能である。しかし、音声録音に抵抗のある調査対象者も存在するので、録音の際には必ず調査対象者の了解を得る必要がある。また、会話が重なった場合や周りの音声、録音機器の場所によっては聞き取りにくいこともあるので、ノートテイクを併用することが望ましい。

動画録画・写真撮影

　ビデオカメラやデジタルカメラを利用してインタビューの模様を記録する方法である。音声に加え、参加者の表情などを記録することができるので、インタビュー時の見逃し、聞き逃しを後から確認することが可能である。特に動画録画は、記録方法の中では最も豊富なデータを収集することができるが、動画を撮影されることは音声録音に比べてより心理的な負担が大きい場合があるので、撮影の際には必ず調査対象者の了解を得る。また動画を撮られていることで緊張してしまい、話しにくくなったり、本当に思っていることとは違うことがあることにも注意する。

　すべての方法に共通して重要なのは、記録したデータの取扱いである。特にデータを公開する場合には、調査対象者の了解を必ず取り、必要であれば調査対象者が特定できない形に加工する。

は、1対1で行うのが基本である。そのためこのような設備の利用が必要となる。

第5に、時間をうまくコントロールすることである。調査者はさまざまなことを質問し、できるだけ多くの情報を収集したいと考えているので調査の予定時間をオーバーしてしまいがちである。しかし、あまりに冗長なインタビューは調査対象者を飽きさせてしまう。あるいは、対象者が早く切り上げたいため本当の気持ちを話すのをやめてしまうかもしれない。さらに「約束と違う」と思われてしまえば、ラポールの崩壊にもつながりかねない。

したがって、あらかじめ調査対象者にはインタビューに必要な時間を明示しておき、その時間内でインタビューを終わらせるようにする。

5 おわりに

この章ではインタビューとは何か、商品企画においてインタビューがどのように活用されているか、そしてインタビュー法について学んだ。まず、インタビューには、グループインタビューとデプスインタビューがあり、調査者の目的によって選択される。

加えて、インタビューの準備、インタビュー終了後にすべきこと、インタビューで気をつけることを学んだ。インタビューでは単に話を聞くだけではなく、聞くためのテクニックが必要になる。なぜなら、このテクニックを学んでおくことでより豊富な情報が得られる可能性が高まるからである。

さらに、インタビューで最も重要なのはどのような知見をそこから得て、商品開発に生かすかである。そのためにはインタビューで得た情報の解釈、ならびにそこから商品アイデア、商品コンセプトへと昇華させるプロセスを丁寧に行う必要がある。

消費者は「そうそう、これが欲しかったの」という新しい驚きをくれる商品を常に求めている。それを消費者自身が思いつき、語るのは容易ではない。だからこそ、インタビューを行う際には「何について知りたいのか」を調査者が

明確にしておき、それに合ったインタビュー方法で消費者の声を集めることが必要になる。そしてその声をいかに調査者自身が商品企画に生かすかが重要になるのである。

❓ 考えてみよう

1. みなさんが商品企画でインタビュー法を利用する場合、どのような点に注意すべきだと思いますか。本章に出てきた内容を踏まえて、考えてみよう。
2. 実際にインタビューの計画を立て、レポートにまとめてみよう。その上で、友人や同僚に協力してもらう、インタビューの練習をしてみよう。
3. 立てた計画をもとに、調査対象者にインタビューを実行してみよう。その上で、インタビューで難しかったこと、工夫したほうがよいと思ったことをレポートにまとめてみよう。

参考文献

高田博和、上田隆穂、奥瀬喜之、内田学『マーケティングリサーチ入門』PHP、2008年。
谷富雄、芦田哲郎編著『よくわかる質的社会調査　技法編』ミネルヴァ書房、2009年。
谷富雄、山本努編著『よくわかる質的社会調査　プロセス編』ミネルヴァ書房、2010年。
ティム・メイ（中野正大監訳）『社会調査の考え方　論点と方法』世界思想社、2005年。

次に読んで欲しい本

梅沢伸嘉『実践　グループインタビュー入門　消費者心理がよくわかる』ダイヤモンド社、1993年。

第3章

観察法

1 はじめに
2 IDEO「ATM」の観察法
3 観察法の進め方
4 観察法で気をつけること
5 おわりに

◆◆◆ 第Ⅰ部 探索的調査

1 はじめに

　ほとんどの商品企画は、「自分ではない誰か」に商品を通してどんな経験を提供すべきかを考えるプロセスである。1人で机に向かって「自分の欲しいもの」を発案したとしても、そのアイデアが市場で広く受け入れられるかは甚だ疑問だ。そこで、この章では「自分ではない誰か」の求めているものを見つけ出す「観察法」を紹介しよう。

　仮に「新しい音楽の楽しみ方を提供する商品」を企画しているとしよう。そこでどんなものが求められているかを探るのに、まず浮かぶのがアンケートなどで人々の意見を聞き出して集める手段ではないだろうか。しかし、アンケートでいきなり「どんな新しい音楽の楽しみ方をしたいですか？」と聞いたところで、あっと驚く素晴らしいアイデアを書いてくれる人は、残念ながらまずいない。もしいたとしたら、そんな素晴らしいアイデアは、その人が商品化して大儲けしているだろう。

　では、普段どんな音楽の楽しみ方をしているか聞いてみたとしよう。すると半数以上の人が携帯端末で音楽を聴いているとか、通勤通学中に聴くことが多いようだといった、客観的な「傾向」はわかってくるかもしれない。しかし、自分1人では思いつかなかったような画期的なアイデアに結び付けられるほどのインスピレーションを得ることは難しいだろう。

　競争力のある商品企画を行うには、「人の言ったこと」や「客観的事実」などの顕在ニーズだけに頼るだけでは不十分で、見過ごしがちな「言葉にされない人々の思い」、すなわち潜在ニーズに気づくことが非常に重要である。そこで、近年特に着目されている「観察法」（エスノグラフィー：**コラム3－2参照**）が有効となる。本章ではIDEOによる2つのATMデザインのプロジェクトを事例に、観察法がどのように商品企画に生かされているかを紹介しよう。

2　IDEO「ATM」の観察法

　アメリカのパロアルトに本社を持つIDEOは、アップルのマウスをはじめ、長年にわたり数多くのイノベーションを世に送り出してきたことで知られるデザイン会社だ（IDEOについては第7章参照）。彼らのアイデアの原点は、観察法である。統計に頼らず、人々を観察することから潜在ニーズを引き出し、それまで誰も気づかなかった視点から商品企画を行うという手法を、長年にわたって採用してきた。その、観察法の専門家をヒューマンファクター（人的要因）のスペシャリストと呼び、デザイナーやエンジニアなどとチームを組んで、数々の成功事例を生み出してきた。IDEOの2つのATMデザインプロジェクトにおいて、どのように観察法が活用されたかを紹介しよう。

◆ Wells FargoのATM

　今日見られるATMには、観察法を通じてIDEOが開発したあるアイデアが生かされている。それは目線あたりに設置されているバックミラーである。このバックミラーは、Wells Fargoという銀行のために1992（平成4）年にIDEOが開発したのが始まりだ。もともとATMの端末を単体でデザインするという依頼ではなく、「銀行の環境をよりよくしたい」というプロジェクトの一環として、新しいATMの開発が行われた。

　2名のプロジェクトメンバー（ヒューマンファクターの専門家とデザイナー）が最初に行ったことは、銀行の担当者などから普段感じていることや困っていることについて話を聞くとともに、自分たち自身でも、実際にいろいろな場所に設置されているATMを操作してみることだった。これは当事者からリクエストを聞き出し、それに忠実に応えるためでもなければ、「自分たちが欲しいもの」を探るためでもなく、観察に必要な「基礎知識」を理解するためであった。例えば、既にわかっている問題点や使う側なら必ず経験することなどを全く知らない状態で観察をした場合、単に「自分は初めて知った周知

の事実」を「気づき」と勘違いしてしまうことは避けなければいけない。それと同時に、擬似的にでも、銀行の人の視点、ATMを操作する人の視点を理解しておくことで、観察された行為や事象の意味を、より深く理解することができる。

　銀行側や、利用者側の視点を大まかに理解したら、いよいよATM周辺の観察である。観察といっても、やみくもにそのあたりのATMの周辺で人々をぼんやり眺めていればいいというものではない。IDEOのチームは、ATMといってもさまざまな設置条件があることに着目し、「都市型」「ショッピング型」「住宅地型」「田舎型」「歩道型」「サイクリスト型」の6タイプのATMに出向くことにした。銀行側の担当者に観察の目的と計画を伝え、許可を得たのちに、チームが望遠レンズを付けたカメラとノートを持って現場へ向かった。そこでは利用者の普段の行為を邪魔しないよう、できるだけ離れた場所から1時間ずつ観察した。

　観察を重ねるにつれて、人々に共通するいくつかの行為にチームは気がついた。まず時間帯や場所によって、順番を待つ人々の習性が異なるということで

【写真3-1　都市型ATMの観察】

写真提供：IDEO

ある。写真3-1を見てほしい。これはサンフランシスコのファイナンシャル・ディストリクトにある「都市型ATM」の観察からの写真だ。時間帯はちょうどお昼時で、3台あるATMには大勢の利用者が訪れては列をなしていた。画面真ん中のスーツの男性を先頭に、一列にATMの順番を待っている。日本では「フォーク並び」などと呼ばれるが、これは複数台のATMの空きを待つのには、最も効率がよく公平な方法である。しかし、観察を続けていくうちに、皆がいつもこのような並び方をするとは限らないことがわかってきた。まずATM同士が離れていると、それぞれのATMに行列ができる傾向にある。一方、入り口のエリアが限られた空間であるほど、一列の行列を作りやすいことが観察された。

　もうひとつ、この写真に写っている、ATMを利用中の3人（スーツの男性に隠れるように、真ん中のATMでも男性が1人かろうじて写っている）に注目してほしい。3人ともやや不自然ともいえるような姿勢でATMに向かっている。両脇の男女はATMに体をくっつけるようにして、後ろで待つ人から少しでも体を離し、守られた空間（パーソナルスペース）を自分の体とATMの間につくろうとしているように見える。真ん中のATMを使用している男性は、ATMのちょうど中央からやや体をずらし、ATMの画面に注意を向けつつも、後ろに並ぶ人の存在を絶えず気にしている様子が観察されていた。この「使用中の人と行列に並ぶ人」の緊張関係が、バックミラーのアイデアに

【写真3-2　ATM前で周囲を見回す人】

写真提供：IDEO

結びつく大きな発見となった。

　写真3-2では、ATMを利用中の人が周囲を見渡し、落ち着かない様子で現金が出てくるのを待っている様子がわかる。これらの観察から、背後に待つ人との緊張関係を緩和し、自分の背後がいきなり無防備な空間ではなくパーソナルスペースが守られて初めて、落ち着いて目の前の機械と向き合えることを突き止めた。

　これらの発見から、歩道に明かりを照らしパーソナルスペースを確保するというアイデアなど、数々のアイデアを出し合った。その中から選ばれたのが、一番シンプルな「バックミラーをつける」という案だった（写真3-3参照）。この人間の行為に裏付けされた力強いアイデアが、Wells Fargoのみならず、全米中のATMで見受けられるようになるには、さほど時間はかからなかった。日本でも、今やバックミラー付きのATMはすっかり定着している。

　ここで振り返ってみよう。IDEOのチームメンバーは、プロジェクト開始直

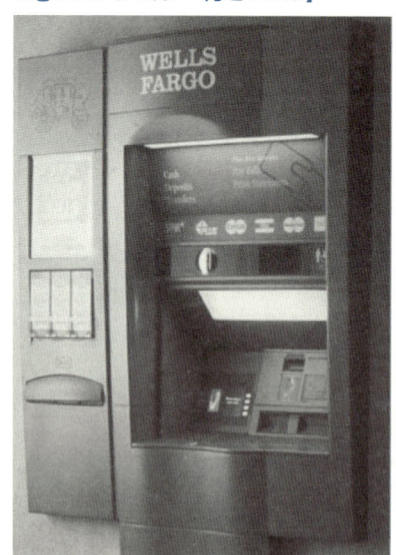

【写真3-3　Wells Fargo バックミラー付き ATM】

写真提供：IDEO

第3章　観察法

後に銀行の担当者や利用者へのインタビューを行い、自分たちでもさまざまなATM を操作してみた。しかし、そのうちの誰もが「ATM 操作中でも、パーソナルスペースを確保しておきたい」とも、「バックミラーが欲しい」とも言わなかった。しかし、この単純ともいえるアイデアが、その後何十年にもわたり使われ続けるスタンダードとなったのである。これらこそが、観察法だからこそ抽出できた「潜在ニーズ」なのだ。IDEO の創立以来のメンバーであり、このプロジェクトにヒューマンファクターの専門家として参加し、「ヒューマンファクターの母」と呼ばれるジェーン・フルトン・スーリ氏はこう語る。「相手に『何が欲しいのか』を言わせようと思わないこと。観察を通じれば、本人ですら気づいていない思いに焦点を当て、人がうまく言い表せない欲求を引き出すことができるのです。」

❖ BBVA の ATM

　バックミラー付き ATM が登場してから18年後の2010（平成22）年、IDEOは新たな ATM デザインに取り組むことになる。スペインに本店を持ち、南北アメリカにおいても業界トップを誇る BBVA という銀行のための顧客経験

【写真3 - 4　BBVA 設置】

写真提供：IDEO

向上プロジェクトである。

　銀行のATMは、メーカーの用意した標準的なカタログから選ぶことが常であった。しかし一方で、ATMで提供するサービスは複雑化し、使い慣れない人の足を遠ざけるなどの問題が生じた。製造側の都合で作られた機械では顧客の視点に立った経験を提供することは難しいと考え、BBVAはIDEOと協力して、独自のATM開発を目指した。その結果、ATMの設置方向を、写真3-4のように往来に背を向ける従来型から90度回転させるという画期的な提案が行われた。

　この提案を行ったのは、エンジニアやコミュニケーションデザイナー、そしてライターまでもが入った混成チームである。さらに、IDEOとBBVAのチームは、ATMの製造を行うNCRコーポレーションと富士通株式会社の2社とも密接に協力しあいながら、観察により導きだされたコンセプトが、製造段階で軽視されないような体制で取り組んだ。

　このプロジェクトでも、観察が重要な役割を果たした。プロジェクトチームは、スペイン、メキシコ、米国のBBVAや他の銀行の利用者にインタビューを行い、ATM周辺の観察を行った。また、銀行ATMはセルフサービスのための端末であることから、ATM以外でセルフサービスを行うもの（ガソリンスタンド、スーパーのレジ、電車の切符売り場など）をも観察し、洞察を深めるための手がかりとした。口座を持っていながら、絶対に1人ではATMを使わず、窓口の人に残高を確認してから一緒にATMを操作してもらうという、ある種極端な利用者などからも話を聞いた。

　数多くの観察で集められた情報を統合した結果、シンプルで自由度があり、直感的に使えるATMが必要であることがわかった。そして18年前と同様、プライバシーやパーソナルスペースの確保も忘れてはならない点であることが確認された。これらの重要な要件を満たすため、カード、紙幣、レシートなど、複数あったスロットをひとつだけにするとともに、機械の中で行われていること（暗証番号の認証、紙幣の準備など）を視覚的にフィードバックし、利用者の不安と混乱を取り除く工夫をした（写真3-5参照）。

【写真3 - 5　BBVA インターフェース（視覚的フィードバック）】

写真提供：IDEO

　さらに、シンプルにまとめられた操作部のおかげで、従来身長の高さ以上もあったATMをコンパクトにすることにも成功した。その一方で、バックミラー以外のプライバシーの確保手段が必要となった。そこで前述のとおりIDEO が考えたのは、設置の方向を90度回転させるという全く新しい方法であった。これならば、列に並ぶ人や後ろを通る人の視線や気配を不必要に気にしながら操作しなくとも、自分の目で確認しながら安心してATMの操作に集中できる。BBVAは日本にはまだ馴染みのない銀行ではあるが、このようなスタイルのATMが、日本の銀行で見られるようになる日は遠くないかもしれない。ちょうどバックミラー付きのATMが日本でもスタンダードになったように。

3　観察法の進め方

　紹介した2つのATMの事例から、商品企画プロセスにおける観察法の進

【図3-1　観察法の進め方】

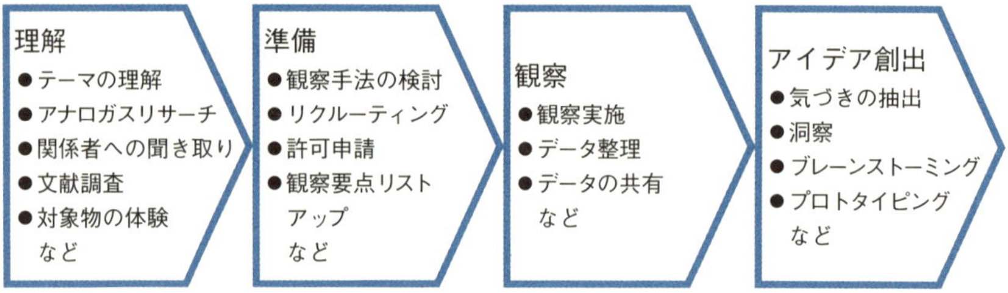

理解	準備	観察	アイデア創出
●テーマの理解 ●アナロガスリサーチ ●関係者への聞き取り ●文献調査 ●対象物の体験 など	●観察手法の検討 ●リクルーティング ●許可申請 ●観察要点リストアップ など	●観察実施 ●データ整理 ●データの共有 など	●気づきの抽出 ●洞察 ●ブレーンストーミング ●プロトタイピング など

出所：筆者作成

め方を整理してみよう。

◆◆◆ 基礎情報の理解

　まず観察を始める前に、これから手がけようとしている商品企画に関連する基本的な情報を理解しておくことが重要である。紹介した2つの事例では、銀行側のプロジェクト担当者はもちろん、ATMを製造するメーカーにもヒアリングを行っている。他にも文献を読んだり、識者の話を聞いたりして、テーマとなる分野の「土地勘」をつけておくようにしよう。

　また、観察の分析には「比較対象」となるものがあるとよい。そのため、対象となっている商品そのものだけではなく、類似の事象の調査（アナロガスリサーチとも呼ばれる）を行い、視野を広げておこう。BBVAのチームが、セルフサービスのガソリンスタンドなどを観察しに行ったのはそのためである。

◆◆◆ 観察の準備

　観察がうまくいくかどうかは、観察の準備であるリサーチプランにかかっているといっても過言ではない。ここでは特に重要な点を説明しておこう。

①　観察手法の検討

　「観察」という言葉から、対象者に声をかけずに目の前の出来事をじっと見守ることだけが観察だと思っている読者もいるかもしれないが、必ずしもそうではない。ここでは「見る」「頼む」「試す」の3つに分けて、観察手法を紹介

【写真 3 - 6 「Fly on the Wall」によって観察されたオフィス】

写真提供：日建設計

しよう。

　「見る」は、相手に「言わせる」のではなく、実際の状況や前後関係の中で、人がどのような行為をするかを観察する方法だ。Wells Fargo で、6箇所のATMの前で人々がATMを操作する様子を観察していたことがこれに当たる。なるべく相手に意識させず、その場の雰囲気を壊さないように行うこの手法は「Fly on the Wall（壁に止まったハエ）」とも呼ばれる（**写真 3 - 6** 参照）。壁にじっと止まっているハエがいても、最初は気になるがすぐに存在を忘れてしまうところから、この呼び名がついた。

　「頼む」は、人々の協力を求めて行う観察で、訪問インタビューなどがこれにあたる。「インタビューは相手に『言わせる』のだから、観察法に矛盾するのでは？」と思うだろうが、実はこれも立派な観察法のひとつだ。違いは「自宅で」というところにある。BBVAでは、さまざまな国・銀行のATMユーザーの自宅へ出向き、インタビューを実施した。もしこれが、殺風景なインタビュールームで行われたとしたら、確かにその人が「言葉にしたこと」以外に、初めての場所で緊張しているその人の心の中を覗く手がかりはないだろう。し

【写真 3 - 7　トイレが読書スペースになっている人のインタビューから】

写真提供：花王株式会社

かし、その人の普段の生活の場で話を聞くと、相手をリラックスさせることができるのはもちろん、予期せず話題に出た物や事を実際に見せてもらい、実演してもらうこともできる（**写真 3 - 7 参照**）。話をしながら五感を働かせ、より広がりのある情報収集をしよう。

「試す」は、相手の視点を理解するために、自ら体験をし、その体験自体を観察する方法だ。IDEO のチームも、さまざまな条件の ATM を実際に使ってみて、自らの体験と観察対象者の体験を照らし合わせ、洞察に深みを与えた。全く同じ体験が難しい場合でも、擬似的に再現してみるなどの工夫をすることによって、外から眺めているだけでは気づかないことがわかる。

　② 　リクルーティング（観察対象の選定）

Wells Fargo のプロジェクトでは、ひっきりなしに ATM に人が訪れるビジネス街・人がまばらな田舎など、6 つの異なるタイプの ATM の観察を行った。BBVA では、セルフサービスのはずの ATM を決して自分一人では使わない人などを観察対象者とした。このように、観察対象が場所であれ人であれ、「極端」な対象を選ぶのには理由がある。アンケート調査などは、多くのサンプルから「平均的」な人々の「傾向」を知ることに優れている一方で、少数派

【図3-2　極端なユーザーと平均的なユーザー】

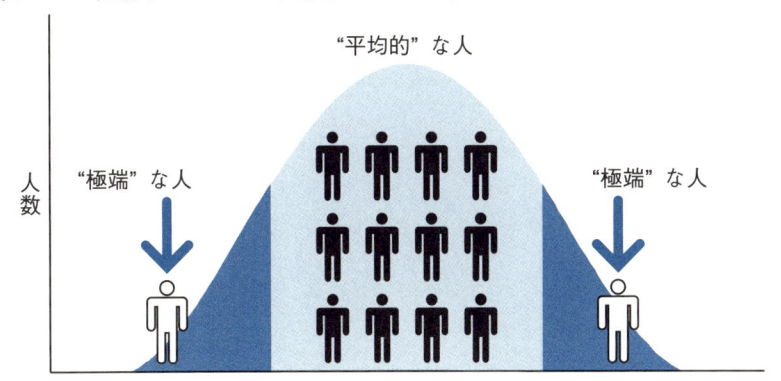

"平均的"な人
"極端"な人
人数
"極端"な人

出所：筆者作成

の意見は見過ごされがちだ。しかし、この見過ごされていた「極端」な人からこそ、満たされていないニーズや、競合に打ち勝つヒントを発見できることが多い。

❖❖❖ 観　察

① 観察実施

　店頭観察でも訪問インタビューでも、自然な行為に影響を与えないよう、大人数で行動することは避ける。BBVAのプロジェクトチームは10人いたが、全員が一度に観察に出向いたわけではない。訪問インタビューは、状況にもよるが、1件につき2～3名の調査員が上限と考える。自宅の場合、特に日本はスペースが限られる場合が多いし、あまり大人数で押しかけては、相手が萎縮してうまく話を引き出せないこともあるからだ。プロジェクトの関係者全員が観察に出向けない分、記録はしっかりとる。記録のためのツールとしては、デジカメ、ノートに加え、ビデオカメラ（＋三脚）があるとさらによい。見聞きし、感じたことの「証拠集め」をしておこう。

② データ整理と共有

　観察がひととおり終わったら、チームメンバーに対し、持ち帰ったノートや

【写真3-8　ダウンロード中の模様】

写真提供：日建設計

　写真、ビデオ、証拠の品々を最大限利用して、内容をありのまま共有しよう。この過程は「ダウンロード」とも呼ばれる（写真3-8参照）。大きめのボードなどを用意し、撮影した写真を貼り出したり、付箋に事実を書き出すなどして、収集した情報を一覧できるようにするとよい。

　話すときには、自分の解釈を排除し、事実のみを伝えることを心がける。この段階で、推測・決めつけ・評価はしない。ダウンロードをしながら、気になったことや疑問に思ったことは、違う色の付箋に書き留めておくとよい。これらの付箋や写真は、第5章で説明するKJ法などにも使える。観察の内容がしっかりチームで共有できれば、この先のアイデア創出の段階（第5章参照）に進んでも、同じ視点を共有しながら議論を進めることができる。

Column 3-1

Riving のケース―観察法の実践

　インタビュー法で手応えを得た Riving は、本章の進め方を参考に、観察法を実施することにした。グループインタビューで、収納に困っているという意見のあった大学生3名を対象にした。

　「頼む」手法である訪問インタビューにより観察を実施することにした。記録のためのツールとしては、デジカメとノートを準備した。訪問する前に、先日のグループインタビューの発言録を確認しつつ、実際に観察したい点をメンバーで整理した。さらに、調査のお礼として、クッキーの詰め合わせを購入した。

　対象の学生に、普段の状態を観察するために片付けをしないように依頼した上で、2人で訪問調査することとした。それぞれの見方が異なる可能性があるため、3人で訪問したかったが、学生の部屋の大きさから考えて3人は邪魔になると考え、2人で実施することとした。1人が対象者と会話する進行役となり、もう1人が写真撮影などの記録係をした。

【写真3-9　大学生の棚の写真】

写真提供：筆者撮影

いよいよ調査当日、約束した時間に遅れないように、早めに最寄りの駅に集合し訪問した。対象の学生には、もう一度困っている点を実際の棚の前で説明してもらったり、普段の棚の利用の仕方を実演してもらったりした。その行動や発言の記録や、部屋のレイアウトのスケッチ、そして棚の撮影を実施した。

　ある学生は、学校に出かける時に行う棚にある教科書や引き出しにあるクリアファイルに入った資料をとり出す動作や、家に帰ってきてバッグから出した教科書やクリアファイルの資料をしまう動作を見せてくれた。

　さらに別の学生の部屋では、きれいに整理されている本棚なのに、スペースがないために雑誌が曲がって入れられたり、サイズの大きな本が横積みで置かれていたりしているという状況が観察できた（写真3－9参照）。

　それぞれの観察終了後、忘れないうちに発見事項の整理が行われた。さらにすべて終わった段階で、メンバーで「ダウンロード」作業を実施し、情報の共有を行った。大きめのボードに、撮影した写真を貼り出したり、付箋に観察したことを書き出したりして、収集した情報を一覧できるようにした。

　共通することとして、高さのある本や資料がうまく収納できていないという事実に気がついた。

4　観察法で気をつけること

◆◆◆ 先入観を覆されに行こう

　観察の現場では、仮説の検証を行おうとしたり、先入観をもって物事を決めつけて見るのは厳禁だ。たとえば、Wells Fargo の観察で、フォーク並びをしない時間帯や設置場所があった。それを「マナーが悪い人がいたからだろう」などと決めつけてしまっていたら、順番を待つスペースや ATM の間隔との関係は発見されずに終わってしまっていただろう。とはいえ、仮説や先入観を全く持たないでいることは難しい。であれば、むしろそれを覆されに行くつもりで現場に向かおう。

第3章　観察法

❖❖❖ 調査協力者を尊重しよう

　相手の個人情報はいうまでもないが、その場で撮影した写真や映像・発言の記録を、許可なく関係者以外に公表しない。最近は、「観察に行ったらこんな人がいました」ということをブログやツイッターに書き込む人がいるが、もってのほかである。トラブルを避けるためにも、「観察で知り得たことは一切公表しない」旨を明文化した同意書を持って行き、調査開始前に署名をもらっておく。調査が終わったら、可能な限り適切な謝礼や品物を渡し、協力に対する感謝の気持ちをしっかり伝えよう。

❖❖❖ 公共の場所での注意点

　公共の場で不特定多数の人を観察する場合には、謝礼や同意書のやりとりは難しいが、その場に写った人のプライバシーや名誉に関わる映像や画像は、むやみに公表しないという点では同じである。公共の場所で観察を行う場合には、可能な限り責任者の許可を得る。責任者にアクセスが難しい場合は、その場を訪れたり商売をしている人々の迷惑にならないように細心の注意を払う。撮影が難しい状況では、メモやスケッチ、ダイアグラム（図表化）などを活用する。

【図3-3　リハビリ施設の観察から】

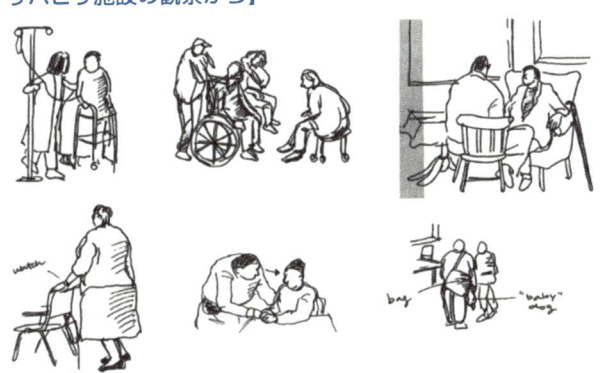

出所：筆者作成

Column 3 - 2

エスノグラフィー

　最近、ビジネス書、デザイン書などを見ていて「エスノグラフィー」という言葉を見かけたことはないだろうか。近年、この「エスノグラフィー」を利用した新しい商品開発の手法が脚光を浴びている。この言葉の正体は、この章で学んだ「観察法」とほぼ同義語と思ってよい。

　エスノグラフィーとは「民族誌学」と訳される。もともとは、全く異なる文化の中に入り込んで長期間生活を共にしながら、その民族についての研究を行い、民族誌という記述にまとめる学問のことを指していた。つまりエスノグラフィーには、「現場を内側から理解する手法」という意味があるのである。

　この「エスノグラフィー」が、やがてビジネスの現場でも活用されるようになり、「現場の観察」を取り入れた手法の意味で用いられるようになった。最も有名なエピソードでは、ゼロックスコーポレーションの研究機関であるパロアルト研究所（PARC）で1979年に行われたビデオエスノグラフィーが上げられる。彼らは、自らのオフィスに備えられている自社のプリンター前にビデオカメラを設置し、プリンターの使用状況を理解する試みをした。そのビデオカメラには、「プリンターを使う上で、疑問も難しさもない」といっていた社員が、操作がうまくいかず、機械を叩きながらイライラと操作している姿が映しだされていたのである。

　このように、「明言されない潜在ニーズ」を発見し、新たなビジネスチャンスに繋げることができる「エスノグラフィー」は、徐々に米国のビジネスの現場を中心に受け入れられていった。日本での取り組みはまだ歴史が浅いが、メーカーや大学でも、エスノグラフィーを取り入れた商品企画や研究が盛んになってきている。一方で縦割り組織の中では、抽出された潜在ニーズが部署をまたいで継承されず、開発途中でうやむやになってしまうという課題もかかえている。日本での定着には、組織の商品企画プロセス自体を改革することも必要であろう。

第3章　観察法

　観察をしていると、ときどき「何をしているのか」「どこの誰か」ということを聞かれることがある。学生であれば、正直に所属を答え、学校の課題で○○について調べています、と伝えればよい。ごまかそうとしたり、逃げようとするのは最悪の事態を招くことがあるので絶対に避ける。トラブルになりそうになったら、その場はおとなしく引き下がろう。調査の続行が難しいと判断されればその観察は諦め、別の手段を考えたほうがよい。

5　おわりに

　デジカメがすっかり人々の手に行き渡り、撮影が以前とは比較にならないほど手軽になった。その影響で「写真を撮れば観察法」と勘違いしている人も多い。とある会社で「観察法を始めました」というので詳しく伺ったところ、自社商品の購入者から設置場所の写真を集め、「床に置いている人が一番多いことがわかりました」という「統計」をとるのに使用していたという笑えないエピソードがある。読者には、この会社の何が間違っているか、もうおわかりだろう。この章では、「どれくらい多くの人がそうして（言って）いるか」という統計的な事実に従っても潜在ニーズをうまく拾えず、競争力のある発想の手がかりを得るためには、観察法が非常に頼もしいツールとなりうることを学んだ。

　一方で観察法は、そのサンプルの少なさから、例えばマーケットにおける成功を予測・評価するには不向きである。肝心なのは、商品企画においてさまざまな調査手法を適材適所で選択することであり、何にでも観察法を用いればよいわけではないということは強調しておこう。

❓ 考えてみよう

1. 銀行やコンビニエンス・ストアに設置されているATMを観察してみよう。

2．IDEOの2つのATMプロジェクトで観察されたことと比較し、共通すること、異なることは何か、考えてみよう。

3．2で挙げたことから、日本のATM経験を向上させるアイデアを、最低30個、考えてみよう。

参考文献

小田博志『エスノグラフィー入門―現場を質的研究する』春秋社、2010年。
紺野登『ビジネスのためのデザイン思考』東洋経済新報社、2010年。
佐藤郁哉『フィールドワークの技法』新曜社、2002年。
トム・ケリー、ジョナサン・リットマン（鈴木主税、秀岡尚子訳）『発想する会社！―世界最高のデザインファームIDEOに学ぶイノベーションの技法』早川書房、2002年。
IDEO "REDEFINING SELF-SERVICE BANKING FOR BBVA"（http://www.ideo.com）。
PARC（http://www.parc.com）。

次に読んで欲しい本

小田博志『エスノグラフィー入門―現場を質的研究する』春秋社、2010年。
ジェーン・フルトン・スーリ（森博嗣訳）『考えなしの行動？』太田出版、2009年。
ドナルド・A・ノーマン（野島久雄訳）『誰のためのデザイン？―認知科学者のデザイン原論』新曜社、1990年。

第4章
リード・ユーザー法

1　はじめに
2　フェリシモ「生活雑貨大賞」のリード・ユーザー法
3　リード・ユーザー法の進め方
4　リード・ユーザー法で気をつけること
5　おわりに

◆◆◆ 第Ⅰ部　探索的調査

1　はじめに

　本書の第2章、第3章では、消費者が求めているものを企業側がいかにして把握するか、という手法が解説された。本章では、企業側がそれを探ろうとするのではなく、消費者自身に新商品に関するアイデアを表現してもらうという手法である「リード・ユーザー法」について紹介する。

　考えてみれば、最終的に商品を購入するのは消費者なのだから、その本人に「あなたは何が欲しいのか」を考えてもらえばいいのでは、というのは素朴だが当然の考え方だ。しかし、本章で解説するのは、単に漠然としたアイデアを出してもらうことを求めるのではなく、自分の欲しいものが具体的にどのようなものなのか、商品企画としてまとめあげる作業までを、消費者自身に担ってもらうことを目指している手法である。とくに、「リード・ユーザー」と呼ばれるようなタイプの消費者が果たす役割に注目する。

　このようなことを実現するためには、さまざまな努力や仕組みが必要となる。まず、リード・ユーザー法を実践し多くの魅力的な新商品を生み出すことに成功している通販企業の事例をとりあげ、そこにどのような工夫が施されているのかを理解しよう。

2　フェリシモ「生活雑貨大賞」のリード・ユーザー法

◆◆◆ 顧客との共創を目指すフェリシモ

　わざわざお店まで出向かなくても、いつでも好きなときにページをめくれば、素敵な商品に出会えることが魅力のカタログ通信販売。おしゃれな洋服や便利な雑貨が、美しい写真とともにたくさん掲載されているカタログを、愛読しているという人も多いだろう。

　神戸市に本社がある株式会社フェリシモ（以下、フェリシモ）は、そうした

第 4 章 リード・ユーザー法

【写真 4 - 1 　フェリシモが発行するカタログ】

写真提供：株式会社フェリシモ

　カタログ通販を中心としたダイレクト・マーケティング事業を営む。2011（平成23）年 2 月期の売上高（連結）は457億円で、想定する顧客層や商品のテイスト別に、全部で十数種のカタログを発行している。ホームページでも、カタログのブランドごとに商品を閲覧することができる。
　フェリシモには、他の通販企業とは異なるとてもユニークな特徴が多い。同社が目指しているのは、「ともにしあわせになるしあわせ」をビジネスによって実現することである。これは、フェリシモだけでなく消費者の 1 人ひとりも一緒になって、社会や自然環境をともにしあわせなものにしていきたい、という考え方にもとづく。
　たとえば、 1 口100円で苗木を植林するための寄付を行うというものが、まるで 1 つの商品であるかのように注文番号付きでカタログの中に掲載されている。これは、「フェリシモの森基金」という活動に使われるもので、国内外の38か所にこれまで数千万本の植林を行ってきた実績を持つ。また、「ハッピートイズ・プロジェクト」では、カタログに掲載されている「ぬいぐるみキット（型紙）」（500円＋送料）を購入した顧客が、自宅にある布の端切れや古着などを材料にしてぬいぐるみを作り、それをフェリシモに送るという活動である

◆◆◆第Ⅰ部　探索的調査

【写真4－2　ハッピートイズ・プロジェクト】

写真提供：株式会社フェリシモ
©日本国際ボランティアセンター

（送料は顧客の負担）。フェリシモに全国から届いた多くの可愛いぬいぐるみは、毎年12月に神戸の街を彩るイベント「ルミナリエ」の期間中に本社前の大きな木にクリスマスツリーのように飾られ、その後は世界中の子供たちの施設にプレゼントとして贈られる。顧客の手元に残るのは、購入したぬいぐるみキットだけだが、作ったぬいぐるみに込めた思いは、世界のどこかに届けられる。

　このように、単によい商品を世の中に提供するということだけでなく、環境保護を目的としたさまざまな取り組みや、困難に直面している人びとを支援する活動などを、消費者も参加する形で展開しようと同社は考えているのである。

　消費者とともに、という考え方は、カタログに掲載する商品の企画にも反映されている。フェリシモでは、扱う商品の多くが自社企画のものであるが、そのうちの多くのアイテムに、顧客の声が活かされているのである。カタログをめくると、各商品の写真や説明とともに、そのアイテムのデザインや仕様に反映されている、カタログ読者から寄せられた意見や要望が、居住地とニックネーム付きで掲載されているのを目にすることができる。商品を注文する際やホームページでのアンケート欄、カタログに封入された提案フォームなどを通じて、そうした多くの顧客の声が集められ、商品企画に活用されている。

　さらに、雑貨カタログ「kraso（クラソ）」をめくると、|○○県　□□□さま

60

第4章　リード・ユーザー法

【写真4－3　「kraso」のページ】

写真提供：株式会社フェリシモ

と一緒につくりました」というマークがついている商品がいくつも掲載されている（写真4－3参照）。それらは、同社が年2回行っている「生活雑貨大賞」で優秀作品に選ばれた企画を実際に商品化したアイテムであり、krasoの読者、つまり一般の消費者による企画案に基づいている。

◆ 生活雑貨大賞の流れ

　生活雑貨大賞は、フェリシモのカタログ読者が自ら商品企画書を作成し、その応募作の中から優れたものを商品化してカタログ上で販売するというイベン

61

【写真4-4 「生活雑貨大賞」プランニングシート】

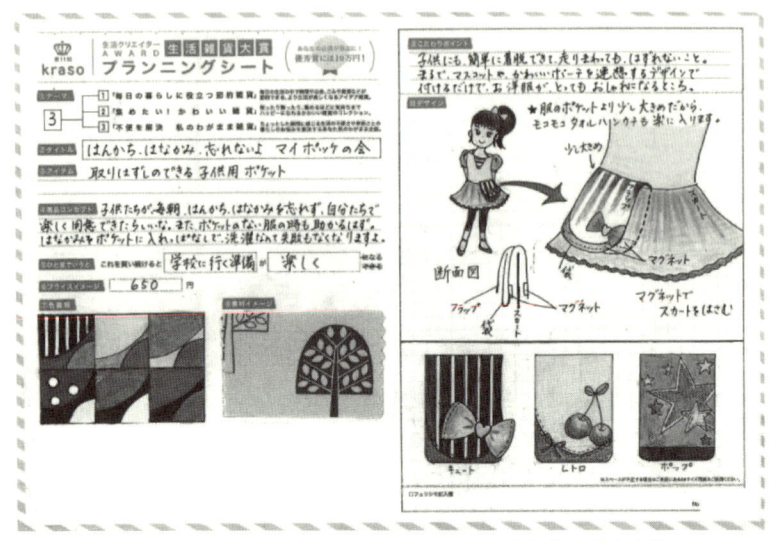

写真提供：株式会社フェリシモ

トである。2000（平成12）年からスタートし、これまで72アイテムが商品化された。kraso 2011年春夏号では、全掲載アイテム680のうち32アイテムが、生活雑貨大賞の優秀作品である。

　いったい、どのような仕組みで素人である消費者のアイデアが実際の商品へとつながっていくのだろうか。

　まず、「こんなものがあったらいいな」と、何かアイデアを思いついた読者は、kraso に封入されている「プランニングシート」を利用して、自分が考えたアイテムについて記入を行う。このシートはＡ４サイズで、フェリシモのホームページに会員登録していればサイトからもダウンロードできる（写真4－4参照）。

　プランニングシートには、応募者の名前や住所などを記入する欄の他に、提案する企画に関する10項目の記載欄が用意されている（表4－1参照）。応募者の参考のために記入例も提示されている。

　応募は、毎年3月末と9月末に締め切られる。応募者は、完成させたプラン

【表4-1 プランニングシートの項目】

①	テーマ	提示されている3つのテーマからひとつ選ぶ。2011年の第12回生活雑貨大賞で提示されているのは、以下の通り。 「1　こんなのなかった！　あなたのヒラメキ企画」 「2　集めたい！　かわいい企画」 「3　不便を解決　私のわがまま企画」
②	タイトル	企画にぴったりの商品名を記載する。
③	アイテム	企画する商品のアイテム名（例えば、アルバム、ジュエリーボックス、レターセット、など）。
④	商品コンセプト	なぜこの企画を思いついたのか、こんな商品があったらいいなと思った理由、どんな人がどんなときに使うと便利だったりうれしかったりするのか、など発想の原点と企画内容をコンパクトにまとめて記載する。
⑤	ひと言でいうと	「これを買い続けると○○○が○○○になる（できる）」の○○○を、実際に商品化されたときのことを想像して記載する。
⑥	プライスイメージ	いくらぐらいの価格で販売したいか、というイメージを記載する。
⑦	色展開	商品の色柄のバリエーションを、色えんぴつやカラーペン、雑誌の切り抜きなどを用いて視覚的に表現する。
⑧	素材イメージ	イメージする素材の名称、特徴などを記載する。あるいは、ハギレなど実物を貼る。
⑨	こだわりポイント	発案者が「ここだけは譲れない」というこだわりのポイントを記載する。
⑩	デザイン	形やサイズ、細部のこだわりや特徴をイラストで描いたり、試作したものを写真に撮って貼ったりして、企画内容を具体的に表現する。

出所：筆者作成

ニングシートを郵送して、次の季節のカタログ上で発表される結果を待つ。

　応募作は、毎回600ほど寄せられるという（年間でおよそ1,200）。応募締め切り後、それぞれのプランニングシートはまず、フェリシモで商品企画を担当

する「プランナー」と呼ばれる社員によってすべて読み込まれたのち、コメントを付けてプランナーのリーダーに送られ、50ほどの候補に絞られる。その後、各候補案の内容が実用新案や意匠登録の点で問題がないか確認され、20～30ほどが最終の選考段階に残る。

　最終選考で審査委員を務めるのは、普段からkrasoでさまざまな商品提案などを行っているクリエイターやデザイナーといった専門家1名と、生活雑貨大賞の過去の優秀賞受賞者数名、そしてフェリシモの商品開発責任者である。審査委員は、審査会場で初めて候補の企画案を目にし、議論が2～3時間ほど行われる。選考の際には、テーマに沿った企画の創造性（オリジナリティー）、企画の商品化の実現可能性、企画書（プランニングシート）の完成度という3点を基準に総合的に判断がなされる。専門家や過去の受賞者は、生活者の視点から審査を行うことが期待される。また、フェリシモの商品開発責任者は、技術や素材に関する検討を行い、コストの問題を含めて実現可能性を判断する。以前は、この結果として1作品も優秀賞として残らないこともあったそうだが、近年は応募作品のレベルが上がり、また応募者のフェリシモ商品に対する理解が深まったこともあって、毎回2～3作品が優秀賞として選ばれている。

　優秀賞として選ばれたものは、商品化され実際にkrasoで販売される。発案者には奨励金10万円が贈られるほか、商品化された作品もプレゼントされる。さらに、販売開始後1カ月で最も販売数が多かった作品（つまり、顧客からの支持が最も高かった作品）は最優秀作品となり、発案者には奨励金50万円が贈られることになる。また、優秀な企画を提案した応募者には、外部スタッフとしてフェリシモからの仕事依頼がなされることもある。

　以上のような生活雑貨大賞のプロセスを、図4－1にまとめた。こうして商品化されたものは、総じて販売数も多く、カタログ読者からの関連のコメントやリクエストといった反応も高いという。また、最終的な商品化まで至らない企画であっても、そこに記載された発案者の考えや思いには、フェリシモのプランナーにとっても非常に参考や刺激になるものが多く、別の商品企画の際に活用されているものも多い。krasoには、「○○さまのアイデアに共感し商品

【図4-1 「生活雑貨大賞」商品化までの流れ】

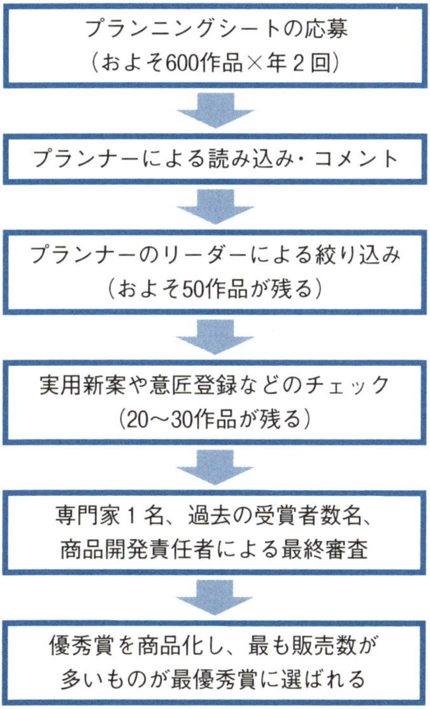

```
プランニングシートの応募
（およそ600作品×年2回）
        ↓
プランナーによる読み込み・コメント
        ↓
プランナーのリーダーによる絞り込み
（およそ50作品が残る）
        ↓
実用新案や意匠登録などのチェック
（20〜30作品が残る）
        ↓
専門家1名、過去の受賞者数名、
商品開発責任者による最終審査
        ↓
優秀賞を商品化し、最も販売数が
多いものが最優秀賞に選ばれる
```

出所：筆者作成

化しました」というマークがついたアイテムが数多く掲載されている。

3　リード・ユーザー法の進め方

❖ イノベーションを創出するユーザー

　フェリシモの生活雑貨大賞は、商品企画の分野で近年注目が高まっている「リード・ユーザー法」を実践しているものと捉えることができる。
　一般に、新しい技術や商品といったものは、その作り手である企業から生み出されていると考えられていることが多いだろう。ところが、実際にはその商

品の使い手であるユーザーが、そうしたイノベーション（革新）を創出するきっかけになっている例もとても多い、ということが発見されてきた。これが「ユーザー・イノベーション」と呼ばれるもので、商品開発研究でも最先端の分野の1つである。どのような方法を用いれば、ユーザーによって魅力的な新商品が開発されるのか、多くの研究が蓄積され少しずつ明らかにされてきている。

　その手法の1つが、「リード・ユーザー法」である。リード・ユーザーとはその名の通り、一歩先をリードしているユーザーのことである。多くのユーザーが将来直面するような、つまり今はまだ直面していないような問題に、リード・ユーザーはすでに直面していて、それを何とか解決するためにみずから試みや工夫をしようとしている。

　たとえば、多くの消費者がまだ体験したことがないような極限状況でのスポーツに楽しみを見出している愛好家や、近い将来に多くの日本人が直面する高齢化社会の問題に、すでに直面している過疎地の買い物客、などがそれに該当する。そうした先端的なユーザーを探しだし、どのような工夫をしているのか、問題を解決するヒントとなるアイデアがないか、といったことを一緒に考えていこうということが、リード・ユーザー法で商品企画を行う際の狙いである。

◆◆◆ リード・ユーザーといかに出会うか

　そのためにまず、企業はリード・ユーザーを探し出さなければならない。1つの方法は、注目している分野で先端にいるのではないかと思われる人にアプローチをし、その人からさらに、自分よりも先端にいると思われる別の人を紹介してもらう、ということを繰り返してリード・ユーザーにめぐり会うというやり方である。スポーツや趣味の分野、企業が顧客となる産業財の分野など、専門家と呼ばれるような人たちがいるような場合は、このやり方が有効になる。読者の身近なところにも、たとえば運動部の選手や文化系サークルの友人、受講している科目の担当教員など、リード・ユーザーにたどりつくためのきっか

けを提供してくれそうな人がいるだろう。

　フェリシモの生活雑貨大賞は、リード・ユーザーに出会うためのもう1つのタイプのやり方である。新商品のアイデアや企画をひろく呼びかけ、反応を示してきた多くの人びとの中から、優れた考えを持っていたり問題解決を実践したりしているようなリード・ユーザーを選び出すという方法である。専門家集団のような顧客が存在しない一般消費財の場合は、このやり方が有効になるだろう。

　近年であれば、mixiやFacebookといったソーシャルメディアなどを利用し、共通の関心や興味を持った人びとによって形成されているネット・コミュニティに参加することで、リード・ユーザーに出会うという可能性もあるだろう。スポーツや趣味など専門性の高い分野はもちろん、日常生活のちょっとしたことを共通の関心にして集うネット・コミュニティも数多い。そうしたところにうまくアプローチして、質問やアンケートへの協力を呼びかける、あるいは単にそのコミュニティで交わされている会話をじっくり読み込むことだけでも、さまざまな発見があるだろう。そこから、リード・ユーザーと呼ぶにふさわしい人とめぐり会う可能性も高い。

◆◆◆ リード・ユーザーからいかに協力を得るか

　リード・ユーザーを探し出すことができれば、次に商品企画への参画を求めなければならない。

　リード・ユーザーが当該分野の専門家である場合は、すでに何らかの工夫を施していたり、自分で道具や部品などを作っていたりするようなケースもありえる。しかし、そうした個人的な問題解決の実践を、他の多くのユーザーにも役立つような新商品として実現させるためには、商品企画を試みる企業側でも技術面やコスト面でいろいろと解決しなければならない問題が発生する。本書の第2章や第3章で解説されたようなインタビューや観察法をリード・ユーザーに対して行い、その人が抱えている問題や行動の意図などの深い洞察を得たうえで、それを商品企画に反映させるということも必要になるだろう。

Column 4-1

Riving のケース―リード・ユーザー法の実践

　2つの探索的調査を実施した Riving は、さらにリード・ユーザー法を実施することにした。本章の進め方を参考に、デザインに詳しい教員に、棚や収納家具についてのリード・ユーザーの可能性がある人物を紹介してもらうことした。教員からは、大量資料を入れるために、みずから棚をデザインし製作したことのあるデザイン分野の学生を紹介してもらった。

　メンバーは、彼の自宅で実際に棚を見せてもらうことにした。彼は、自室の壁のサイズにぴったり合った棚を製作していた。棚を見ると、本や雑誌、レコード、CDなど棚に入る物の高さに合わせて、棚板の高さが統一されていた。つまり、棚ごとに入っている物の高さも見事に統一されていた。そのため、統一感があり美しいデザインであった。

　彼がみずから製作した理由は、既存製品では壁の幅や天井までの高さに合う商品がないことや、棚板の高さを微妙に調整できなかったためだという。彼に観察法で感じた、横積みの本や折れた資料の話をすると、まさに彼はそのためファイルやボックスがちょうど入る高さに、棚板の高さを変更できる棚を製作したのだと説明した。調査終了後、彼には、さらに先端に位置するリード・ユーザーである可能性があるインテリアショップの女性店員を紹介してもらった。

　紹介してもらった女性を訪問すると、彼女は部屋を間仕切るための棚をみずから製作していた。固定式で碁盤の目のような規則正しいサイズの棚であった。棚には本や雑貨がぎっしり詰まっていて、立つと向こう側が見えるくらいの高さで、床や椅子に座ったりベッドで寝たりすると向こう側が見えないという高さの棚であった。

　彼女がみずから製作した理由は、既存製品ではぴったり合う高さの商品がなかったためだという。棚を固定式にしたのは、可動式にすると間仕切りでは不安定になるからであった。ここでも、横積みの本や折れた資料の話をすると、不安定になるという問題はあるが、上に棚板がない構造にすれば、問題が解決するのではないかというアドバイスを得た。

フェリシモの生活雑貨大賞では、同社のカタログ読者自身に商品企画を担ってもらっている。このケースのように、参加を呼びかけている企業・ブランドのファンに対してであれば、「こんな商品もつくってほしい」という思いを持つユーザーから協力を得られることが期待できる。なぜなら、もしそうした商品が実現することになれば、魅力的なものが手に入るということで発案したユーザー自身にもメリットが生じるからである。

しかし、技術や商品開発活動の専門家ではない素人の消費者が、みずからの欲しいものについての考えを商品企画としてまとめる作業は容易ではない。そのため、企業側がユーザー支援の何らかの手段を提供することが必要となる。生活雑貨大賞のプランニング・シートは、まさにそうしたツールであろう。専門的な用語や知識を持ち合わせていなくても記載ができるようなひな型（フォーマット）を用意することで、多くの顧客が商品企画書としてまとめあげて応募をすることを、手助けしているのである。他の企業の例では、コンピュータ・グラフィックの技術などを活用して、ユーザーが自分のパソコンでデザインや設計が比較的容易にできるようなソフトウェアを提供したり、そうした作業が可能なウェブサイトを設置したりしているケースもある。

4 リード・ユーザー法で気をつけること

リード・ユーザー法において気をつけることは、4点あげられる。第1に、一般の消費者に対して、商品企画に参加しやすい仕組みや工夫を提供することの必要性である。そもそも、なぜ消費者がイノベーションの創出に貢献するのかといえば、商品やサービスを実際に使用することによってこそ気づく問題があったり、新たに要望が生じたりすることがあるからである。そうしたことは、商品の作り手である企業側が情報として入手したり、あるいはそのことの意味を深く理解したりすることが難しい場合が多い。だからこそ、消費者自身が商品企画に参画することが有効になる。

ただし、そうした消費者は、消費の現場においてはリード・ユーザーであっ

ても、商品企画という作業に関しては素人である。したがって、先述のように平易な商品企画書のひな型を用意したり、手軽にデザインや設計ができるIT技術を活用したりして、リード・ユーザー自身がイノベーションを創出することを手助けすることが重要となる。

　第2に、ユーザー側にも可能な範囲で技術に関する知識を持ってもらう、あるいは企業側が大切にしているブランドや経営理念についての理解を求めることも必要である。いくら新奇性の高い商品企画が提案されたとしても、そもそも実現が難しい内容のものであれば商品化ができないからである。

　フェリシモの生活雑貨大賞の場合、あらかじめ商品企画テーマを3つ示しておくことで、提案の範囲が無限定に広がってしまうことを抑制している。また、プランニングシートでは素材や販売価格に関する記載も求められているので、それを完成させるためには応募者もある程度の研究や考察が必要となる。そして、フェリシモは非常にユニークな経営理念を持つ企業で、展開するカタログにもそうした考えが随所に反映されているため、フェリシモの通販カタログで買い物をする顧客もそうした考え方やブランドのコンセプトに、かなりの理解を持っていることが予想される。こうした点は、応募者の中に何人も含まれているであろうリード・ユーザーのアイデアや提案を、できるだけ無駄にせず新商品の実現へと導くための工夫であると考えることができるだろう。

　第3に、企業側においては、リード・ユーザーからもたらされた商品企画の良し悪しを評価し、実際に商品化するかどうかの判断の仕方が課題になるだろう。素人である消費者のアイデアやデザインは、玄人（プロ）の目から見れば技術やコストの問題から実現が容易ではないというものも多いかもしれない。しかし、それを"作り手側の論理"で排除してしまうのであれば、そもそもリード・ユーザー法のように消費者自身に商品企画をしてもらうという手法をとる意味はない。発案した消費者の意図や思いを、消費者ニーズとして理解しようという姿勢や評価方法が求められるし、完璧にまとまっているわけではない商品企画の中身を吟味し、本当に必要な要素だけを見極めるノウハウなども重要になるだろう。また、その評価プロセスを明確にし、協力してくれた消費

Column 4 - 2

クラウドソーシング

近年、世の中の多くの人々から優れた知識や技術を提供してもらい、何かを作り上げたり問題を解決したりする取り組みが、盛んに行われるようになっている。「クラウドソーシング（crowd sourcing）」と呼ばれるもので、代表的なものがインターネット百科事典の「ウィキペディア」である。そこに収録されている数多くの項目は、すべて世界中のたくさんの「誰か」によって説明文の作成や画像の提供が行われている。

商品企画の分野でも、クラウドソーシングの事例が増えている。本章で取り上げているフェリシモの「生活雑貨大賞」や、第1章のコラムで取り上げられていた「空想生活」が、その例にあたる。他にも、ローソンの携帯電話向けサイト「謎のローソン部」では、会員によるアイデア提供や投票によって、店頭で販売するサンドイッチやデザートなどの新商品が生み出されている。また、文具メーカーのコクヨや即席めんメーカーのエースコックは、ソーシャルメディアの@ニフティやmixiの会員と共同で、新商品を開発する取り組みを行っている。情報通信技術の発達により、不特定多数の人が企業側にアイデアや思いを伝えたり、自分で作成したデザインを投稿したり、あるいは他の人のアイデアに投票をしたり、といったことが容易にできるようになった。

商品企画を学ぶ読者も、こうした消費者参加型の商品企画に加わってみてはどうだろう。多くの人からも賛同を得るようなアイデアやデザインを投稿しようと思えば、普段の生活においてもさまざまな商品のことや消費のシーンについての観察眼が養われるだろう。あるいは、インターネット上で表現される他の人の考えや意見に触れて、自分では気付かなかった問題を発見したり新しいものの見方を得たり、といったこともあるかもしれない。企業側が、どのようなことを意図して商品企画やマーケティング活動を行っているのか、ということについてもじかに学ぶことができる。

者にきちんと示すことも求められる。そうでなければ、消費者自身が次の商品企画に協力しずらくなってしまうからである。

　最後に、基本的なことだが、実用新案や意匠登録、著作権などの点で問題がないかどうかの確認は重要である。消費者は、すでに世の中に存在している商品を参照してアイデアを出す場合が多いからである。また、そうした点で問題がなくても、実際に販売されていたり、あるいはすでに販売が終了していたりという商品と差別化できていない企画であれば、新商品として販売し好業績を得られるかどうか、そもそも疑問である。

5　おわりに

　ユーザー・イノベーションを創出するためには、単に顧客からのアイデアを待っているだけではダメだ。本章で解説したように、イノベーションのシーズ（種）を持っていそうなリード・ユーザーと出会うための努力や、商品企画に協力してもらえるような好ましい関係性の構築、プロではない消費者がきちんとアイデアをコンセプトに昇華させることができるような仕組みを用意するなど、企業側の体制が重要となるのである。

　リード・ユーザー法は、商品企画の先端的な手法として注目されている。魅力的な新商品が、これまでのような企業の発想や技術力に基づく商品企画活動だけでなく、ユーザー側からも多く創出されるようになれば、既存の商品では満足できていない多くの人びとにとって非常に価値があるといえるだろう。

? 考えてみよう

1. リード・ユーザー法を用いた商品企画は、アンケート調査やインタビュー法を用いて生み出された商品企画と比べて、どのような特徴をもつのか、考えてみよう。

2．あなた自身や、あなたの身近な人が、もしかすると何かに関するリード・ユーザーではないか、考えてみよう。

3．特定の商品分野をとりあげ、それに関するリード・ユーザーがどこに存在するか、どうすればアプローチできるかを考えてみよう。

参考文献

小川進『イノベーションの発生論理』白桃書房、2000年。
小川進『競争的共創論』白桃書房、2006年。
エリック・フォン・ヒッペル（サイコム・インターナショナル訳）『民主化するイノベーションの時代』ファーストプレス、2005年。

次に読んで欲しい本

ジェフ・ハウ（中島由華訳）『クラウドソーシング―みんなのパワーが世界を動かす』早川書房、2009年。
バリー・リバート、ジョン・スペクター（野津智子訳）『クラウドソーシング―世界の隠れた才能をあなたのビジネスに活かす方法』英治出版、2008年。
宮崎正也『コア・テキスト事業戦略』新世社、2011年。

```
┌─────────┐  ┌─────────┐  ┌─────────┐  ┌─────────┐
│  第Ⅰ部   \ │  第Ⅱ部   \ │  第Ⅲ部   \ │  第Ⅳ部   \
│ 探索的   / │ コンセプト / │ 検証的   / │ 企画書   /
│  調査    /  │ デザイン  /  │  調査    /  │  作成    /
└─────────┘  └─────────┘  └─────────┘  └─────────┘
```

第1章 商品企画プロセス	**第5章 アイデア創出**	第8章 市場規模の確認	第11章 販促提案
第2章 インタビュー法	**第6章 コンセプト開発**	第9章 競合・技術の確認	第12章 価格提案
第3章 観察法	**第7章 プロトタイピング**	第10章 顧客ニーズの確認	第13章 チャネル提案
第4章 リード・ユーザー法			第14章 企画書作成
			第15章 プレゼンテーション

第 5 章

アイデア創出

1　はじめに
2　TOTO「クラッソ」のアイデア創出
3　アイデア創出の進め方
4　アイデア創出で気をつけること
5　おわりに

◆◆◆ 第Ⅱ部　コンセプトデザイン

1　はじめに

　アイデア創出は、新商品の企画の最初に行う大事な作業の1つである。それは、どのような新製品が生まれるかわからない混沌とした闇の中から、手探りで光を見つけ出していくようなプロセスである。曖昧模糊とした最初の段階という意味で、ファジー・フロント・エンドとも呼ばれている。

　他の開発段階と比べると、アイデア創出には、人件費以外のコストはさほどかからない。しかしその分、時間がかかる。一説には、ファジー・フロント・エンドだけで、開発期間の50％の時間を占めるという。

　では、実際の新商品企画において、アイデア創出はどのように行われているのだろうか。本章では、2010（平成22）年にTOTO株式会社が発売したシステムキッチン「クラッソ」のケースを参考に、その具体的なあり方を学んでいくことにしよう。

2　TOTO「クラッソ」のアイデア創出

◆◆◆ TOTOにおける革新的な新商品の歴史

　TOTO株式会社（以下、TOTO）は創業1917（大正6）年、北九州の小倉市に本社を置き、トイレ、ユニットバス、システムキッチン、洗面化粧台など、水回りを中心とする建築用設備機器を製造し、販売している会社である。

　同社の新商品開発の歴史を振り返ると、世界初の商品を多数輩出していることに驚かされる。1980（昭和55）年に発売された温水洗浄便座「ウオッシュレット」は、革新的なコンセプトと「おしりだって洗ってほしい」というキャッチコピーで、世の中に急速に普及していった。

　1985（昭和60）年に発売された洗髪洗面化粧台「シャンプードレッサー」は、朝、家を出る前に洗髪する「朝シャン」ブームを巻き起こした。洗面化粧台で

【写真 5 - 1　TOTO のキッチン「クラッソ」】

写真提供：TOTO 株式会社

は、2009（平成21）年に発売された「オクターブ」という商品もヒットしている。この商品では、洗面台下のキャビネットに注目し、排水管を奥に移動させて、従来の1.5倍の収納量を実現した。

　トイレや洗面室だけではない。2001（平成13）年に発売された、水滴の表面張力を壊すことで洗い場の床の乾きを早めた「カラリ床」や、2004（平成16）年に発売された、湯の温度低下が6時間で2度以下に留まる「フローピア『魔法びん浴槽』」は、浴室にもイノベーションをもたらした。

　そして、さらに TOTO のイノベーションは、キッチン事業にも広がっていった。本章で取り上げる、2010（平成22）年発売の「クラッソ」は TOTO のキッチン事業における1つの転換点となった商品である。

❖❖ キッチン「クラッソ」の開発

　TOTO は1981（昭和56）年にキッチン事業に参入した。その30年後に発売された「クラッソ」は、同社のキッチン事業における3つの既存シリーズを統合し、大規模なフルモデルチェンジを行った商品である。それは、開発メン

第Ⅱ部　コンセプトデザイン

バーにとって、既存シリーズの概念にとらわれることなく、白紙の状態からアイデアの創出に取り組む必要があることを意味していた。

「クラッソ」の開発に当たり、開発リーダーは、まず既存顧客の家庭を1軒1軒訪問することから始めていった。キッチンの開発部門では、商品購入時に添付されている「お客様カード」を返送した顧客の情報をデータベース化し、家庭訪問の可否を電話で尋ね、了解を得られた顧客を開発者自身が訪問する仕組みがある。

たとえば、「何月何日にAさん宅の訪問が可能」といった情報が社内で流れると、誰でも自由に訪問のエントリーができる。1回に参加できるのは2〜3名であり、市場調査を担当する商品企画部門だけでなく、開発部門や製造部門等も自由に参加できる。時には、社長自身がエントリーすることもある。

「クラッソ」開発の際、開発リーダーは、約2か月間で計50件の家庭を訪問した。1回の訪問時間は約2時間で、キッチンの使い勝手やこだわりについて、あるいは料理のことについて、開発者が直接、顧客から話を聞くのである。さらに時には、実際に料理を作ってもらって、より詳しい作業性の確認を行うこともある。その作業の様子は動画でも撮影される。

「クラッソ」の開発では、顧客訪問の後、撮影された映像をもとに、同社のユニバーサル・デザイン（UD）研究所において、数名の開発メンバーが議論を続けた。すると、撮影された映像を見ていたメンバーが、他の主婦と比べて、料理中の動きにほとんど無駄がない主婦が1人いることに気付いた。いったい、なぜ1人だけ、ほとんど動かずに調理ができるのか。彼らは、次にその点を注意深く観察した。すると、それは、料理に必要なものが、すべて手の届く範囲にあらかじめ出されているからだということがわかってきた。

一方、開発リーダーは、家庭訪問で行ったインタビュー調査で、顧客が「効率」「しんどい」「忙しい」といった言葉を頻繁に発していたことが気になっていた。

これらの情報が結びついた結果、次に開発するキッチンに求められるものとして開発メンバーが思いついたのは、動作のムダを省き、効率的に作業ができ

るようにするという、いわばキッチンの原点ともいえるアイデアであった。「水も動作もムダがないスイスイ設計」というキッチン「クラッソ」のコンセプトはこうして生まれた。

❖「クラッソ」の試作と社内評価

　「クラッソ」の開発メンバーは、シンクとコンロの間にある作業スペースの正面を「ホームポジション」と名づけ、誰もがその場所から動かずに料理ができるよう、設計を進めていった。

　そして、その動きを検証するために、試作機を設置したUD研究所で、作業者の頭上にセンサーをつけて撮影し、作業動線を観察・分析した。このようにTOTOでは、試作機による動作検証を通じて、当初のアイデアが実際の使用状況において実現されているかを確認したうえで、量産化のための金型設計に移行している。

　クラッソの特徴は、シンク下にまな板や包丁、作業スペースの下に調味料、コンロ下に鍋やフライパンを収納するという、作業動線を考えたレイアウトにある。このため、作業スペースの前のホームポジションに立つと、料理の流れに沿って、必要なものをすぐに取り出すことができる。

　収納のための引き出しは、一度に収納された物が見渡せ一度に取り出せるように親子２段の引き出しが１回の動作で同時に出てくる設計になっている。外

【写真5-2　クラッソのホームポジション】

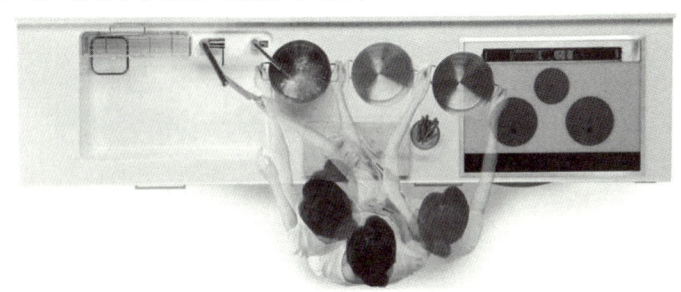

写真提供：TOTO株式会社

側の引き出しを開けると内引き出しが一緒に出てくる連動型は便利だが、引き出しが重いと逆に使いづらい。この点に配慮した連動引き出しの技術開発は非常に困難であったが、実に3か月以上の検討を重ねた結果、仕様として実現された。担当したのは開発リーダーの技術者である。

　彼は、この連動引き出しの新しい機構を発想するために、キッチン以外のさまざまなものを参考にした。たとえば、妻の化粧道具、子供のおもちゃ、自動車のドアの開閉部やギアチェンジの仕組み、はしごの構造等を観察しただけでなく、時には異業種メーカーへのヒアリングも行ったという。

　苦労の末、ようやく試作機ができあがると、すぐに社内の主婦を集めたワーキンググループが結成され、消費者視点によるテストが行われた。開発リーダーの技術者は、このワーキンググループの厳しい評価を参考に、何度も改良試作を繰り返し、連動引き出し「らくプル親子収納」を作り上げたのである。

❖❖ 商品開発部長の発見とサポート

　TOTOのキッチン「クラッソ」は、シンクにも特徴がある。2種類の水栓を作業スペース側に連立させ、その反対側に設けた排水口に向かう傾斜を持つ

【写真5–3　すべり台シンクと水ほうき水栓】

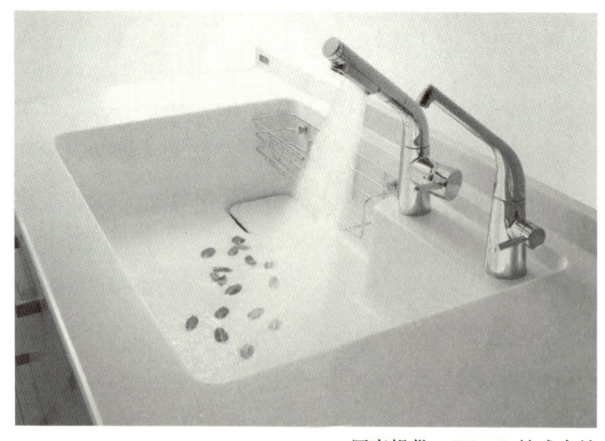

写真提供：TOTO株式会社

「すべり台シンク」や、幅広のシャワー型で水ハネが少ない「水ほうき水栓」等が新たに搭載されている。

「すべり台シンク」は、シンクのゴミが奥側の隅にある排水口に向かって、すべり台のように自然に流れる。そのため、いちいちゴミを集める必要がなく、調理作業がより効率的に行える。また「水ほうき水栓」では、菜箸（さいばし）やフライパン、まな板等、キッチンにある多様な道具を、少ない水量で短時間に洗うことができる。

この「すべり台シンク」と「水ほうき水栓」の組み合わせは、「水と人の流れを極めるスイスイ設計」という「クラッソ」のコンセプトにとって欠かすことのできない要素である。しかし、「すべり台シンク」の採用に当たっては、商品開発部長は当初、どうしても開発提案に踏み切れない事情があった。それは片側に寄せた排水口の問題に起因していた。

キッチンの配置は顧客の住宅プランによって異なり、シンクの位置は、作業スペースに対して右か左に配置される。従来は左右どちらでも対応可能なように、排水口はシンクの中央に設けられていた。しかし「クラッソ」のように、排水口を右か左の一方に寄せると、生産工程で２種類の金型を作る必要がある。金型は、製品を量産するために必要な金属製の型で、排水口がシンクの中央にあれば金型は１種類で済むが、左右２タイプを揃えると、金型への投資額が２倍になってしまうのだった。

「すべり台シンク」は投資を倍増しても実現する価値があるのか。商品開発部長はその決断をするまでの確信が持てなかったのである。彼はそれまで、浴室や洗面化粧台の分野でヒット商品を続出させてきた人である。それらの商品を考える上では、開発者であると同時にみずからも使用者であった。しかし、キッチンは違っていた。普段、料理をしない彼には、これで行けるという確信が持てなかったのである。

そして、実際に使わない人間には物づくりは語れないと考えた彼は、土日を利用して、自ら料理に挑戦し始めた。また、顧客訪問調査にもエントリーし、ターゲット顧客である主婦との対話も重ねていった。

そうしているうちに、たとえば皮むき器の収納場所ひとつ取っても、自分の置いた場所と少し違うだけで、非常に違和感があることを知った。また、気が向いた時にだけ料理を作る自分と、体調が悪くても必ず料理をしなければならない主婦とは、料理に対する思いが全く違うということにも気づいた。「作ること」と「作らなければならないこと」の違いに気づいたのである。そして、料理を日課とする主婦に向けて、主婦のためのキッチンを作らなければならないということも改めて実感した。

　商品開発部長の本音として、みずから料理をしてみるまでは、ゴミの流れがそんなに重要なのかと軽く考えていたという。彼は、自らの料理経験を通じて初めて、商品コンセプトの意味に強く共感できたのである。

　以上のようなプロジェクト・メンバーの開発努力と、商品開発部長の徹底したサポートの結果、「クラッソ」は2010（平成22）年8月に市場導入され、発売と同時に大好評を博した。

3　アイデア創出の進め方

◆ アイデア創出の方法

　TOTO「クラッソ」の事例からわかるように、開発の最初に行われるのはアイデア創出である。「クラッソ」の場合は、開発の初期にプロジェクトのメンバーが顧客にヒアリング調査を行い、撮影した動画を観察・分析して、アイデアを発想していた。

　企業で実務に携わっているプロの商品開発者は、自分なりのアイデア発想のノウハウを持っている。たとえば、今回紹介した商品開発部長は、アイデアの発想の原点は感動であると考えている。すると、日常の中のちょっとした感動に敏感になる。その小さな感動から生まれるアイデアは、いつでも、どこでも、すぐにメモとして残す習慣を持っているそうだ。

　一方、「クラッソ」の開発リーダーは、アイデア発想には観察力と集中力が

必要と考え、深夜に1時間だけ集中的にアイデアを出す時間を作っているという。

　これらの例は、新商品開発のプロが自身の知識や経験を通じて確立した独自の方法であり、誰もが真似できるというわけではない。実際、いつも発想豊かな開発のプロがどのようにアイデアを出しているのかは、第三者にはよくわからないものである。本章で後述するような発想法は、開発現場ではむしろ使っていない人のほうが多い。発想法は、アイデア創出を成功しやすくする手段であり、手段を使うことが目的と勘違いしてはならない。

　アイデア創出は、発想豊かな人が1人いれば成功するという考え方もある。その代表例が、アメリカのアップル社を創業したスティーブ・ジョブズである。パソコンのMac、iPod、そしてiPadまで、彼が創出した商品の多くは革新的で、かつ大ヒットしている。

　iTunesやiアプリ等、ソフトウェアのビジネスを含んだビジネスモデルの創出においても、彼は斬新なアイデアを具現化してきた。ちょうどエジソンが、電球の発明だけでなく、電灯システム全体を構想し、普及させたことと同様に、スティーブ・ジョブズは、現代の発明王ならぬ革新王といえる。

　しかし他方で、アイデア創出は、彼のような一握りの人々だけが可能なものかというと、答えはノーである。なぜなら、アイデア創出の発想法は、トレーニングによって、ある程度は身につけることができるためである。その発想法を次に見ていくことにしよう。

❖ アイデア創出のステップ

　ジェームス・W・ヤングは、その著書『アイデアのつくり方』において、「アイデアとは既存の要素の新しい組み合わせであり、その組み合わせを作り出す才能は、事物の関連性を見つけだす才能によって高められる」と言っている。そして、アイデアを創出するには、次のようなステップで進めるべきだと述べる。

　ヤングの本（邦訳）はわずか60ページ程と短いが、その中に、アイデア創出

【表5-1 アイデア創出の5つのステップ】

第1段階	関連する資料を徹底的に集める。
第2段階	集めた情報やデータ同士の関連性を考え、分析し、発想する。そして、うまくいかず、絶望する。
第3段階	問題をいったん放棄して、他のことをする。
第4段階	期待していない時に、突然アイデアが訪れる。
第5段階	アイデアを現実的な制約条件に適合させていく。

出所:ヤング(1988)をもとに筆者作成

のエッセンスが詰まっている。彼のいうように、資料を徹底的に集めて、調べ尽くして考えても、すぐにアイデアが出るわけではない。むしろ、失望して断念することのほうが多い。そして、気晴らしのために音楽を聴いたり、映画を見たり、全く違うことをしているうちに、突然アイデアが降ってくるのである。

このように、他のことをしているうちに、偶然、何か別の発見をすること、またはその能力のことをセレンディピティという。セレンディピティは運や偶然に左右されるものであり、ヤングの5ステップでいえば、第4段階を表現した言葉である。しかし、何もせずに突然、幸運が訪れるわけではなく、実は、その前の第1段階と第2段階までの努力こそが幸運を呼び寄せるのである。

❖❖ アイデアの発想法

では、その第1段階と第2段階で、どのように作業を進めるべきなのだろうか。実は、この点に関しては多くの「発想法」が提案されている。本章では、それらの発想法を3つの観点で整理して説明する。それらは、①アイデアの量をより多く出す方法、②アイデアの質を高める方法、③アイデア出しを良い雰囲気で行う方法の3つである。なお、③については第4節で述べる。

① アイデアの量をより多く出す方法

たとえ1つしかアイデアを思いつかなくても、それが最高に素晴らしいアイデアとなるかもしれない。しかし普通は、より多くのアイデアを出せば出すほ

ど、優れたアイデアが出てくるものである。

　なぜなら、最初は単純なアイデアしか思いつかなくても、続けているうちにより深く考えるようになり、あるいは複数のアイデアを組み合わせたり、応用したりするため、優れたアイデアがより大量に生まれやすくなるためである。

　ただし、思いつくまま漠然と考えているだけでは、アイデアの量が増えるスピードは遅くなる。そこで、本章では、短時間でより多くのアイデアを出すための2つの方法を推奨する。

　1つは、体系的にアイデアを出す発想法を身に付けること、もう1つは、一人ではなくグループでアイデアを出すことである。後者については、③のアイデア出しの雰囲気を良くする方法で述べるため、ここでは、体系的にアイデアを出すための発想法を紹介する。

　表5-2は、代表的な発想法を簡単に整理したものである。この中から、欠点列挙法・希望点列挙法、チェック・リスト法について、具体的に説明する。他の発想法については参考文献を参照してほしい。

【表5-2　体系的にアイデアを出すための発想法の例】

発想法の種類	方法
欠点列挙法	欠点を次々と挙げ、改善するアイデアを考える。
希望点列挙法	「理想の○○」「夢の△△」や改善案を挙げる。
属性列挙法	属性をすべて挙げ、修正の可能性を検討する。
形態分析法	可能性のある要素のすべての組み合わせを検討し、相互の組み合わせで発想する。
カタログ法	イメージ写真やイラストから連想して発想する。
刺激語法	キーワードを書いたカードを引いて、連想する。
マインドマップ	紙の中央の課題から連想し、放射状に描いていく。
チェック・リスト法	発想の切り口をチェック・リストとして用意し、次々と視点を変えながらアイデアを出していく。

出所：星野（2005）

【表5-3　欠点・希望点列挙法のフォーマット例】

テーマ：		
No	欠点・希望点の列挙	改　善　点
1		
2		
3		
4		
5		
・		
・		

出所：星野（2005）

〔欠点列挙法・希望点列挙法〕

あるテーマに対する欠点や希望点をすべて書き出し、改善点を考える方法である。たとえば、表5-3のようなフォーマットを使うと作業が進めやすい。欠点からの発想は現実的なアイデアが出やすく、希望点からの発想は、実現可能性は低いが夢のあるアイデアが出やすいという特徴がある。欠点・希望点を別々に出してもよい。

〔チェック・リスト法〕

あらかじめ用意したリストに基づいて、視点を変えながら発想する方法である。たとえば、日本語では「ださく似たおち」、英語では"SCAMPER"という、発想の切り口の頭文字を組み合わせた言葉がある。この言葉は、表5-4に示したような項目の頭文字であり、覚えやすいため、よく使われている。

これらの発想法を使って、本書の第Ⅰ部で紹介した探索的調査等で収集した情報やデータを参考に、アイデアを発想することにより、短時間で、より多くのアイデアを出すことができる。

② アイデアの質を高める方法

次に、アイデアの質を高める方法の1つとして、ここではKJ法を紹介しよ

【表5-4 チェック・リスト法のフォーマット例】

(1)「ださく似たおち」

テーマ：		
	チェック項目	対応したアイデア
だ	代用できないか？	
さ	さかさまにしたら？	
く	組み合わせたら？	
似	似たものはないか？	
た	他の用途はないか？	
お	大きくしたら？	
ち	小さくしたら？	

出所：星野（2005）

(2)「SCAMPER」

テーマ：		
	チェック項目	対応したアイデア
S	Substitute?（代用できないか？）	
C	Combine?（組み合わせたら？）	
A	Adapt?（応用できないか？）	
M	Modify?（修正したら？） Magnify?（大きくしたら？） Minify?（小さくしたら？）	
P	Put to other uses? （他の用途はないか？）	
E	Eliminate?（取り除いたら？）	
R	Reverse?（さかさまにしたら？） Rearrange?（再調整したら？）	

出所：オスボーン（2008）、星野（2005）

【表5-5　KJ法の手順】

手　順	注　意　点
1　アイデアのエッセンスを付箋紙1枚に1行ずつ書く。	わかりやすい表現を用い、抽象化しすぎない。
2　付箋紙を広いスペースにカルタのように広げる。	きっちり詰め過ぎず、かつ見やすく整然と並べる。
3　全部に目を通し、親近感を覚えるアイデア同士を1か所に集める。	何となく親近感を感じればまとめてよい。
4　1か所に集まったアイデアの共通点を考え、1行見出しをつける。	間違ったものが紛れていれば、この段階で外す。
5　どのチームにも入らない「離れザル」はそのまま残す。	上位のチームに入る可能性があるため、無理はしない。
6　表札（見出し）つきの小チームができたら、さらにそれをまとめて中チーム、大チームを作る。小分けしたものをまとめていく。	小・中・大チームの種別がわかるように色分けをする。既知の分類軸を当てはめる等、先入観にとらわれない。
7　付箋紙の空間的配置を変えながら、論理的構造を図解化・文章化する。	大チーム間の関係等、大きな構造を先にとらえる。

出所：川喜田（1967）、pp.66-99。

う。KJ法は、考案者である川喜田二郎氏の頭文字をとった発想法である。1人でもグループでも使うことができる。

　川喜田二郎氏は、地理学出身の文化人類学者である。KJ法は、川喜田氏が野外で観察や調査を行った際のデータをどう記録すべきか、という問題意識から考案した手法である。多種雑多な情報を整理し、より高度なアイデアにブラッシュアップしていくうえで有効である。

　KJ法を始める前には、①の発想法を使って、できるだけ多くのアイデアを出しておいたほうがよい。用意するものは、大量のアイデア、筆記用具、大きめの付箋紙、作業ができるスペース、パソコン（または清書用の紙）とデジタルカメラである。

　KJ法の作業手順は表5-5に示したとおりである。最後の図解化や文章化

Column 5 - 1

Rivingのケース—アイデア創出の実践

　探索的調査を終えたRivingは、本章の進め方を参考にアイデア創出を行うことにした。まず、メンバーは、アイデアを出しやすい雰囲気にするために、これまでの探索的調査で収集した写真や情報、そしてそこから思いついたことを付箋に書いて、大きな模造紙に貼った。こうすることで、調査当時の情報を思い出しやすくなる効果があると考えた。さらに、リラックスできるように、飲み物や菓子も用意した上で、アイデア創出をはじめることにした。

　まずはアイデアの量を多く出してみることにした。その方法として、欠点・希望点列挙法で実施することにした。1人50件の改善点のアイデアを出すことを目標にして、ブレーンストーミングでアイデア創出をはじめた。最初のいくつかは簡単にアイデアが出た。表のように、例えば「高さが固定されていて物が入らない」という欠点に対して、「可動式の棚板にする」という改善点が挙がった。だが、その後はアイデア出しに苦労したり、他の人のアイデアに批判がでたりして順調に行かず停滞した。脱出のきっかけは、模造紙の写真や情報であった。それを見ながら続けると、無事に1人50件のアイデアを創出することができた。

【表5-6　棚の欠点・希望点列挙法】

テーマ：棚		
No	欠点・希望点の列挙	改善点
1	高さが固定されていて物が入らない	可動式の棚板にする
2	可動式の棚は不安定になる	背面をつけた可動式にする
3	大きな雑貨から本、バッグまで置ける	階段状の棚の上に置く
4	部屋の間仕切りにもなる	背面をなくす、あるいは背面にデザインをする
5	デザインがよくない	仕様に統一感をだす
・	・・・	・・・
・	・・・	・・・

出所：筆者作成

> こうして集まった150件のアイデアの質を高めるために、KJ法で整理することにした。先の表をコピーした上で、欠点・希望点や改善点を切って短冊にして、模造紙の上に類似の内容の短冊を近い位置にテープで貼った。何度か貼り直して、移動させながら、棚の課題やアイデアの構造を整理することができた。

は、パソコンやデジタル等で記録しておけば、メール等で転送や共有もできて便利である。しかし、アイデアをチームごとにまとめて見出しをつける作業については、電子機器よりも、あえて付箋紙と筆記用具で行ったほうが容易でやりやすい。

KJ法は確立された手法であるが、どんな手法も絶対ではない。KJ法に対しては、頭の中で実践していることを、あえて作業化しているため、非効率だという批判もある。とはいえ、アイデア創出の経験が少ない段階では、さまざまな発想法を試し、試行錯誤の中で自分なりの発想法を見つけていくことにも意義はある。

4 アイデア創出で気をつけること

アイデア創出では、アイデアの量と質の両方を求めることが必要である。そのためには、1人で行う場合も、グループで行う場合も、いかに発想しやすい雰囲気づくりをするかが非常に重要である。

まず、アイデア出しを1人で行う場合には、集中的に作業した後（没頭期）、いったん無意識的な状態を作り（潜伏期）、アイデアが意識に浮上するのを待つとよい（啓示期）。たとえば、電話もメールもない部屋にこもって作業に没頭した後、お風呂に入る、散歩する、音楽を聴く、あるいは眠る等、意識を解放して無意識化すると、アイデアが出やすくなる。

また、アイデア出しをグループで行う場合には、オスボーンのブレーンストーミングという手法を使うとよい。ブレーンストーミングは、単に集団でアイデア出しをするという意味ではなく、ブレーンストーム状態（脳をフル回転

Column 5 - 2

新商品のアイデアは誰が出すのか

　新商品のアイデアを出すのは、一般には、マーケティング部門や技術開発部門等、新商品開発に直接関わる部門の担当者であることが多い。しかし、社長や取締役等の企業のトップ経営層からアイデアが出されることもある。日清食品株式会社の創業者である安藤百福氏がみずからカップヌードルのアイデアを出したのは有名な話だ。

　さらに、本来は購入者である顧客自身が、新商品のアイデアを出すこともある。これは「イノベーションの民主化」と呼ばれ、ブログやTwitter等のソーシャルメディアの利用が増えた2000年代後半以降、そうした傾向は特に顕著となっている（第4章参照）。

　また、一般の従業員がアイデアを出すこともある。たとえば、アウトドアスポーツ用品メーカーの株式会社モンベルでは、全従業員が参加するアイデア会議を年2回、シーズンに合わせて行っている。

　このアイデア会議には、アイデアをもつ社員は誰でも参加でき、平均すると、約560名の従業員のうち約150名が毎回参加している。

　アイデアは企画部宛に事前にアイデアリクエストシートを送っておくこともできるが、当日、会議の場で出してもいい。直営店や会員組織である「モンベルクラブ」からの顧客の声も吸い上げられる。

　当日の会議では、進行役の企画部がテント・寝袋・リュック等の約40のカテゴリーごとに状況説明を行い、その後に参加者が自由にアイデアを出す。経営トップも必ず参加し、その場で商品化の方針が決定されるため、従業員の士気も向上する。

　こうして同社では、年間数千件のアイデアが従業員から出される。その中から、オールを漕ぐときに胸周りを圧迫しない女性用ライフジャケットや、ウェスト周りのサイズを変更できる中高年用の登山用パンツ等が、実際に商品化されている。

　同社は、商品を十分に理解している人が開発することに価値を見出し、採用人事の段階からアウトドアが好きな人材を集め、従業員自身が作り手かつ顧客となり、全員で取り組んでいるのである。

【表5-7　ブレーンストーミングのルール】

1．批判厳禁	みんなで力を合わせて走る。評価は翌日でよい。
2．自由奔放	突拍子もないアイデアのほうがよい。
3．量が大切	下手な鉄砲も数撃てば当たる。
4．結合改善	人のアイデアを改良する。複数を組み合わせる。

出所：オズボーン（2008）、ケリー＝リットマン（2002）、星野（2005）、日本創造学会HP http://css.jaist.ac.jp/jcs/gihou11.html をもとに筆者作成

させる高揚した状態）を作り出すための手法である。

　ブレーンストーム状態に到達するには、上下関係や利害関係がなく、自由奔放にアイデアが出し合える人、かつテーマを絞って、十分に情報収集をした人だけを集めることがポイントである。人数は2人以上10人未満がよいが、4～5人が最適である。表5-7に示したルールを守り、司会者が計画的に進めることも成功の秘訣である。

5　おわりに

　本章では、TOTOの「クラッソ」の事例を取り上げ、商品企画におけるアイデア創出の具体的な手法を紹介した。

　ブレーンストーミングを考案したオズボーンは、創造力は人類にとって最大の恩恵だと言っている。彼の2つの言葉を紹介し、本章を終えることにしよう。

　1つは、「創造力は人生の楽しみを増し、人を成長させる」という言葉である。本章の執筆に協力してくれたTOTOのマーケティング部門の部長は、最近、自宅の浴室に、愛犬用のシャワーを自分で作ったそうだ。日常生活の中で創造力を働かせれば、私たちの人生は豊かになり、楽しくなる。

　そしてもう1つは「幸運の女神は追い続ける者に微笑む」という言葉である。1人で発想する場合もグループで発想する場合も、アイデア創出の途中で行き詰まりを感じる時が必ずある。それでも、最後まであきらめなかった人にだけ、優れたアイデアが降りてくる。チャンスの女神と同様、アイデアの神様も逃げ

足は速い。しっかりメモをして、逃がさないようにしよう。

❓ 考えてみよう

1. 本章で紹介した発想法を1つ選んで、実際にアイデア出しを行ってみよう。まずは1人で挑戦し、その後、グループで実施して、アイデアの量や質がどう違うかを比べてみよう。
2. アイデア創出をグループで実施した経験に基づいて、グループでのアイデア出しを成功させるために必要なポイントを整理しておこう。
3. 最近のヒット商品をいくつか取り上げ、そのアイデアがどのように創出されたのかを調べ、特徴や傾向を分析してみよう。

参考文献

ジェームス W. ヤング（今井茂雄訳）『アイデアのつくり方』阪急コミュニケーションズ、1988年。
ジャック・フォスター（青島淑子訳）『アイデアのヒント』阪急コミュニケーションズ、2003年。
野口悠紀雄『「超」発想法』講談社文庫、2006年。
星野匡『発想法入門＜第3版＞』日経文庫、2005年。
フレドリック・ヘーレン（中妻美奈子監訳、鍋野和美訳）『スウェーデン式アイデア・ブック』ダイヤモンド社、2005年。

次に読んで欲しい本

川喜田二郎『発想法—創造性開発のために』中公新書、1967年。
川上智子『顧客志向の新製品開発—マーケティングと技術のインタフェイス』有斐閣、2005年。
トム・ケリー、ジョナサン・リットマン（鈴木主税、秀岡尚子訳）『発想する会社！—世界最高のデザイン・ファーム IDEO に学ぶイノベーションの技法』早

川書房、2002年。

アレックス・F・オスボーン（豊田晃訳）『創造力を生かす―アイディアを得る38の方法』創元社、2008年。

第 6 章
コンセプト開発

1　はじめに
2　エースコック「JANJAN ソース焼きそば」のコンセプト開発
3　コンセプト開発の進め方
4　コンセプト開発で気をつけること
5　おわりに

第Ⅱ部 コンセプトデザイン

1 はじめに

　2004（平成16）年任天堂が発売した「ニンテンドーDS」は、2年10か月後の2007（平成19）年10月に国内累計販売台数（本体）が2,000万台を突破した。もちろんこの期間での2,000万台達成は最速記録である。さらに発売から5年10か月後の2010年3月、国内累計販売台数は3,000万台を突破する。出荷先は国内だけではない。2009年には全世界の販売台数が累計1億台を超えた。ソニーのプレイステーションとの高画質、高速処理を追求する競争は、結果として高度な操作を習得した顧客を育成した。しかし高度な操作ができないユーザーは次第にゲームから離れてしまった。その結果、2000年頃から市場は徐々に縮小傾向に陥り、2004年になると減少に歯止めがかからなくなる。社長の岩田氏と専務の宮本氏が設定したターゲットは、「ゲームをしないユーザー」。そして「普通の人々の生活にも関係あるテーマが実現できる」ことをコンセプトにした。このコンセプトは、後に開発されるWiiの開発にも踏襲される。

　減少する市場環境においても、ターゲット設定（ターゲティング）を見直し、新たなコンセプトを創ることによって市場を拡大することができる。本章では、エースコック株式会社（以下、エースコック）の商品企画事例をもとに、新たな顧客や競争の場を創り出すコンセプト開発の考え方と手順について確認する。そして、差別化（ポジショニング）、市場細分化（セグメンテーション）、ターゲット設定とコンセプト開発との関係について学ぶ。

2 エースコック「JANJANソース焼きそば」のコンセプト開発

　カップ麺商品は、毎年1,000種類以上の新商品が投入される激戦市場である。そのような競争環境の中、カップ焼きそば「JANJANソース焼きそば」（以下、JANJAN）は、2010（平成22）年3月15日に発売された（写真6－1参照）。

第6章　コンセプト開発

【写真6-1　エースコック　JANJANソース焼きそば】

写真提供：エースコック株式会社

メーカー希望小売価格は170円。全国のコンビニエンス・ストア、スーパーで販売。テレビコマーシャルでは「シカクケイでモテル系！」のコピーとともに、片手で持てる四角い縦型容器に入ったカップ焼きそばであることが伝えられた。縦型容器が特徴のこの商品は、従来カップ焼きそばを食べなかった顧客を開拓した。

【図6-1　カップ麺（全体）、カップ焼きそば商品の国内生産量（JAS受検数量）の推移】

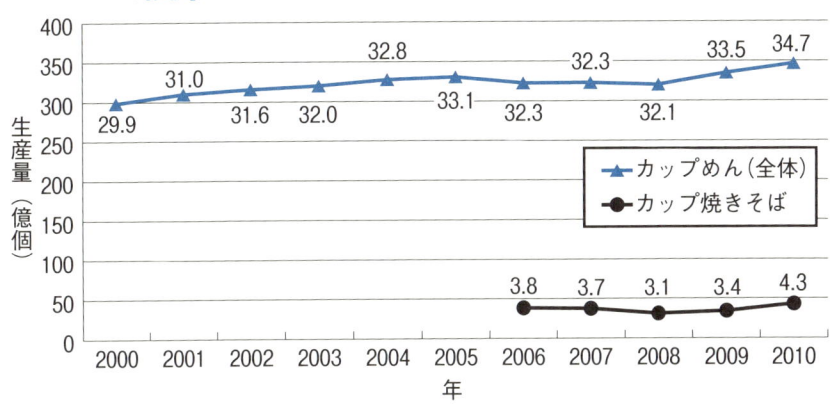

年	2000	2001	2002	2003	2004	2005	2006	2007	2008	2009	2010
カップめん（全体）	29.9	31.0	31.6	32.0	32.8	33.1	32.3	32.3	32.1	33.5	34.7
カップ焼きそば							3.8	3.7	3.1	3.4	4.3

出所：社団法人　日本即席食品工業協会のデータをもとに筆者作成

◆◆ 第Ⅱ部　コンセプトデザイン

　2009年度（2009年4月～2010年3月）の即席カップ麺（中華、和風、焼きそばを含む。以下、カップ麺）の市場規模は、約33.5億個（JAS（日本農林規格）受検数量）。カップ焼きそばの市場規模は、約3.4億個である（図6-1参照）。

◆◆ カップ焼きそば市場の競争環境

　メーカー別の市場シェアは、日清食品35-40％、明星食品25-30％、東洋水産20-25％、まるか食品約10％、エースコック約5％の中でここ3年ほどは推移していた（2010年7月15日付　日経流通新聞）。一方で流通企業のプライベートブランド商品が2008年から徐々に拡大していた。

　上位3ブランドにはそれぞれ固定的な顧客が存在し、シェアの半分を占め、大きな変動はなかった。各社は、ソースに代わる味（フレーバー）を提案することと、量を変えることで市場拡大を試行してきた。エースコックでは、本焼きそば（2006年）、チーズまぜメン（2008年）、ドライカレー味（2009年）など、さまざまな新たなカップ焼きそばの提案を行ってきた。しかし、新鮮な切り口にトライアル（試し）購入する顧客はいるが、最終的にはシェア上位ブランドに戻ってしまっていた。

◆◆ カップ焼きそば市場のセグメンテーション

　カップ焼きそば市場は、カップ焼きそばを習慣的に食べているヘビーユーザーと、それ以外に大きく分けられる。ヘビーユーザーは週に1回習慣的に食

【表6-1　エースコックのカップ焼きそば市場のセグメント】

項目　　　性別	男　性			焼きそばを食べない	女　性			焼きそばを食べない
調理焼きそば、即席麺焼きそば	食べる				食べる			
カップ焼きそば食用頻度	1回/週（以上）	2-3回/1ヶ月	食べない		1回/週（以上）	2-3回/1ヶ月	食べない	
セグメント	ヘビーユーザー	ライトユーザー	ノンユーザー		ヘビーユーザー	ライトユーザー	ノンユーザー	

出所：インタビューをもとに筆者作成

第6章 コンセプト開発

べるユーザー（エースコックの定義）としていた。ヘビーユーザーとそれ以外のユーザーとの人数比率は、20％と80％と捉えられていた。一方、消費量はヘビーユーザーによって全体の80％が消費されていた。各企業は、このヘビーユーザーをターゲットに設定し、奪い合う競争を繰り返していた。

❖ 限定される食用場面

　エースコックは2008年からカップ焼きそばの新たな顧客を開拓するプロジェクトをスタートさせた。それは従来ターゲットとしていた需要の80％を消費するヘビーユーザーではなく、それ以外の顧客を獲得することにあった。

　その手がかりは、飲食店や自宅で調理した焼きそば（以下、調理焼きそば）や、自宅で多少の調理が必要な即席麺焼きそばを食べるが、カップ焼きそばを食べない顧客（ノンユーザー）や、カップ焼きそばをあまり食べない顧客（ライトユーザー）の存在だった。さらに、焼きそばの食用場面（場所と時間）を調査してみると、カップラーメンとは明らかに違う特徴があった。カップ焼きそばは、主に場所は自宅で、時間は平日夜あるいは休日に食べられていた。

❖ 「他人の目」という価値の発見

　新たな顧客獲得に向けての可能性を検討するため、開発メンバーによるブレーンストーミングによるアイデア創出が行われた。メンバーには女性顧客の食実態を知っている「はるさめヌードル」の開発担当を加えた。「はるさめヌードル」では2006年の開発時に、働いている女性を対象に、食生活をインタビュー調査した。インタビューでは、平日、休日、自宅、オフィスなどの食生活を広く確認していった。その調査においてカップ焼きそばに関して次のような声があった。「カップ焼きそばの湯を切っている姿」「大きなカップを持って（湯切りのための）運んでいる姿」「大きな容器で食べている姿」が恥ずかしい。この調査結果から、女性のオフィスでの食事は、他人の目を意識していること、そして、カップ焼きそばは、その点から積極的に食べないことが確認されていた。

◆◆◆ 第Ⅱ部　コンセプトデザイン

　ブレーンストーミングでは、この情報をもとに、女性がオフィスでもかわいく見える、スマートに食べる可能性を討議した。その討議で生まれたアイデアの1つに縦型容器があった。縦型容器にすると片手で持てるため、湯切りのため持って移動する姿も、両手で持たざるを得ない平型よりかわいく見える。さらに机の上に置きやすく、パソコンなどを操作しながら食べることがしやすくなる。縦型容器を採用すれば、顧客が抱える「他人の目」に関する課題を解決でき、新たな食用場面の拡大につながる可能性があると考えた。

◆◆◆ 縦型容器の受容検証

　既存のカップ焼きそば商品の容器は、エースコックも含めて平型の底の浅いタイプだった。一方、カップラーメン容器形状は、縦型あるいはどんぶり型である。カップ焼きそばが平型容器であることは、売場で視覚的に判別ができる効果があった。

　まず、容器を横型から縦型に変えることで、顧客の評価がどのように変化するかを調査によって確認した。自社の既存カップ焼きそば商品を、プロトタイプの縦型容器に入れ、顧客に食べてもらう。この調査は、カップにお湯を注ぎ、湯切りをするなど、実際にカップ焼きそばを食べる時と同じプロセスを、その

【写真6-2　縦型容器がもたらした片手の湯切り】

写真提供：エースコック株式会社

場で実施してもらった。調査対象者は、ヘビーユーザーとライトユーザーについて実施された。その結果は、同じ内容の商品であるにもかかわらず、平型容器とは異なった結果がでた。「湯切りのしやすさ」、「いろいろなシーンで食べられる」、「持ちやすさ」などの項目について、ライトユーザーの評価が特に高くなった。

調査では予想外の事実も確認された。湯切りは平型容器では両手を使って行う。縦型容器による調査では、無意識に片手で湯切りをすることが確認された。

❖ 知覚マップの作成

既存商品とコンセプトがどのような関係にあるのか。そのことを確認するために知覚マップが作成された。まずは、「縦型」カップ麺市場全体で、スープ多い（汁あり）とスープ少ない（汁なし）の横軸、味が提案味（個性型）とオーソドックス味（保守型）の縦軸に、競合商品をマッピングしていった。そのマップには味がオーソドックスであり、スープ少ないゾーンには、縦型カッ

【図6-2　縦型カップ麺市場における空白市場】

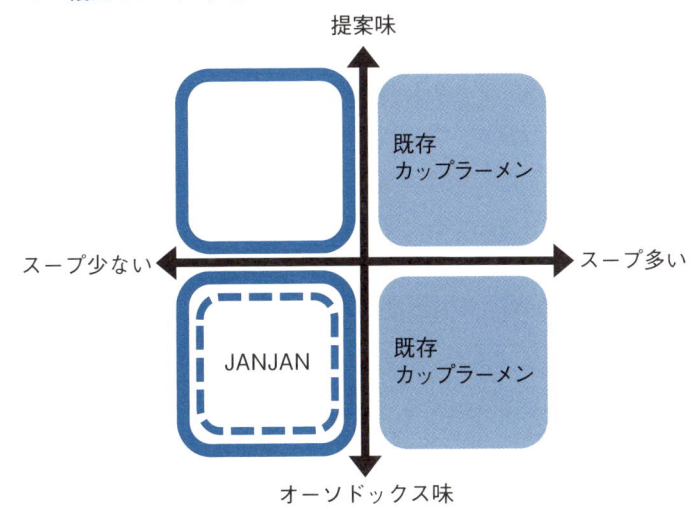

（提案味／スープ少ない象限：空白、提案味／スープ多い象限：既存カップラーメン、オーソドックス味／スープ少ない象限：JANJAN、オーソドックス味／スープ多い象限：既存カップラーメン）

出所：エースコック株式会社提供資料をもとに筆者作成

【図6-3　カップ焼きそば市場における空白市場】

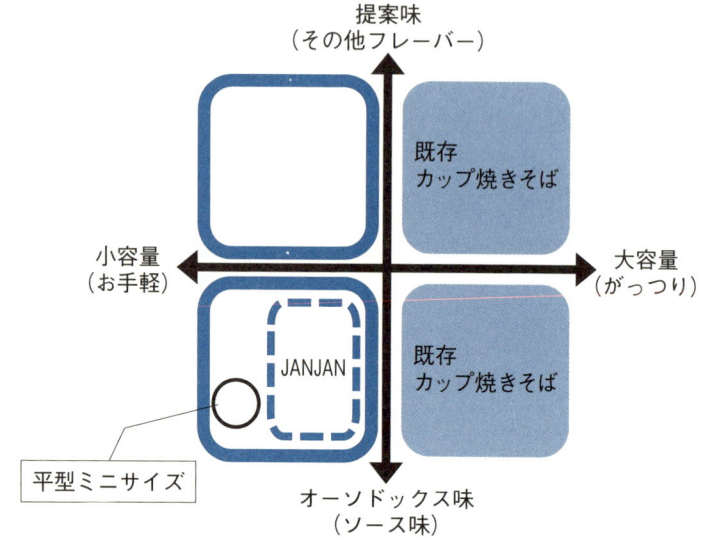

```
                    提案味
                （その他フレーバー）
                      ↑
         ┌─────┐    │    ┌─────┐
         │     │    │    │ 既存 │
         │     │    │    │カップ│
         │     │    │    │焼きそば│
         └─────┘    │    └─────┘
  小容量              │              大容量
 （お手軽） ←─────────┼─────────→ （がっつり）
         ┌─────┐    │    ┌─────┐
         │ ┌─┐ │    │    │ 既存 │
         │○│JANJAN│ │    │カップ│
         │ └─┘ │    │    │焼きそば│
         └─────┘    │    └─────┘
         │          ↓
   平型ミニサイズ  オーソドックス味
                  （ソース味）
```

出所：エースコック株式会社提供資料をもとに筆者作成

プ麺の既存商品が存在していないことが確認された。

　次に、カップ焼きそば市場における知覚マップが作成された。その分類は、味と量によって区分された。この分類によって既存カップ焼きそば商品をマッピングしてみると、大容量ゾーンにはソース、ソース以外の味の問わず多くの既存商品が存在した。しかし手軽な小容量のサイズは、競合ブランドの平型容器ミニサイズしか存在していないことが確認された。

❖ コンセプト（価値）の表現とコードネーム「SQ」

　オフィスなどの場所で、他人の目を気にせず、食べることが可能になる。この価値を縦型容器によって実現する。このコンセプト（価値）を「もっと手軽に、どこでも食べることができるスタイリッシュでおいしいカップ焼きそば」と表現した。「場所をとらない」「人目を気にしない」「食べ方を制約しない（自由なスタイル）」という顧客にとっての価値を明示するとともに、「縦置き」

という既存商品との違いを示した。

　社内ではより関心を持ち、日常会話でも使用できる表現にすることが、社内浸透を高め協力体制を確保することにつながる。一方で、新商品、特に新たなコンセプトによる商品は、市場導入前に競合他社に知られてしまうと対抗手段を打たれてしまう。そのため略語やコードネームで呼ぶ配慮が必要となる。この商品では、縦型かつ角型（Square）の容器が特徴であることから、「SQ」というコードネームで呼ばれた。

◆◆ コンセプトに基づくスペックの一貫性

　容器を平型から縦型に変更するだけで、商品は完成しない。容器の外周、高さの決定は、湯切りの動作、持ち運びの動作、食べる場所、食べる姿勢に影響を与える。一方で、容器の容積は内容物の容量に制約を与え、容器の高さは生産ラインの制約を受ける。容器の外周は、片手で持てる上限として、世の中で無理なく片手で取り扱うことが可能なさまざまな商品を探した。行き着いたのがビールの瓶の外周である。また従来の商品ではほぼ添付していた「青のり」は採用せず、代わりに黒胡椒のスパイスを採用した。他人の目を気にすることなく食べることができるための配慮である。以上のように、コンセプトに基づき

【表6-2　JANJANと従来商品とのスペック比較】

	JANJAN	従来のカップ焼きそば商品
麺の量	85グラム	100グラム（大盛は130グラム）
ソース	練り込みソースによるかき混ぜる負担軽減（従来の5倍のソースを麺に練り込む） 味付け（従来と同じ濃さ）	添付濃厚ソース主体、少量の麺へのソース練り込み
具材	キャベツ、肉そぼろ	イカ、カルビなど重量感がある具材
薬味	黒胡椒スパイスによって味に個性をつける（青のりは歯に付着しやすいため添付していない）	青のり、紅ショウガ

出所：エースコック株式会社提供資料をもとに筆者作成

◆◆◆ 第Ⅱ部　コンセプトデザイン

スペックを決定し、結果的にそのことが一貫性のあるまとまりのよい商品につながる（表 6 – 2 参照）。

もう 1 つ、開発者が気になっていることがあった。縦型容器に変更した場合、売場では、顧客からカップ焼きそばではなくカップラーメンとしてみられてしまうことである。そのため開発者は縦型であっても円形にせず、あえて四角形とした。縦型四角容器にすることによって視覚的にラーメンではなく、焼きそばであることを伝えようとした。

◆◆◆ 試食テストと市場導入成果

スペックも固まり商品化の方向にめどもついた2009年年末、縦型容器を使ったプロトタイプが開発された。実際にヘビーユーザー、ノンユーザーおよびライトユーザー120名に試食および、競合他社との外観比較評価をしてもらった。結果は両調査とも高評価であった。ヘビーユーザー、ライト、ノンユーザーすべてにおいて高評価を得た。たとえば、10種類の既存商品を並べ一番魅力的な商品を選んでもらうテストでは、半数近いユーザーが JANJAN を選択した。

縦型容器への変更は、食べる姿の改善につながることも検証された。平型容器では、片手で容器が持てないため、机に置いて容器に口元を近づけた姿勢で食べることになる。その姿勢は「犬食い」と称されるほど見栄えが良くない。さらに口元が周りから常に見られる状態になる。縦型容器では、片手でカップを持ちながら口元に近づけ、もう 1 つの手を使い箸によって麺を口元に運ぶことができる。そのため、口元を隠しながら食べることができる。口元や見栄えの良くない姿勢を他人に見られてしまう課題を、容器によって解決できた。

JANJAN は発売以来順調に売上げを伸ばし、カップ焼きそば市場における JANJAN の商品別販売数量は最高 2 位となった。2010年の販売数量は、当初目標の1.4倍となる200万ケース（12個/ケース）に達した。そしてエースコック焼きそば部門の市場シェアは 9 ％近くに躍進した。

第6章　コンセプト開発

【図6-4　エースコック JANJAN ソース焼きそば 開発全体像】

差別化の試行錯誤	市場認識（定期調査）差別化の試行錯誤	社内ブレーンストーミング（2008年）	縦型カップ需要調査実証実験とグループインタビュー（2008年）	コンセプト開発	製品スペック検討	試食調査	市場導入
・本焼きそば ・スーパーカップ焼きそば ・チーズまぜそば	・市場縮小 ・上位ブランド固定化 ・プライベートブランド台頭 ・味（ソース）と容量の競争（濃厚大容量） ・顧客の固定化（20%のヘビーユーザーによって80%の消費） ・家、夜に限定された食シーン。	・ライトユーザー、ノンユーザーが食べる「カップ焼きそば」（セグメントのターゲット） ・新コンセプトの創造要請 ・従来とは異なるコンセプトの可能性検討 ・縦型カップによる顧客メリット ・他のカテゴリー商品開発スタッフメンバーに（対象顧客が共通）	・既存カップ焼きそばの中身を縦型容器に入れて評価。 ・湯入れ、湯切り、試食のプロセスを観察。片手で無意識に湯切りする事実を確認。	・「他人の目に注目」「恥ずかしい」発生要因を解消 ・食べている「姿勢」、「口元」 ・両手で湯切り、両手で運ぶ ・スマート、スタイリッシュ（準備、食べる姿） ・縦型容器 ・知覚マップによる検証	・容器形状（外周、高さ）と制約 ・売場での存在感	・湯入れ、湯切り、試食を実際に行い、調査票に記入。 ・麺の硬さの変更 ・保温性の高さという新たな発見	・「シンカクカケで モデル系！」広告コピー ・コンビニエンスストア、総合スーパー、食品スーパー ・希望小売価格170円

出所：インタビューをもとに筆者作成

◆◆◆ 第Ⅱ部　コンセプトデザイン

3　コンセプト開発の進め方

　コンセプトとは、ターゲット顧客に提供する価値を定義したものである。商品を使用し顧客にもたらされるものが価値であり、顧客が望んでいるそのものである。コンセプトは、スペック（仕様）とは異なる。スペックはコンセプトにもとづき決定されるものであり、価値を効率的に実現する手段を設定することである。まずは、コンセプトの役割について、次にコンセプト開発の進め方について確認しよう。

◆◆ コンセプトの役割

　商品企画において、コンセプトの役割は2つある。1つは商品企画プロセスを統合する役割である。その後のスペックの決定、マーケティング基本要素（販促、価格、チャネル）の決定についても、コンセプトを参照して進めていく。この役割をコンセプトに与えなければ商品はまとまりがなく顧客の満足度も低くなる。また開発効率やマーケティング効率も著しく低下する。コンセプトには、その商品に必要な要素が何で、不要な要素が何であるかを明確にする役割がある。

　もう1つは、商品と市場を結びつける役割である。より具体的にいえば、まず、ターゲット顧客と商品スペックを結びつける役割。次に、既存商品との差を明らかにする役割がある。後者は、競合商品を明確にするとともに、獲得すべき顧客（ターゲット顧客）がどこの商品市場に存在するかを明確にする。

◆◆ コンセプト開発の進め方

　ここまでの記述では、コンセプト開発のプロセスは直線的に進むように考えてしまう。しかしコンセプトが最初から明確に定められることは少ない。ある根拠に基づきコンセプトを仮に決め、プロトタイプを開発し検証を行う、顧客評価をフィードバックし修正することを繰り返しながら練り上げてく場合が多

い。コンセプト開発には、以下のような手順がある。しかし手順に沿って進めれば必ずコンセプトが生み出せるものではない。自社の企業理念、方針にも照らし合わせながら、以下の手順を組み合わせ、試行錯誤を繰り返すことが必要となる。

① **顕在顧客と潜在顧客のニーズ発見**

コンセプトを開発する上で、明らかにしなければならないのは、顧客が抱える課題である。この課題は、ニーズと言い換えても問題はない。課題を解決した状況が、顧客に提供される価値である。顧客が抱える課題は、調査によって明らかになる場合と、調査による事実から顧客が実現したい状況を描き、その状況と現実とのギャップから明らかになる場合がある。

課題発見の対象顧客（ターゲット候補）には顕在顧客と潜在顧客の両方を視野に入れる必要がある。顕在顧客の中からターゲット候補を発見するには、既存商品の価値水準が十分でなく、がまんして使用している場面を発見する。しかし調査をすればすぐにニーズ発見につながるとは限らない。既存商品の価値水準が十分でないにもかかわらず、顧客が気づいていない場合もある。一方、潜在顧客の場合は、既存商品を使用しない理由を見つけ出す。あるいは、既存商品ではできないことは何であるかの視点や、あることが可能となることで利益がもたらされる顧客は誰かという視点によって探索する。

② **解決方法の検討**

課題の発見ができれば、どの課題を解決すべきかを決めなければならない。課題解決の優先順位の決め方は、顧客の重要度や緊急度から決める（市場性）、その課題を抱えている顧客の多さ（市場成長性）、課題間の相互関連（因果性）、解決の可能性の高さ（実現性）などから決めていく。

課題解決に際しては、顧客が現状より良くなる状況、あるいは課題が解決された状況を考える。そしてその状況はどのような商品なら実現可能であるかを考える。ここで重要なのは、顧客が直面している状況から離れないことである。そのために、商品を使用、販売している「現場」で考える。「現物」（プロトタイプ、既存商品）を使って考える。顧客や企画以外の生産、営業、研究スタッ

フを交えて顧客の能力や使用環境、あるいは技術水準など「現実」とつなげて考える。以上のような工夫が必要となる。

　③　ポジションの探索（ポジショニング）

　価値を決めると、それと同じ価値をもつ商品あるいはサービスが明確になる。共通の価値をもつ商品、サービスが競合であり、この競合から顧客を奪うことになる。競合は同じ商品カテゴリーだけでなく異なる商品カテゴリー、あるいはサービスの場合もある。一方、既存商品、サービスに競合が存在しない場合がある。これは商品、サービスの空白地帯となり、新たな市場発見につながる場合もある。これらの探索を視覚的に行う手段は、知覚マップあるいはポジショニングマップと呼ばれる。

◆◆◆ コンセプトの検証

①　受容性の検証

　新たに創造した価値が顧客に受け入れられるかを、ターゲット顧客に提示して検証をする。これをコンセプト・テストと呼ぶ。コンセプト・テストでは、価値を文章やイラスト、動画、プロトタイプなどの形にして提示し、顧客の反応を確認する（詳しくは第10章参照）。そしてその情報をフィードバックし、修正や見直しを行う。

②　連続性の検証

　コンセプト単体の検証ばかりでなく、その商品を使うためのすべての過程中で検証を行う。例えば、商品を開封、携帯、運搬などの準備段階から使用、使用後の処理まで、その商品を使う上で必要となる一連の行動を、一貫して検証を行う。そのことでコンセプトそのものあるいは、スペックの検証もより現実的なものとなる。

③　競合の検証

　商品開発の競争は顧客の獲得競争でもあり創造競争である。獲得競争の場合、どこから顧客を奪うのか、すなわち競合商品を明確にする必要がある。競合商品の設定は商品カテゴリーではなく、価値の同一性で行う。さらに競合商品と

第 6 章　コンセプト開発

> **Column 6 - 1**
>
> ### Riving のケース―コンセプト開発の実践
>
> 　いくつかのアイデアを創出した Riving は、本章での進め方を参考にコンセプト開発を実施することにした。まず、顕在顧客と潜在顧客の課題発見である。ターゲット顧客は大学生であり、探索的調査を通して、今使っている人も課題が多いと実感したので、顕在顧客の課題をベースに進めることにした。
>
> 　次に、先のアイデア創出で、KJ 法により整理した模造紙をメンバー全員で眺めて、どの課題が重要なのかを再考した。その結果、メンバーの感じた大きな課題は、既存の固定式の棚では高さのある物が入らないことが多く、一方可動式の棚では棚板を動かせば高さのある物が入るが、移動に手間がかかり、高さのある物を手軽に置けないということであった。つまり、顧客に提供される価値は、「高さを気にせずに置ける棚」であり、これがコンセプトとなった。
>
> 　次に、解決方法の検討であるが、メンバーはそれぞれ、先の改善のアイデアをベースに簡単な絵を描いていった。こうした中、メンバーで評価が高かった階段状にしたイメージを、デザイン担当がイラストレーターで制作した（図 6 - 5 参照）。これは、各段の端の上部分が開いていることによって、背の高い本やカバ
>
> 【図 6 - 5　コンセプトのイラスト】
>
> 出所：Riving

ンや小物など、自分の好きなものを置ける空間ができるという解決方法である。

さらに、メンバーはポジションニングを行った。高さのある物が置ける棚には、可動式のタイプのものはあったが、固定式のタイプは市場にはなく、空白市場になっており、コンセプトは市場において差別化のあるものになっていると考えられた（図6-6参照）。この検証は後で行うとして、固定式の棚にすることで安定感も増し、間仕切りとしても利用しやすくなり、さらなる価値も提供できることもわかった。

【図6-6　知覚マップ】

```
                高さのある物が置ける

        可動式棚
         ┌───┐
         │   │         「高さを気にせず
         │   │          置ける棚」
         └───┘

可動式 ←─────────────────────→ 固定式

                              固定式棚
                              ┌───┐
         該当なし              │   │
                              └───┘

                高さのある物が置けない
```

出所：Riving

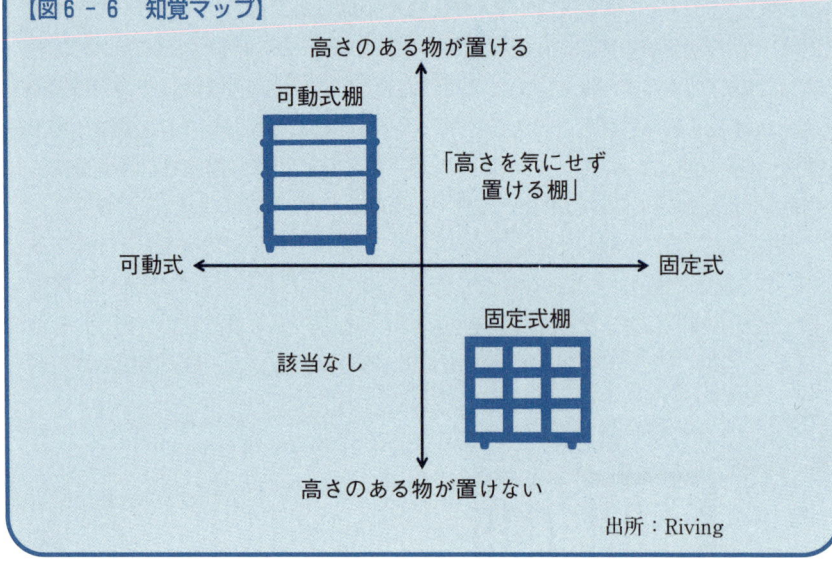

の差がどの程度あるのかを検証しておく必要がある（第7章参照）。

❖❖❖ コンセプトの表現

　AKB48のコンセプトは「会いに行けるアイドル」、おニャン子クラブのコンセプトは「管理しないアイドル」である。コンセプト開発では、商品によって顧客に実現できる価値を、できるだけ短い文章（ワンフレーズ）や象徴的な言葉（キーワード）によって表現することが求められる。その場合、内部で伝わりやすく一貫性を保てるような言葉や、外部にも伝わりやすい言葉を選ぶ必要

がある。その中には価値を実現するための商品特徴を表現する言葉を含める場合もある。ワンフレーズで表現する場合、「何と」、「どのような差（があるか）」を組み合わせて表現、あるいは、「誰に」、「何を」を組み合わせて表現する。前者の場合、「顧客にもたらされるメリット」と「既存商品、サービス」を組み合わせることで、顧客の持っている知識（従来商品、サービス）を活用し、その対比によって生み出した価値の伝達と理解を促進することができる。

4 コンセプト開発で気をつけること

コンセプト開発で気をつけるポイントをあげておこう。

第1に、コンセプト開発はアイデアとは異なる。アイデアは具体的な商品の特徴あるいは解決案であることが多い。一方、コンセプトは、調査、体験などの事実をもとにし、アイデアを伴いながら、最終的に、顧客が解決して欲しい課題に到達するまで、考察と議論を重ねることが必要である。

第2に、コンセプトの開発では、顕在顧客を細分化してその中からターゲットを見つけようとする傾向になりがちである。しかし選択はそれだけではない。潜在顧客に注目し、有効な細分化基準を発見する中から、新たな顧客を生み出す可能性もある。

第3に、コンセプトは、顧客にとって有益であることがまず重要である。その上で、競合商品と差を生み出すことが必要になる。競合商品との差を出すことだけに目を奪われ、顧客にとって有益であることを忘れないことが必要である。競合商品の模倣だけの開発では、コンセプトを開発したことにはならない。

5 おわりに

開発しなくても商品が開発されてしまう。それがコンセプトである。既存商品の良さそうなところを寄せ集めても商品は開発できる。しかしその商品には何の考えも想いも存在しない。仮にその商品が大きな売上をあげたとしても、

Column 6 - 2

マーケティング・ミックスと商品コンセプト

　商品の良さだけでは、顧客に満足を与えることはできない。導入の方法、導入後の対応が一体になって、より高い顧客満足と持続的な満足を実現できる。

　商品がターゲット顧客にとって魅力的であっても、購入できない高額な価格が設定された場合や、ターゲット顧客にはなじみのない店舗や販売手段が設定された場合の結果はどうなるか。この場合、ターゲット顧客は商品を使用することはなく、価値は実現されない。ターゲット顧客が商品の存在を知り、魅力的と判断する費用負担（価格）によってその商品を手に入れ、使用することによって商品の価値は実現する。画期的な商品コンセプトであっても、顧客に使われなければ価値は実現しない。

　ターゲット顧客に対する、企業からの働きかけは、商品以外にも多様な手段が存在する。商品を含むこれらの手段を組み合わせて、マーケティング目標であるターゲット顧客の満足を継続して高めることを、「マーケティング・ミックス」という。

　マーケティング・ミックスは、ニール・ボーデンが1964年に示した概念である。マーケティングを実現する多様な手段は、アイデアとして生み出されるが、それを場当たり的に、個々の手段の最適化を追求しても高い効果は望めない。マーケティング全体の最適という観点から手段選択、手段連携運用が重要である。この重要性をボーデンは指摘した。全体最適の観点とは、「ある基準」にもとづき手段を創造し、それらの手段を「ある基準」にもとづき実行することであり、マーケティング活動全体に一貫性を保つことである。つまり手段の選択、連携において、ターゲット顧客の満足を目標として、最大の効果と最小のコストの観点から行う。マーケティング・ミックスをうまく行うと、売上（支持顧客の多さ）、利益（マーケティング効率のよさ）の差として現れる。

　この一貫性を創造、実現するための「ある基準」として存在するのが、ターゲット顧客であり、その顧客に実現する価値、すなわち商品コンセプトである。本書でいうと、商品コンセプトと、第Ⅳ部で見る販促、価格、チャネルが一貫性をもって提案されているかどうか重要である。

第 6 章　コンセプト開発

顧客に何が評価されたのかを確認することは難しい。

　誰（ターゲット顧客）のために開発したのか、そしてどのような課題（ニーズ）を解決するために、何の解決（価値）を提供するのかを、根拠に基づき開発した商品は、その仮説を検証し次の仮説の精度を高めることにつながる。コンセプトは世の中をどのように変えたいのか、という開発者の想いである。そしてこの変化は商品が何を提供するかによって実現し、その変化は誰が受け入れるのかを、総合的に突き詰める中で開発されるのである。

❓ 考えてみよう

1. カップ麺商品の市場規模の推移を調べてみよう。時代背景、競合の観点から変動の理由を考えてみよう。
2. カップ麺商品を開発している企業と市場占有率を調べてみよう。次に各企業の商品開発の特徴を考えてみよう。
3. カップ麺を食べない顧客にどのような顧客が存在するか考えてみよう。ある顧客タイプにカップ麺を食べてもらうためのコンセプトを考えてみよう。

参考文献

延岡健太郎『商品開発の知識』日経文庫、2002年。
川喜田二郎『発想法』中公新書、1967年。
ポール・スローン（ディスカバー・クリエイティブ訳）『イノベーション・シンキング』ディスカヴァー・トゥエンティワン、2007年。
秋元康『企画力』PHP文庫、2009年。

次に読んで欲しい本

石井淳蔵・嶋口充輝・余田拓郎・栗木契『ゼミナール　マーケティング入門』日本経済新聞社、2004年。

◆◆◆第Ⅱ部　コンセプトデザイン

藤村隆宏、キム・クラーク（田村明比古訳）『増補版　製品開発力』ダイヤモンド社、2009年。
ティム・ブランウン（千葉敏生訳）『デザイン思考が世界を変える』ハヤカワ新書、2010年。

第7章 プロトタイピング

1 はじめに
2 IDEO「ショッピング・カート」のプロトタイピング
3 プロトタイピングの進め方
4 プロトタイピングで気をつけること
5 おわりに

◆◆◆ 第Ⅱ部　コンセプトデザイン

1　はじめに

　子供のころ、何か実験をしながら新しいアイデアを形にしていったことがあるだろう。たとえば、紙飛行機遊び。紙飛行機を遠くまで飛ばすために、さまざまな工夫をしたはずだ。翼が広く重心の安定した飛行機、先のとがった細長い飛行機、翼にカーブをつけた飛行機……。つくっては飛ばし、つくっては飛ばし、アイデアを検証した経験を思い出して欲しい。

　商品企画でも実際につくって考えることで、新しいアイデアを生み出し、今までにない商品やサービスを開発できる場合がある。アイデアを思いついたら実際に試作品（プロトタイプ）として形にしてみる。あるいはコンセプトを形にして検証を行う。これらのことを、プロトタイピングと呼ぶ。

　私たちは顧客の悩み解消や願望達成のための新しいアイデアを実現するために試作品をいくつもつくる。そのプロトタイピングの進め方と重要性を、第3章でも取りあげたIDEOのショッピング・カート開発のケースから学ぶことにしよう。

2　IDEO「ショッピング・カート」のプロトタイピング

　大型小売店の買い物で多くの人に使われるショッピング・カートを知らない人はいないだろう。そのショッピング・カートのイノベーションという課題が出たら、みなさんはどのように取り組むだろうか。

　1999年7月、アメリカのIDEOというデザインコンサルタント企業が、アメリカの放送局ABC（American Broadcasting Company）のニュース番組「ナイトライン」の企画で、この課題に取り組んだ。この企画は、「よりよい商品はどういうプロセスでデザインされるのだろうか？」という問題意識のもと、IDEOに5日間でショッピング・カートをデザインし直すように依頼してきた。

　アメリカのショッピング・カートはスチール製やプラスチック製で、日本の

第7章 プロトタイピング

ものより2倍ほどはあり、かごの部分は大人も余裕で乗れるくらい大きい。アメリカ人はたとえば1週間分と、1度の買い物でまとめ買いをする。そのため、ショッピング・カートは大きい。また、ショッピング・カートは、消費大国アメリカの象徴といっても過言ではない。その誰もが知っていて使ったことのある、しかもほとんど形の変わっていないショッピング・カートをデザインし直すのである。

◆◆◆ 1日目 観察

　パルアルトのオフィスでエンジニアであるチームリーダーのもとに集まったメンバーはまず、実際にショッピング・カートをミーティングの場に持ち込んで、ショッピング・カートを取り巻く現状を理解することから始めた。たとえば、カートを押しながらカートに乗ると、前輪が浮いて危険な状態になる。カートの手前にあるチャイルドシートについても、手や足を挟む危険性があげられる。そこで、実際にその場でカートを使って確認する。安全性は、早々と重要な課題としてあげられた。他に、ショッピング・カートの耐久年数などについても話題になった。

　チームでいろいろと意見を出し合うことが重要で、チームのリーダーが1人でショッピング・カートの使用体験を一生懸命観察してもいいアイデアは生まれない。

　現状理解をした後、メンバーはそれぞれショッピング・カートを使っている買い物客の観察やカート整理係に話を聞くために大規模食料品店に出かけた。店内ではさまざまなショッピング・カートの利用の仕方に出会うことができた。赤ちゃんを寝させたベビー・カーシートをカートの荷台に置いているお父さん。下の子を抱っこし上の子をカートのシートに座らせているお母さん。カートを押す手に小さなメモを持ちながら買い物する年配の女性。買い物代行サービスとして注文の品々を店内から探し出して来ては停めてあったショッピング・カートに入れる業者。カートの荷台からケーキ商品に手を伸ばす子供。カートの先端に乗っている子供。カートを商品棚に寄せるためにカートの後部を持ち

◆◆◆ 第Ⅱ部　コンセプトデザイン

上げる人。駐車場ではカートの荷台に子供を乗せたまま買い物袋を車に積み込むお母さん……。これら多くの買い物行動を動画や静止画で記録し、必要に応じてインタビューを実施した。

　ユーザーだけでなく、ショッピング・カートの業務用バイヤーにカートの特性や維持費などについてインタビューの実施、チャイルドシート商品やベビーカー商品の調査、カートのIT化のために家電店への訪問を実施した。

　午後3時半にはメンバーが戻ってきて、この日1日で観察したことを意見交換することによって共有した。そうして、3つの目標が明らかになった。1つはカートを子供にも簡単に扱えるようにすること、2つ目はもっと効率よく買い物できる方法を見つけること、3つ目は安全性を高めることである。

◆◆◆ 2日目　ブレーンストーミング

　午前中は、よりよい判断のためにアイデアを出し合って戦わせるためのブレーンストーミングから始まった。アイデアを引き出して紙に書いてボードに貼りつけていく。そのボードの上の壁には、「1会話に1テーマ」、「トピックに焦点を絞り続けろ」、「ワイルドなアイデアを活かそう」というブレーンストーミングのルールが掲げられている。ここでは、出されたアイデアにはどんなものであろうと批判はしない。とにかく何でもありだ。メンバー全員によるアイデア発表会である。

　2～3時間後には数百ものアイデアが出され、ボードはそのスケッチで覆い尽くされた。次は投票である。ここではリーダーも投票者の1人である。リーダーだけでアイデアを評価すると間違える可能性がある。チームで評価するほうがベストなアイデアを判断できる。実際にIDEOでは自分の気に入ったスケッチに付箋紙を貼って投票した。人気のあるアイデアほど、カラフルになった。

　正午は、チームリーダーたちがお昼を取りながら投票されたアイデアを検討しながら、ミーティングを行った。ミーティングのポイントは、問題解決のために選択肢を最適化することである。つまり、目標達成のためにはどこにポイ

ントを置いてプロトタイプをつくったらいいかを考えたのである。

　その結果、チーム数は4つ、各チームの焦点は「買い物」、「安全性」、「レジ」、「買いたい商品の探し方」になった。

　夕方6時には最初のプロトタイプが出来上がった。1つは、モジュール式のショッピング・カート。上下に2つずつ規格品のバスケットが取り付けられる。これは「買い物」というテーマに沿ったプロトタイプである。2つ目は、子どもの安全性を考えたショッピング・カート。3つ目は、ハイテク・カート。レジが長蛇の列でも、買い物しながら自分で商品をスキャンできるので支払いが簡単にできる。これは、「レジ」というテーマに応えている。4つ目は、スーパーマーケットのスタッフに無線で問い合わせができるカート。「買いたい商品を探す」のにとても便利なショッピング・カートである。

　各チームがそれぞれのカートを実地説明していった。このプレゼンテーションからスタートして、最後の1つのプロトタイプに集約されるまで、各アイデアからこれという要素をピックアップしてデザインし直していった。一連の作業が深夜まで続いた。

◆◆◆ 3日目と4日目

　前日までと同様、ハードワークが続いた。プロトタイプを作成しながらもキャスターと冗談を言い合うなど、メンバーはエネルギッシュに取り組んだ。

◆◆◆ 5日目　プロトタイプのブラッシュアップ

　完成品のお披露目の日。何百万人という視聴者に向けてカートを覆っていたシートをはがして、みんなで完成を喜んだ。フレームは従来のショッピング・カートにはない曲線美を描いていた。カートの中心にあった固定された網目のカゴはなくなっていた。その代わりに規格サイズのハンド・バスケットが上段に2つ、下段に3つ設置されていた。もちろんハンド・バスケットは取り外し可能なので、買い物をする時にはこのカートを基地にして、バスケットを持って店内を歩き回り、戻ってきたらバスケットをカートに収納すればいいのであ

◆◆◆第Ⅱ部　コンセプトデザイン

【写真 7 - 1　IDEO の開発したショッピング・カート】

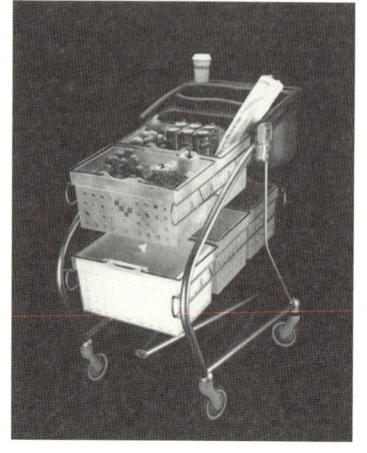

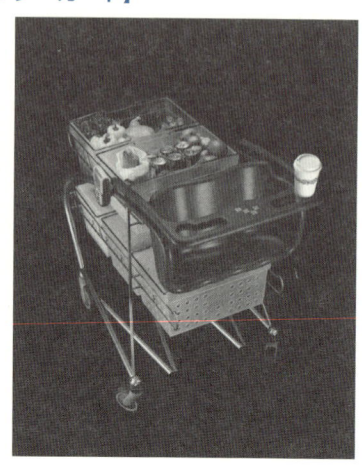

写真提供：IDEO

る。左サイドにはバーコードをスキャンすることで商品代金を直接支払いできるスキャナがある。チャイルドシートも、ジェットコースターにあるような上下するセイフティバーになっている。このセイフティバーがカートを押す際のバーになっている。タイヤにも修正を加え、横にスライドできるようにした。これで、棚にスムースに横付けできるようになった。レジではハンド・バスケットをキャッシャーに渡す。最後に商品を詰め込んだ買い物袋は、フレームにあるフックに引っかける。ハンド・バスケットは返却してあるので、ショッピング・カートは軽い。あとは、そのカートを押して車へ直行である。

　いままでに見たことのないショッピング・カートの完成であった。IDEO が行ったのは、単なるカートのデザインではなく、買い物という行為自体をデザインし直すことであった。

　IDEO のメンバーは、お披露目の後、実際にお店に行ってこのカートを使用してみた。上記の機能を見事に実証してくれた。これを見た店員たちも、素晴らしいとかファンタスティックなアイデアだといって気に入ってくれた。

　後日談であるが、この企画は放送をもって終了とはならなかった。放送の翌朝、オフィスの電話は鳴りっぱなしだった。特に、カートを生み出したプロセ

スについてもっと知りたいという問い合わせが多かった。番組は大好評で数か月後には再放送された。

3 プロトタイピングの進め方

　プロトタイピングは、商品コンセプトを具現化して試作品を開発することである。しかし、実質的にはそれ以上の役割を果たす。
　プロトタイピングとは、問題を解決する方法であり、実際につくって考えることである。IDEOのケースでは、ショッピング・カートを取り巻く現状を理解し、多方面の観察により潜在ニーズを察知した。それをもとに新たなコンセプトを開発し、コンセプト実現のアイデアをプロトタイピングによってブラッシュアップ（磨き上げ）して完成品をつくり上げた。
　顧客にとって当初は感じられていた不満や悩みが、「これは仕方のないことだ」といつの間にか意識されなくなっていることがある。この潜在ニーズは顧客自身も意識していないのだから、アンケート調査で明らかになることはない。それゆえに、顧客を観察することがその潜在ニーズに気づく手段となる。商品やサービスはその潜在ニーズを満たす魔法の道具だと考えると、プロトタイピングは新しいアイデアを具現化するための方法であり、顧客中心の思考方法であるともいえる。以下では、プロトタイピングの目的と役割、その進め方について確認する。

❖ プロトタイピングの目的

　プロトタイプは、商品開発の完成品間近の試作品を連想しがちだが、そうではない。プロトタイプは、商品開発プロセスの初期段階から最終段階まで用いることのできる思考の道具である。プロトタイプをつくることつまりプロトタイピングの目的は、「つくることで考える」ことである。商品開発において最終商品を考える場合、設計図や市場調査をもとにすることも大切だが、プロトタイピングは独創的なアイデアを検証し具体化するのに大いに役立つ。

第Ⅱ部　コンセプトデザイン

プロトタイピングの役割

　実際にプロトタイプをつくりながら考えるという作業、つまりプロトタイプ思考は、直観的で感覚的な作業である。コンセプトができた段階で、まずプロトタイプをつくる。これによってコンセプトを検討する。検討した結果、このコンセプトは実現不可能であるとか、コンセプトが不十分であるためプロトタイプがつくれないということが明らかになる場合がある。コンセプトの有効性を検討することがプロトタイピングの役割の1つである。

　もう1つの役割は、完成品に近いプロトタイプによる商品化の可能性を考えることである。これはスペックレベルの話であり、製造コストなどを考慮する。

プロトタイピングのプロセス

　プロトタイピングのプロセスは、コンセプトを視覚化することであるが、そのプロセスは、大きく2つに分けられる。1つは、商品コンセプトの有効性を検証するためのプロトタイピングで、「フォームブレスト」と「ダーティプロトタイピング」、「ビデオプロトタイピング」の3種類のプロトタイピングからなる。もう1つは、「ワーキングプロトタイプ」といわれ、完成形に近く、色合いや質感、重さなど視覚的、感覚的に捉えられるすべての機能を盛り込むことが求められる。機能や構造を見た目も含めてより完成形に近づけ、フィードバックを求める。

　以下では、最初の商品コンセプトの有効性を検証するプロトタイピングについて確認する。

　「フォームブレスト」とは、フォームつまり形を用いてブレーンストーミングを行うことである。ブレーンストーミングは模造紙や付箋紙などを用いて書いてアイデア出しをするが、フォームブレストは粘土でアイデアを形にしてアイデア出しを行う。コンセプトの中に潜んでいる形のアイデアを具現化するためにプロトタイプをつくって検討する。フォームブレストは、短時間でできるだけ多くのプロトタイピングを行う。ディテールにこだわらず、とにかくつく

る。それを促進するためにはゲーム感覚で行うとよい。制限時間内にチームで誰が多くプロトタイプをつくりプレゼンをするか、などである。フォームブレストからプロトタイピングがはじまるといっても過言ではない。

　フォームブレストによってデザインのプロトタイプの方向性が決まると、次は「ダーティプロトタイピング」という手法が用いられる。ダーティプロトタイピングでは、次の3点、「スケール感（どれくらいの大きさが適しているか）」、「インタラクション（どのようなインタラクションがあるのか、それは楽しいか）」、「特徴のディテール（その形のアイデンティティ・オリジナリティにあたる部分は何か）」について検証する。ここでは、厚紙や段ボール、発泡スチロールなど、簡単に手に入る素材で、できるだけ速くつくることが求められる。特徴的な部分だけをつくり込んで、他は雑ぱくでよい。ダーティプロトタイプによって、スケール感やインタラクション、ディテールがどうなっているかを把握できればよいのである。

　写真7－2は、無印良品の電卓のプロトタイプである。プロトタイプの素材は強化発泡スチロールである。それにパソコンで印刷した紙を張って電卓らし

【写真7－2　無印良品の電卓のプロトタイプ】

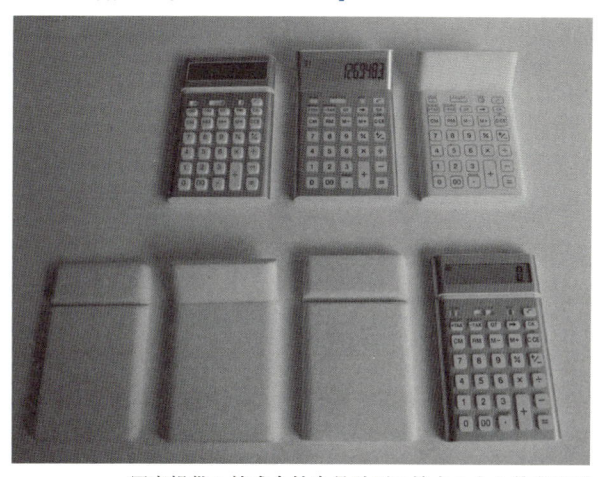

写真提供：株式会社良品計画の協力のもと筆者撮影

◆◆◆ 第Ⅱ部　コンセプトデザイン

> ### Column 7 - 1
>
> ### Riving のケース―プロトタイピングの実践
>
> 「高さを気にせずに置ける棚」というコンセプトを開発した Riving は、本章の進め方を参考にプロトタイプを作成することにした。まずは、フォームブレストである。すでにコンセプト開発で実施した手書きのイメージ図や、イラストレーターで描いた作業がこの一部に相当する。これらのイラストをもとに、メンバーは、バルサ材を使って10分の1のサイズで、いくつかをラフに作成した（写真7－3参照）。イラストでは気にならなかったが、間仕切りにも利用したいため背板をつけなかったことで、一番上の棚が宙に浮いている状態になっていて安定感が悪いことを認識した。上段の右側面に壁を取り付けるデザインに変更した。こうして、プロトタイプの方向性が決まった。
>
> 【写真7－3　フォームブレスト】
>
> 写真提供：Riving
>
> 　次は、ダーティプロトタイピングが行われた。ホームセンターで木材やネジを調達し、実際の大きさでプロトタイプを作成した。板を切断して組み立てたので、数時間かかった。実際の使用イメージの状態を確認するために、棚に飾る花や本を探して、置いてみた。Smart shelf の場合、複雑な機能はないので、これがワーキングプロトタイプとなった（写真7－4参照）。

【写真7-4 ワーキングプロトタイプ】

写真提供：Riving

くしているものもある。写真の下段左3つのプロトタイプをみて欲しい。簡単に作成しても電卓の「スケール感」は把握できる。写真の上段中央のプロトタイプは、強化発泡スチロールにパソコンで印刷した紙を張ったプロトタイプである。電卓の「ディテール」がわかる。パネルの部分に角度をつけることもできるので、「インタラクション」もわかる。このようなプロトタイプがあれば、デザイナーとクライアントとのミーティングは、より具体的なやり取りの話になりやすい。

　3つ目は、「ビデオプロトタイピング」であり、映像を作成してコンセプトを実用性のある製品やサービスにしていく手法だ。ビデオプロトタイピングでは、シナリオが重要であり、映像化するにはシナリオに基づいて「絵コンテ」の作成、「ロケハン撮影」、「キャスティング」、「編集」というプロセスを経る。映像を作成する目的は、コンセプトを見える形にして提示することと、その製品もしくはサービスがどのように使用されるかという流れを明らかにすることである。ゆえに、シナリオや絵コンテでは現実的な流れや使われ方が、ロケハン撮影やキャスティングでは使用をめぐるコンテクストや使用人物を含めた撮影環境が、ポイントとなる。編集はシナリオにもとづいて行うが、音楽を使用

◆◆◆第Ⅱ部　コンセプトデザイン

する時は、著作権フリーのものを使うようにする。

　これらのプロトタイピングによって具現化された商品コンセプトは、次にワーキングプロトタイプによって完成品へと近づいていく。

4　プロトタイピングで気をつけること

　プロトタイピングは、商品コンセプトの具体化の段階だけでなく、商品コンセプトの企画段階からも行われる。なぜなら、ユーザーをデザインプロセスの中心に据え、顧客にとって魅力的で使いやすく価値ある商品を開発するためである。そのため、プロトタイピングの最大の目的は、アイデアに磨きをかけ改良し精緻化していくことである。

　そこで、プロトタイピングをプロジェクトの初期段階と最終段階に分けて、注意すべき点をあげる。

　プロトタイピングによって私たちは思いついたアイデアに実用的な価値があるかどうかを判断している。ということは、プロジェクトの初期段階で斬新なアイデアをもとにプロトタイピングができたなら、革新的な商品企画ができる。そのため斬新なアイデアをプロトタイピングによって具現化しようと意識することが必要となる。言い換えれば、プロトタイピングによって検証ができるのだから飛躍したアイデアを恐れる必要はない。たとえば、ショッピング・カートのケースのように観察対象を意識して広げる、あるいは商品の特定機能に注目しその機能を持つ他の商品を観察してみるなど、アイデアをジャンプさせる方法はいろいろある。そうすれば、独創的なアイデアが生まれる可能性は高くなる。

　また、プロトタイピングはスピードが命であるということを意識しなければならない。つくって考えるわけだから、ラフなプロトタイプとはいえ形のあるものを目の前にして問題点を考える行為は、頭だけで考えるよりもその効果は大きい。制限時間内により多くのプロトタイピングを行うほど、コンセプトに関する問題点の解決は早くなる。

Column 7 - 2

プロトタイプのためのバックヤード

　実際にプロトタイピングを行ってみると、どのような材料を準備したらいいプロトタイピングができるか悩むことがある。そこで、デザイン・コンサルティング会社はどのように取り組んでいるのか気にならないだろうか。つまり、プロトタイプのためのバックヤードはどのようになっているか知りたいものである。

　ショッピング・カートを開発したIDEOは、プロトタイプに使えそうな素材を収集してストックしている。いつでも誰でも使えるようにテックボックスという専用の棚を準備している。テックボックスには、モノづくりに必要なさまざまな素材のサンプルが収納されている。それを、パソコンで検索する。モニターではその機能や、スペック等あらゆることを知ることができる。

　一方、小規模なデザイン・コンサルティング会社は、IDEOとは対照的である。たとえば、プロペラデザインという4名の会社の場合、バックヤードでまず目についたのは、2種類の強化発泡スチロールである。白い厚手の強化発泡スチロールの板と、ベージュで鉛筆より若干大きい棒状の強化発泡スチロールであった。その他には厚紙も目についた。

　プロトタイプ作成の道具としては、パソコンはもちろんだが、大きな工具の穴あけ旋盤機がある。他にもノリやセロハンテープ、カッター、ハサミなどいろいろあるが、最も印象的なのは、強化発泡スチロールを削るために工夫された小道具だ。強化発泡スチロールは紙やすりで削るのだが、紙やすりを金属製の四角い箱に巻きつけている。このほうが断然持ちやすいし、簡単に強化発泡スチロールの角にR（アール：曲面）をつけることができる。電卓と水性六角カラーペンのプロトタイプを見たが、いずれも本体を強化発泡スチロールでつくり、そこからいくつものプロトタイプを作成していた。

　プロトタイプの材料も重要だが、プロトタイプ作成の道具も工夫すればよりよいプロトタイピングに貢献するようである。

◆◆◆第Ⅱ部　コンセプトデザイン

　次に気をつけることは、プロトタイピングにあまりお金をかけ過ぎてはいけないということだ。最初からプロトタイピングにお金をかけ過ぎると、人はついそのプロトタイプにこだわってしまう。それがあまりよくないコンセプトだとしたら、取り返しのつかないことになる。そのようなコンセプトにはなるべく早く見切りをつけることが大切である。

　最終段階で気をつける1つ目は、プロトタイプによって商品コンセプトのメッセージが具体的に「こういうふうに出来上がります」（完成イメージ）と伝えられることである。もう1つは、相手からのフィードバックを獲得し反映することである。そのためには、プロトタイプにはターゲット顧客のニーズを満たすように機能的要素や感情的要素がしっかり含まれていなければならない。作り手にとって、プロトタイプは実際の商品やサービスの特徴を検討する手段である。そのため、プロトタイピングの行為に熱心なあまり顧客視点が欠けてしまう場合がある。そうなってしまっては、ターゲット顧客からのフィードバックは得られない。

　最終段階のプロトタイプでは、製造コストや製造技術の検討ができる。これらのことも商品化の検討に重要な項目となる。

5　おわりに

　プロトタイピングは、考慮中の発想を具体化していくのに役立つ方法である。役に立つのは次の3つの段階である。1つ目は、コンセプトを確定していく段階である。2つ目は、確定したコンセプトを商品に具体化していく段階である。3つ目は、完成したプロトタイプを使ってどのように商品を使うか、映像化して考える段階である。

　IDEOは独創的なアイデアの創造のためにショッピング・カートに関する観察を行い、そこから斬新なコンセプトを具現化していった。アイデアの間口を広げることを意識して観察し、そこからアイデアが浮かんだら直ちにプロトタイプをつくって妥当性を考える。この繰り返しであった。

プロトタイピングに慣れていない人は、短時間でいくつものプロトタイプをつくることは難しいだろう。それを克服するには、一定時間で何個プロトタイプがつくれるかメンバーとゲーム感覚で競争するのもいいだろう。そうすれば、一層プロトタイプ思考は楽しいものになるだろう。

❓ 考えてみよう

1．歯ブラシ立てをつくり直してみよう。「立てる」という観点から観察し、アイデアを集め、プロトタイプを考えてみよう。

2．歯ブラシ立てをつくり直してみよう。「置く」という観点から観察し、アイデアを集め、プロトタイプを考えてみよう。

3．1と2のプロトタイプを比較して、どのようなことがわかるか、考えてみよう。

参考文献

奥出直人『デザイン思考の道具箱―イノベーションを生む会社のつくり方』早川書房、2007年。
棚橋弘季『デザイン思考の仕事術』早川書房、2009年。
ティム・ブラウン（千葉敏生訳）『デザイン思考が世界を変える―イノベーションが導く新しい考え方』ハヤカワ新書juice、2011年。
トム・ケリー、ジョナサン・リットマン（鈴木主税、秀岡尚子訳）『発想する会社！―世界最高のデザイン・ファームIDEOに学ぶイノベーションの技法』早川書房、2002年。

次に読んで欲しい本

奥出直人『デザイン思考の道具箱―イノベーションを生む会社のつくり方』早川書房、2007年。
ティム・ブラウン（千葉敏生訳）『デザイン思考が世界を変える―イノベーション

◆❖◆第Ⅱ部　コンセプトデザイン

　が導く新しい考え方』ハヤカワ新書 juice、2011年。
トム・ケリー、ジョナサン・リットマン（鈴木主税、秀岡尚子訳）『発想する会社！―世界最高のデザイン・ファーム IDEO に学ぶイノベーションの技法』早川書房、2002年。

| 第Ⅰ部 探索的調査 | 第Ⅱ部 コンセプトデザイン | 第Ⅲ部 検証的調査 | 第Ⅳ部 企画書作成 |

第1章 商品企画プロセス
第2章 インタビュー法
第3章 観察法
第4章 リード・ユーザー法

第5章 アイデア創出
第6章 コンセプト開発
第7章 プロトタイピング

第8章 市場規模の確認
第9章 競合・技術の確認
第10章 顧客ニーズの確認

第11章 販促提案
第12章 価格提案
第13章 チャネル提案
第14章 企画書作成
第15章 プレゼンテーション

第 8 章
市場規模の確認

1　はじめに
2　ロッテ「Fit's」に見る、市場規模の確認の必要性
3　市場規模の確認の進め方
4　市場規模の確認で気をつけること
5　おわりに

◆第Ⅲ部　検証的調査

1　はじめに

　靴を購入するときに、サイズを無視して商品を選ぶ人はいないだろう。どんなに格好がよい靴でも、どんなにかわいい靴でも、あるいはどんなにソールのクッション性がよい靴でも、サイズが合わなければ使えない。

　商品企画も同じだ。商品企画には、市場規模の確認が必要である。すなわち商品企画は、市場規模という身の丈に合ったものでなければならない。たしかに、商品企画にあたっては、優れた商品提案、販促提案、価格提案、そして売り場提案に向けて、調査を重ね、知恵を絞ることも大切である。しかし、その提案を受けて商品を購入しそうな人がどれくらいおり、その購買量がどの程度であるかを推定することを忘れてはならない。商品が成功した場合の市場規模がどの程度となると見込むかによって、商品企画の予算規模、すなわちその実現に向けての投入が合理的だと考えることができる費用は、大きく異なってくる。

　商品企画にあたっては、企画対象の商品を購入しそうな人がどれくらいおり、その購買量や購買金額がどの程度になりそうかを推定し、販売量の見込みを立てることが必要である。この章では、市場規模の推定の進め方と、その際の留意点を学んでいくことにしよう。

2　ロッテ「Fit's」に見る、市場規模の確認の必要性

◆ Fit's の市場導入におけるマーケティング活動

　Fit's（フィッツ）は、2009（平成21）年3月にロッテ株式会社（以下、ロッテ）が発売した新しいチューインガムである。ロッテは、Fit's の市場導入にあたって、「これまでにない」試みを展開しようとしていた。まずは、その商品企画の概要を振り返っておこう。

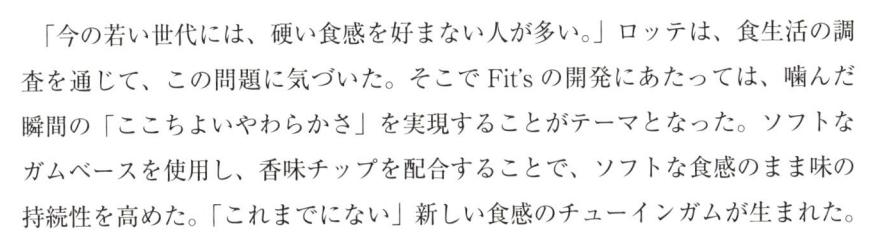

「今の若い世代には、硬い食感を好まない人が多い。」ロッテは、食生活の調査を通じて、この問題に気づいた。そこでFit'sの開発にあたっては、噛んだ瞬間の「ここちよいやわらかさ」を実現することがテーマとなった。ソフトなガムベースを使用し、香味チップを配合することで、ソフトな食感のまま味の持続性を高めた。「これまでにない」新しい食感のチューインガムが生まれた。

Fit'sの「これまでにない」は、食感だけではなかった。Fit'sがターゲットとしていたのは、チューインガムの売り場をそれまでは素通りしていた人たちだった。したがって、この新製品をチューインガムの売り場に並べるだけでは、ねらい通りには販売が広がらないおそれがあった。

まずロッテは、Fit'sのプレスリリースにおいて、「板ガムにはない『ソフトな食感と口に入れやすいサイズ』、粒ガムにはない『味の持続性とボリューム』」を謳った。これは、Fit'sがそれまでの板ガムや粒ガムとは異なる、新しいカテゴリーの商品であることを強調するものだった。

ロッテはさらに営業活動にも力を入れた。Fit'sの市場導入にあたって、専用販売台を用意し、スーパーなどの売り場では、大量陳列に加えて、1店舗で数か所の売り場をつくることを試みた。そのねらいは、買い手の目にとまる回数を増やすことだった。

そしてロッテは、テレビとネットなどの複数のメディアを連動した新しいスタイルのプロモーションを試みた。TV広告では、Fit'sの「ふにゃん」とした柔らかさをダンスと音楽で表現し、「噛むとやわらかロッテのFit's」というメッセージを伝えた。人気を集めたのは、動画サイトのYouTube上でのダンス・コンテストで、TV広告と同じ音楽を使ったダンス映像を募ったところ、1,732件の投稿があり、2009年末までに3,000万回以上が再生された。そのほかにもプロモーションの一環として、モバゲータウンでのオリジナル・ゲームの配信や、ソニー・ミュージックエンタテインメントとの新人ミュージシャン発掘コンテストなどが行われた。

ロッテは、製品パッケージングにもユニークなデザインを採用した。ガムをおおう包装紙にミシン目を入れた、Fit'sのパッケージング・デザインは、目

【写真 8 - 1　ロッテ「Fit's」】

写真提供：ロッテ株式会社

新しさに加えて、カバンの中などでガムの中身がバラバラにならず、包み紙をむかずにすばやく口に運べるなどの利点があった。また、お菓子を食べることは、それ自体がコミュニケーションのツールとなる。この目新しいパッケージングは、話題性を高め、ダンスのプロモーションとあいまって、友人とのコミュニケーションをうながすことにつながったと思われる。

◆ 相乗効果の仕掛けとその前提

　Fit'sは、なぜ、どのようにして、大きなヒット商品となったのだろうか。製品の中身やパッケージング、流通店舗やプロモーションにおける、1つひとつの創意や工夫も面白い。だがロッテは、単発の工夫ではなく、創意の連動を仕掛けていたことに注目したい。Fit'sのテレビ広告とダンス・コンテストの連動は、それまでのチューインガムには関心がなかった若い人たちの興味を引くものであり、この仕掛けに乗って、彼らが好みそうな新しい食感のガムをロッテは発売した。さらにロッテは、ユニークなパッケージングで、中身のガムの目新しさを強調するとともに、話題性を高め、口コミの増幅をうながそうとした。このような相乗効果のある仕掛けの連続的投入が、若い人たちをターゲットに展開されていた。

　Fit'sのマーケティングを支えていたのは、複合的なマーケティングの手法と活動の大規模な展開である。しかし、大規模なマーケティング活動には、大

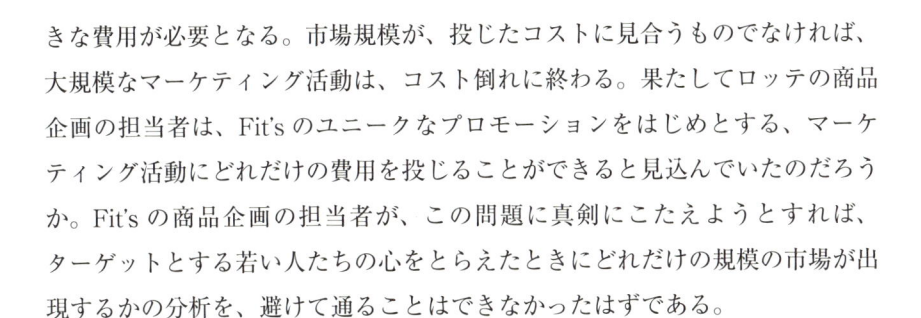

きな費用が必要となる。市場規模が、投じたコストに見合うものでなければ、大規模なマーケティング活動は、コスト倒れに終わる。果たしてロッテの商品企画の担当者は、Fit's のユニークなプロモーションをはじめとする、マーケティング活動にどれだけの費用を投じることができると見込んでいたのだろうか。Fit's の商品企画の担当者が、この問題に真剣にこたえようとすれば、ターゲットとする若い人たちの心をとらえたときにどれだけの規模の市場が出現するかの分析を、避けて通ることはできなかったはずである。

3 市場規模の確認の進め方

　市場規模は、商品企画の実現に投じる費用を算定する上での重要な前提の１つとなる。仮にその商品が成功した場合に、どれだけの売上げが見込めるかの上限を考えれば、プロモーション活動などに、どの程度の費用を投じることが適切かが見えてくる。

　緑茶飲料は、遅れてやって来た清涼飲料である。缶・ペットボトル入りの緑茶飲料の歴史は比較的新しく、その市場規模が、炭酸飲料やスポーツドリンク、あるいはウーロン茶や缶コーヒーの市場に匹敵する水準に成長したのは2000年代以降のことである。とはいえ、この成長は2000年以降に突然始まったわけではない。それに先立って、伊藤園などの飲料メーカーを中心とした市場開拓の取り組みが、10年以上にわたって展開されていた。

　この緑茶飲料の市場がまだ小さかった時代に、伊藤園がねばり強く市場開拓を続けることができたのは、緑茶飲料市場の成長を信じていたからだといわれる。その１つの根拠が「飲料化比率」による潜在的な市場規模の推定だった。飲料化比率とは、緑茶であれば、その全消費量（＝缶・ペットボトル入りの緑茶飲料の消費量＋茶葉でいれた緑茶の消費量）に占める缶・ペットボトル入りの緑茶飲料の消費量の比率である。この飲料化比率が、緑茶飲料では、1990年代の半ばにおいて４％程度と、コーヒーや紅茶の10分の１程度だった。この数値から、伊藤園は、緑茶飲料市場には大きな成長の余地があると考えていた。

【図8-1　市場規模の推定の基本発想】

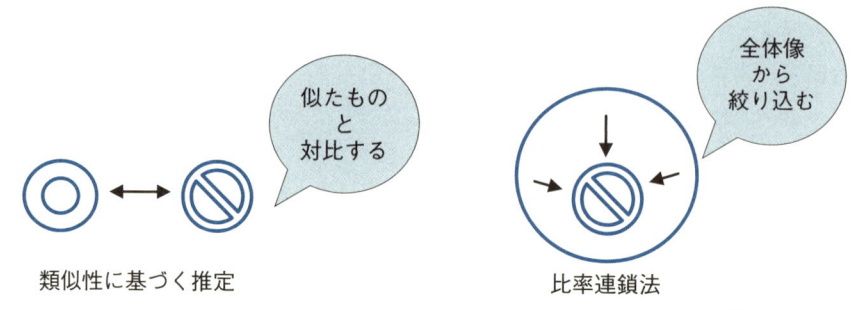

似たもの
と
対比する

類似性に基づく推定

全体像
から
絞り込む

比率連鎖法

出所：筆者作成

　商品企画の実現のために、企業がねばり強く営業活動を続け、巨額のプロモーション費用を投じるのは、その結果として数か月後、あるいは数年後には、大きな市場が出現するという見込みがあるからである。商品企画の実現に向けて、大規模な営業活動やプロモーション活動の展開が必要なのであれば、企画の担当者は市場規模の推定を行い、適切なデータと推論をもとに、どれだけの大きさの市場が出現しそうかを示さなければならない。

　では、ロッテの場合は、どうだったのだろうか。もし皆さんが、Fit'sの商品企画の担当者だったなら、その市場規模をどのように推定しただろうか。以下では、この市場規模の推定の手法として、「類似性に基づく推定」、そして「比率連鎖法」の2つの手法を紹介しよう。

❖❖❖ 類似性に基づく推定

　類似性に基づく推定とは、すでに存在するよく似た商品への需要と特定の指標との関係をベースに対比を行うことで、市場の潜在性を推定するという手法である。先ほどの飲料化比率も、類似性に基づく推定の1つである。

　類似性に基づく推定を行う際には、まず、自分たちが考えている企画と類似した商品——すなわち、同じような顧客を相手に、よく似たコンセプトやポジショニングで成功をおさめている商品——を見つけ出すことが必要である。そして、ある商品の需要と特定の指標には何らかの関係がある——たとえば、あ

第 8 章　市場規模の確認

る特定のタイプの商品への需要が当の商品分野全体への総需要に占める比率は、商品分野を超えて共通の傾向をもつ——という仮定を前提に、市場の潜在性を見積もる。

　具体的に考えてみよう。皆さんが Fit's の商品企画の担当者であれば、類似性に基づく推定を用いることで、たとえば、次のように市場規模の推定を行うことができる。比較対象とする類似商品としては、チョコレート菓子のキットカットを選ぶことにする。キットカットは、受験生応援キャンペーンで、10代を中心とした若い人たちの人気を集めてきた。キットカットと Fit's は、若い人たちの心をとらえ、コミュニケーション・ツールとしてのお菓子を販売しようとした点で、ターゲットやコンセプトの類似性が高い商品だといえるだろう。

　そこで、キットカットの年間販売金額がチョコレート菓子全体の年間販売金額に占める比率が、Fit's の年間販売金額がガム全体の年間販売金額に占める比率とほぼ等しくなると仮定することにする。

$$\frac{\text{Fit's の年間販売金額}}{\text{ガムの年間販売金額}} = \frac{\text{キットカットの年間販売金額}}{\text{チョコレート菓子の年間販売金額}}$$

　したがって、Fit's の商品企画担当者は、その企画がキットカットのような成功をおさめた場合の Fit's の年間販売金額を、次のような関係式から算定することができる。

$$\text{Fit's の年間販売金額} = \text{ガムの年間販売金額} \times \frac{\text{キットカットの年間販売金額}}{\text{チョコレート菓子の年間販売金額}}$$

　小売りベースで見ると、2008年当時の国内のガムの年間販売金額は1,600億円程度、チョコレート菓子の販売金額は4,000億円程度である。キットカットの年間販売金額が240億円程度だったとしよう。この数値を代入することで、

$$\text{Fit's の年間販売金額} = 1{,}600\text{億円} \times \frac{240\text{億円}}{4{,}000\text{億円}} = 96\text{億円}$$

という市場規模を見込めることがわかる。

◆◆◆ 第Ⅲ部　検証的調査

◆◆ 比率連鎖法

　比率連鎖法とは、たとえば国の人口のような、大づかみで全体的な数値をベースに、さまざまな角度から絞り込みを行い、市場の潜在性を割り出していくという手法である。比率連鎖法による推定を行う際には、自分たちの商品がターゲットとする国の全人口といった、大づかみで全体的な数字をまず確認する。そして、この全体的な数字を構成する人たちの中で、商品を購入しそうなユーザーをさまざまな角度から絞り込んでいくことで、市場の潜在性をとらえる。

　以下でもFit'sを例に使って、具体的に考えてみよう。次のようなデータがあったとする。

日本の国内人口	1億2,700万人
若年層の人口比率（10－29歳）	20％
ガム・ユーザー比率	50％

　皆さんがFit'sの商品企画の担当者であれば、比率連鎖法を用いることで、次のように市場規模の推定を行うことができる。

　　若年層のガム・ユーザー数 ＝ 1億2,700万人 × 0.2 × 0.5 ＝ 1,270万人

　そして、ガム・ユーザーが平均して1か月に1個程度ガムを購入すると仮定することで、若年層のガム購入量を以下のように推定することができる。

　　若年層のガム購入量 ＝ 1,270万人 × 12個／人 ＝ 1億5,240万個

　したがって、若年層ガム・ユーザーの3分の1がFit'sを購入すると仮定するなら、年間約5,000万個程度の販売が期待できることになる。Fit'sの小売価格は130円程度なので、その年間販売金額については、約65億円（＝5,000万個×130円／個）という市場規模を見込めることがわかる。

Column 8 - 1

Riving のケース―市場規模の確認の実践

　コンセプトデザインが終わったので、Riving は、検証的調査として2次データをもとに市場規模の確認を行うことにした。まず、国立国会図書館の「リサーチナビ」の産業情報ガイド（http://rnavi.ndl.go.jp/business/post.php）を利用した。

　経済産業省のまとめた『工業統計調査 平成20年確報 産業編』によれば、国内の従業員4人以上の事業所における「家具製造業」の製造品出荷額は2008年には、1兆3,631億円であった。同じく経済産業省がまとめた国内の生産動態統計調査の『繊維・生活用品統計年報』によると、2010年の金属棚は140億円、木製棚は266億円であり、棚の市場規模は昨年度よりは増えたものの2年前から見れば減少していた（表8－1参照）。

【表8－1　国内メーカー市場規模（出荷ベース）】

	金属棚		木製棚	
	出荷台数	出荷額	出荷台数	出荷額
2008年	142万台	161億円	154万台	316億円
2009年	122万台	136億円	120万台	245億円
2010年	124万台	140億円	159万台	266億円

出所：『繊維・生活用品統計年報』をもとに作成

　矢野経済研究所の『家庭用・オフィス用家具市場に関する調査結果』によると、2008年の家庭用家具の市場規模（メーカー出荷ベース）は、8,760億円、オフィス用家具市場の市場規模は、3,932億円であり、3年の平均でみると、家庭用67%：オフィス用33%という割合であった（表8－2参照）。棚に関する具体的な割合まではわからないが、以上の数値をもとに比率連鎖法を用いて市場規模の推定を行うと、2010年の家庭用木製棚市場は、178億円（＝266億円×0.67）と推定できる。このように、家庭用の木製棚市場は一定の規模はあるものの、成熟した市場であることがわかった。

【表8-2 家庭用・オフィス用家具市場規模（出荷ベース）】

	家庭用家具	オフィス用家具
2006年	8,905億円	4,540億円
2007年	8,647億円	4,539億円
2008年	8,760億円	3,932億円

出所：『家庭用・オフィス用家具市場に関する調査結果』をもとに筆者作成

4 市場規模の確認で気をつけること

　商品企画にあたっては、以上のような推定を行うことで、前提とする市場規模を見積もることができる。とはいえ、ここで見積もったのは、複数の仮定を組み合わせることによって導かれた数値である。市場規模の推定を商品企画に用いる際には、数値が一人歩きしないように気をつける必要がある。

　前節で見たように、推定されたFit'sの年間販売金額は、類似性に基づく推定では96億円だったのに対し、比率連鎖法では65億円だった。このように市場規模の推定は、どのようなデータを用いて、どのような手法で算定するかによって、導かれる数値はかなりの幅をもったものとなる。

　さて、気になるのは、実際のFit'sの販売実績だが、販売初年の2009年度の販売個数は7,700万個、売上げは約100億円だった。われわれが行った推定は、大きく外れてはいなかったわけだが、ズレの問題は残る。実績値に近い数字が出たのは類似性に基づく推定であり、ズレが大きかったのは比率連鎖法である。

　とはいえ、推測値と実績値のズレは、それはそれで意味がある。比率連鎖法による推定を行っていたことで、次のような分析が可能になる。Fit'sは上述の比率連鎖法による推定の3～4割増しの売上げを初年度に達成した。したがって、Fit'sは初年度に市場で、①若年層ガム・ユーザーの3分の1ではなく、それ以上の比率の若年層ガム・ユーザーを吸引していたか、②若年層ガ

Column 8 - 2

国際マーケティングにおける、市場規模の推定の応用

1990年代の半ばには、マクドナルドの店舗は全世界で1万5千店近くにのぼり、日本には1千店を越える店舗があった。日本の店舗数は、世界各国の中でも図抜けて多く、一見したところ十分な数の店舗に見えた。

しかしその後マクドナルドは、1990年代を通じて、日本の店舗数をさらに3倍以上に拡大していった。この大胆な拡大戦略は、思いつきの賭けではなかった。マクドナルドは、類似性に基づく推定を応用して、以下のような算定式による市場規模の推定を行っていたことが知られている。

$$X国における市場の潜在性(出店可能店舗数) = \frac{X国の人口}{アメリカにおけるマクドナルド店舗当たり人口} \times \frac{X国の1人当たり所得}{アメリカの1人当たり所得}$$

表8-3には、この推定の結果が示してある。たしかに、マクドナルドの日本の店舗数は、当時すでにカナダやイギリスの店舗数を大きく上回っていた。しかし、推定結果によれば、出店の余地（実際の店舗数と市場の潜在性のギャップ）もまた大きかったのである。

【表8-3 マクドナルドの国際店舗展開（1994年）】

	実店舗数	市場の潜在性
日　　本	1,070	6,100
カ ナ ダ	694	1,023
イギリス	550	1,794
ド イ ツ	535	3,235
オーストラリア	411	526
フランス	314	2,237
中　　国	23	784
ロ シ ア	3	685

出所：Fortune, Oct. 17, 1994, pp.113-116

ム・ユーザーの3分の1程度に、月2回の以上のペースで購買されていたか、③若年層を越えて、より幅広い層のガム・ユーザーを顧客として獲得していたか、④ガム・ユーザーではなかった層を大きく取り込むことに成功していたかのいずれか、あるいはその組み合わせを実現していたことになる。

　すなわち、商品企画の前提として市場規模を推定する際には、

(1)　推定の正確さにこだわるよりも、あり得る可能性の中で上・下限値を確認するほうが有用である。
(2)　可能なかぎり、異なる情報源と異なる算定方法を組み合わせて、多面的に市場規模を推定することが望ましい。
(3)　事前に正確な推定を行うことも大切だが、商品の発売後に、推定値と実績値のズレを検討することで、実際に市場で何が起きているかを迅速に把握することができる意義にも、目を向けるべきである。

5　おわりに

　YouTubeに動画を投稿するだけであれば、無料である。しかし、多くの人の目にとまるように、YouTubeのトップ画面に枠を確保しようとすれば、1千万円以上ともいわれる費用が必要となる。商品企画にあたっては、たとえば、このような巨額の費用をプロモーションに支出するべきか否かを判断しなければならない。

　その際に考慮するべき1つの数字が、企画している商品の市場規模である。その商品に何十億円もの売上げが見込めるのであれば、プロモーションの媒体枠の購入に1千万円以上の費用を投じることもあり得るだろう。しかし、最大でも1億円程度の売上げしか見込めないのであれば、媒体費に1千万円もの金額を投じるわけにはいかなくなる。

　このように、市場規模の推定によって、われわれは、商品企画を進める上での重要な前提を手にすることになる。本章では、この市場規模の推定について、2つの基本的な手法を学んだ。このような推定値を概算しておくことで、商品

企画の実現に向けてどの程度費用を投じることが合理的であるかが見えてくる。そして、商品の市場導入後の素早い戦略対応が可能なる。

❓ 考えてみよう

1. 以下のデータをもとに、比率連鎖法を用いて、タバコ代用品ガムの日本における潜在市場規模（人口）がいくらになるか考えてみよう。

   基本数値
   全人口   1億2,700万人
   成人の人口（15-64歳）比率   67%
   喫煙者比率   25%

   　また、日本での全国的なアンケートの結果によれば、喫煙者の64%が禁煙したいと考えており、この禁煙したいと考えている人のうちの25%はすぐにでも禁煙したいと考えている。

2. 商品企画の段階で市場規模の推定を行っておくことの意義を考えてみよう。

3. マクドナルドが1994年に、コラム8-2の表8-3の推定を根拠に、その後5年間の中国での新規出店数を計画した場合に、どのような問題が起きたと予想されるだろうか。

参考文献

石井淳蔵『マーケティングを学ぶ』ちくま新書、2010年。
小田部正明、K・ヘルセン（栗木契監訳）『国際マーケティング』碩学舎、2010年。

◆◆◆第Ⅲ部　検証的調査

次に読んで欲しい本

石井淳蔵『マーケティングを学ぶ』ちくま新書、2010年。

小田部正明、K・ヘルセン（栗木契監訳）『国際マーケティング』碩学舎、2010年。

第 9 章

競合・技術の確認

1　はじめに
2　ホンダ「CR-Z」の競合・技術の確認
3　競合・技術の確認の進め方
4　競合・技術の確認で気をつけること
5　おわりに

◆◆◆第Ⅲ部　検証的調査

1　はじめに

　商品企画する際には、自分が欲しい商品を企画する、あるいは自分（自社）の思いを商品に込めるだけでは不十分である。その商品が適切であるかどうかを冷静に見極め、顧客に受け入れられるかを事前に考えなければならない。そのためには、競合相手や自社の技術を分析し、新商品が妥当であることを確認していくことが必要である。

　これは商品企画に限らず、私たちは日常生活で似たようなことを行っている。たとえば、野球チームに属しているとしよう。ある大会で勝ち進み、決勝まで残ったとする。決勝は再来週の日曜日である。2週間の間に何をするだろうか。おそらく相手チームの実力を分析するだろう。そして自分のチームの売りが打力ならば、いっそう打撃練習に力を入れるだろう。さらに、具体的な戦略を練るだろう。その戦略を踏まえたうえで、もう一度相手チームの実力を確認する、あるいは自分のチームの打力を確認するだろう。

　商品企画でも同様である。まず、競合相手の分析をし、どこが長けているのかを見つけ出す。また自社の技術の分析も行い、同じようにどこが優れているのか、どこが市場に受け入れられているのかを明らかにする。そして、商品コンセプトを明確にする。そのうえで、出来あがった商品コンセプトが適切であるかどうかを確認するために、競合相手の商品コンセプトとは異なっていることを確認し、その新商品が自社の優位性に沿ったものであることを確認していく。

　さて、本章では本田技研工業株式会社（以下、ホンダ）のCR-Zの開発を事例に、そうした競合・技術の確認の手順や注意点を整理していく。

2　ホンダ「CR-Z」の競合・技術の確認

　1997（平成9）年にトヨタ自動車株式会社（以下、トヨタ）のプリウスが発

第9章　競合・技術の確認

【表9-1　国内自動車メーカーのハイブリッドカー発売状況】

1997（平成9）年10月	トヨタがプリウスを発売
1999（平成11）年11月	ホンダがインサイトを発売
2000（平成12）年4月	日産がティーノを発売（100台限定）
2001（平成13）年6月	トヨタがエスティマハイブリッドを発売
2001（平成13）年12月	ホンダがシビックハイブリッドを発売
2003（平成15）年9月	トヨタが2代目プリウスを発売
2006（平成18）年3月	レクサスが国内市場初のハイブリッド車GS450hを発売
2006（平成18）年7月	ホンダがインサイトの発売を中止
2009（平成21）年2月	ホンダが2代目インサイトを発売
2009（平成21）年5月	トヨタが3代目プリウスを発売
2010（平成22）年2月	ホンダがCR-Zを発売

出所：各社ホームページをもとに筆者作成

売され、ハイブリッドカー市場が生まれた（表9-1参照）（実際には1994（平成6）年にアウディがハイブリッドカーを発売したがすぐに撤退している）。プリウスが市場の先発ブランドであり、ハイブリッドカーの代名詞になるほどプリウスは大ヒット車となった。

　一方、ホンダはこれに対抗するため、1999（平成11）年にインサイトを発売した。さらに、ホンダはシビックやフィットといった従来あった車種のハイブリッドカーを発売した。もともとシビックやフィットは人気車種であったため、ハイブリッドカーも同じように市場に受け入れられていった。

　国内自動車市場において、トヨタとホンダといった上位2社がハイブリッドカーに注力したため、良い競争環境が生まれ、互いに切磋琢磨することとなった。さらに、国民の環境への意識が高まったことに加え、ガソリン価格の高騰や減税政策などの要因により、ハイブリッドカー市場は拡大していった。しかし車種別の売上台数を確認すると、プリウスだけが着実に販売台数を伸ばしていることがわかる（図9-1参照）。ホンダのインサイトやシビックハイブ

◆◆◆第Ⅲ部 検証的調査

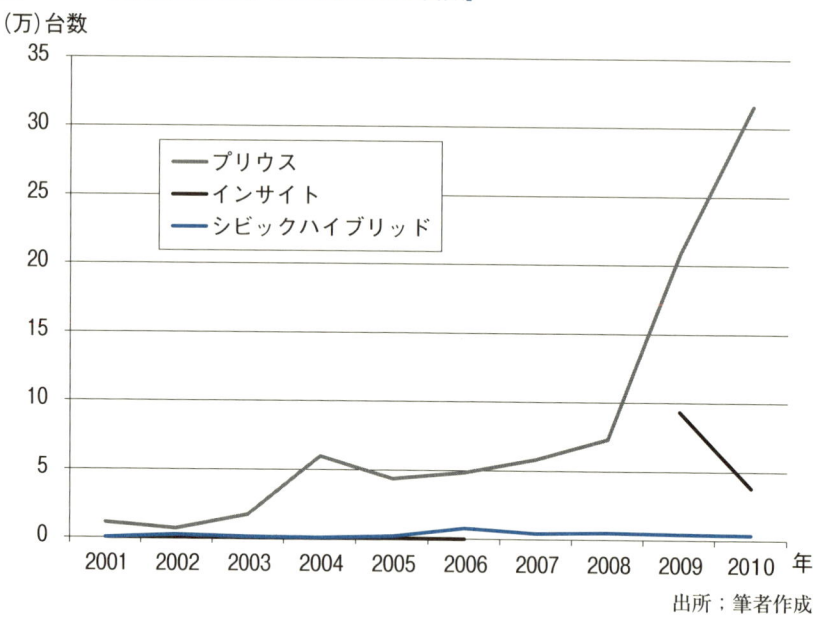

【図9-1 国内市場における3車種の売上台数】

(万)台数

プリウス
インサイト
シビックハイブリッド

出所：筆者作成

リッド、フィットハイブリッドは燃費を重視したため、メインのターゲット顧客が30代、40代の家庭を持った人たちとなり、経済性重視の商品コンセプトではプリウスと差別化できていなかった。

販売店に来店した顧客が、ホンダに求めるのは「デザインなどのスタイリッシュさであり、スポーツカーであること」だった。そのため、顧客がホンダに対して抱くブランド・イメージやニーズと、ホンダのハイブリッドカーとは異なっていた。

そこで、ホンダは「ホンダらしい」ハイブリッドカーの開発に努め、2010（平成22）年2月25日にCR-Zを発売した（写真9-1参照）。その商品コンセプトは、ハイブリッドカーの可能性をより広げる「Emotional：見て、触れて、ときめく」「Exciting：積極的に走りたくなる」「Smart：エコで、使えて、自己を解放できる」といった3つの価値であり、俊敏で爽快な走りと25km/ℓという燃費性能を融合した新しいハイブリッドカーである。

第9章　競合・技術の確認◆❖◆

【写真9−1　ホンダ　CR-Zの外観】

写真提供：本田技研工業株式会社

　CR-Zの外装デザインはまず低いボンネットが印象的である（ハイブリッドカーはエンジンが大きいため、エンジンルームを小さくすることは不可能であった）。ボンネットからルーフ（屋根）まで一直線に伸びた直線はとても珍しい（通常は、ボンネットからフロントガラス、フロントガラスからルーフと2つの変曲点が存在する）。

　また、クーペであることも印象的である。クーペとは2ドアタイプの車であり、ホンダではかつてインテグラがそうであったように、クーペはスポーツカーの代名詞であった。クーペはバブル期に流行したが、近年はミニバンタイプへと流行が移り、各メーカーともにクーペの製造を止め、ホンダもまた2006（平成16）年に撤退していた。CR-Zにより、ホンダにクーペが復活したことになった。

　内装デザインに目を向けると、まずは本革巻ステアリングホイール（ハンドル）、本革シート（オプション）、スカイルーフ（オプション）など上質感に満ちたインテリアが特徴的である。4シーター（4人乗り）でありながら、後部座席が狭く、実質的には前座席の2人が快適に座るといったスポーツカーの特徴を継承していた（後部座席を畳み、2シーターとして楽しむことも可能である）。スピードメーターはスーパー3Dメーターと呼ばれる大きなものを採用し、加速の良さを強調している。大きなタコメーター（回転速度計）を真ん中に置くことにより、加速をするとクリスタルブルー色の目盛りが3Dで際立つ

第9章

153

【写真9-2　CR-Zの内装】

出所：本田技研工業株式会社

ので、走りを楽しむ車好きな人たちの共感を呼ぶことができた。

　なにより、6速MT（マニュアル・トランスミッション）はハイブリッドカーとして世界初のことであった。近年、スバルなど他社に比べ、ホンダはMT車市場での印象が薄かったのだが、CR-ZでMT車市場にも参入が可能となった。

　次に、燃費を見てみると、ハイブリッドカーは燃費が重要になるのだが、CR-Zは25km/ℓでしかない。インサイトやフィットハイブリッドが30km/ℓ、シビックハイブリッドが26km/ℓ、トヨタのプリウスにいたっては38km/ℓである。プリウスが驚異的な数値を示しているのに対して、CR-Zは燃費で競争するのではなく、スポーツカーらしく走行性能を重視しており、これもハイブリッドカーの常識を覆しているといえる。

　さらに、ハイブリッドカーといえばイノベーションにより車の本体価格をいかにして抑えていくかがこれまでの競争であり、プリウスは205万円（実際には「205万円～」とグレードにより価格は異なっている。以下同様）となっている。インサイトが189万円、少し小型のフィットハイブリッドは159万円と、ホンダはプリウスより低価格の車を既にもっていることもあり、CR-Zはスポーツカーとしての性能を重視し、249万円と比較的高い。

　CR-Zの特徴は表9-2にまとめられるが、すべてがスポーツカーの特徴に

【表9－2　CR-Zとプリウスの特徴】

	CR-Z	プリウス
外　装	スポーツカータイプ クーペ（3ドアハッチバック）	ファミリーカータイプ セダン（4ドア）
内　装	上質感に満ちたインテリア 後部座席が狭い4シーター スーパー3Dメーター MT車	カップフォルダーやトレイに工夫 大人5人が乗れる居住性 エコドライブモニター AT車
性　能	走行性能重視	高燃費重視
価　格	ハイブリッドカーとして高価格	低価格 （ガソリン車より若干高価格）

出所：筆者作成

合致している。プリウスと比べてみると、その特徴が一層際立つ。CR-Zは市場だけでなく専門家の間でも高い評価を受け、発売した2010（平成22）年に、日本カー・オブ・ザ・イヤー（2010-2011）、2010年度グッドデザイン金賞（経済産業大臣賞）、オートカラーアウォード2011などの賞を受賞した。

前述したようにCR-Zは2010年2月25日発売であり、2010年の販売台数は実質10か月で22,372台だった。フィットハイブリッドは低価格なため、2010年の販売台数は3か月弱（2010年10月8日に発売）で、24,498台だった。その分、2010年のインサイトの販売台数が減少したともいえる。

なお、CR-ZとはCompact Renaissance Zero（コンパクト・ルネッサンス・ゼロ）の略であり、従来のクーペの常識にとらわれず、新しいコンパクトカーを創造するという志のもと、原点（ゼロ）に立ち返ってチャレンジするという意味が込められている。

3 競合・技術の確認の進め方

❖ 3Ｃ分析

　企業が新商品を企画する際には、商品コンセプトが定まった後で、競合企業の商品はどのようになっているのかという確認や、自社のその技術でよいのかどうかを確認しなければならない。なお、こうした競合や技術の確認はコンセプトデザイン（本書の第Ⅱ部）の前に行うこともあれば、コンセプトデザインの際に並行して行うこともある。

　さて、競合や技術を確認するには、3Ｃ分析が有効である。3Ｃとは「Customer（市場）」「Competitor（競合）」「Company（自社）」を表す。具体的には下記のような分析を行う。

「Customer」市場分析：市場規模と市場成長率の分析、消費者ニーズの分析
「Competitor」競合分析：競合商品の特徴分析、競合の販売・生産能力の分析
「Company」自社分析：自社の特徴の分析、技術力の分析、ブランド・イメージの分析

　まず、市場分析では、現在の市場規模や今後の市場の発展性など市場を把握することが必須であり、自社の新商品が市場のニーズをどれだけ満たすのか、あるいは潜在顧客をどれだけ掘り起こすことができるのかといった観点から分析していく。

　また、競合分析では、市場の競争度合いや、特に競合商品について把握する。競合商品の優位性（競合商品が市場で評価されている点）はもちろんのこと、競合他社の販売能力や生産能力についても分析していく。分析の結果、自社商品のほうが勝っているか、あるいは自社商品の優位点と競合商品の優位点とが異なっていなければならない。

そして、自社分析では、自社の特徴は何であるかを明確にし、新商品はそうした特徴に合致しているのかを確認していく。また、新商品は自社のブランド・イメージに合ったものでなければならない。

以上のことを、CR-Zの例で確認してみよう。まず、市場分析では、ハイブリッドカー市場は大きく、今後はさらに拡大していくことが予測できる。しかし、既存のハイブリッドカーは燃費を重視したファミリータイプであり、スポーツカータイプのものはなかった。ホンダの営業店では来店した顧客がホンダらしいスポーツカータイプのハイブリッドカーを求めていることがわかっていたため、CR-Zにより、これらの潜在顧客を掘り起こすことができると考えた。

また、競合分析では、競合となるのはプリウスであり、プリウスの優位性は燃費であった。プリウスの38km/ℓに対して、ホンダのインサイトや小型のフィットハイブリッドでさえ30km/ℓだったため、現在劣位な燃費で対抗するのではなく、別の次元、つまり走行性能やデザインなどのスポーツカーらしさで対抗することで、プリウスとは競合せずに新しい市場を創ることができると考えた。

そして、自社分析では、やはりホンダの特徴はスポーツカーであることが再確認できた。CR-Zはホンダの特徴やブランド・イメージにぴったり合った車であることも確認することができた。

❖❖❖ 競合・技術の具体的な確認

もう少し競合・技術の確認について考えていこう。

競合を確認するには、第6章で学んだポジショニングが役に立つ。ホンダにとってライバルとして想定するのはトヨタのプリウスであり、インサイトやシビックハイブリッド、フィットハイブリッドは「燃費（経済性）」を武器とした「ファミリーカー」であるため、プリウスと同じカテゴリーに属する車として捉えられる。現在はハイブリッドカー市場が拡大傾向にあるため、これら3車の販売台数も伸びているが、差別化をすることはできていない。しかし、

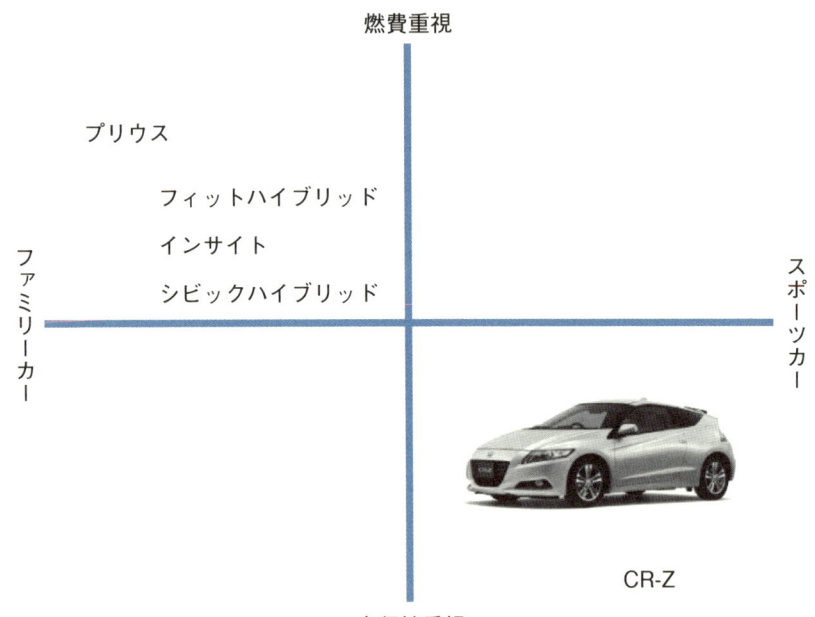

【図9-2 「CR-Z」のポジショニング】

```
                    燃費重視
                      │
        プリウス        │
                      │
            フィットハイブリッド
                インサイト
ファミリーカー─────シビックハイブリッド─────────スポーツカー
                      │
                      │
                      │              ［CR-Zの画像］
                      │                    CR-Z
                      │
                    走行性重視
```

注：燃費重視と走行性重視は正確には対立概念でないが、一般に、燃費を重視すると、走行性が悪くなり、反対に、走行性を重視すると、燃費が悪くなる。
出所：筆者作成

　CR-Zは「走行性」を武器とした「スポーツカー」であり、図9-2ではプリウスとは対角線上に位置する。CR-Zの商品コンセプトは、これまでのハイブリッドカーとはまったく異なるため、新しい市場を創造することが可能となった。同時に、CR-Zはホンダの既存のハイブリッドカーともカニバリゼーション（自社商品同士の競争）を避けることができる。

　CR-Zの技術については、ホンダの「こだわり」がうまく体現されている。ホンダといえば、スタイリッシュなデザインと走りであり、まずデザインについていえば、開発責任者が開発当初から、「かっこ悪くなったら、やめるからね」とメンバーにずっといっていた。出発点はかっこいい車を作りたいという思いであり、それをハイブリッドカーで実現しようという共通認識があった

第9章　競合・技術の確認

Column 9 - 1

Riving のケース──競合・技術の確認の実践

　市場規模やその状況の理解をした Riving は、次の検証的調査である競合・技術の確認を、本章の進め方を参考に実施することにした。smart shelf の「高さを気にせずに置ける棚」という商品コンセプトや、階段状にしたデザインが、競合商品や技術と比べて独自性や優位性があるかどうかを、3C分析をもとに検証することにした。

　まず、市場分析からはじめた。すでに見てきたように家庭用の木製棚の市場規模は、2010年推定178億円で成熟化した市場であり、市場動向としては、ブライダル需要や新築需要、大学生や社会人であれば1人暮らしをはじめる機会に購入が多いということが、先の市場規模の調査を通してわかった。さらに、大型家具チェーンや、ホームファッションやインテリア雑貨等などが台頭していることも知った。こうした中、Riving が捉えた消費者ニーズは、高さを気にせずに置きたいというものであった。

　次の競合分析については、競合商品の特徴、競合の販売動向を確認した。smart shelf のターゲット顧客が利用すると考えられるロフト、東急ハンズ、イケア、無印良品、さらには有名なインテリアショップなどのサイトを確認したり、実際に訪問したりして、類似の商品コンセプトやデザイン、技術の商品がないかを確認した。競合の商品や技術の調査を通してわかったことは、棚板を可動式にして、いろいろな高さを置けるようにした棚は数多くあったが、smart shelf のように固定式の棚で対応した商品は、確認した範囲では見当たらなかった。まさに、こうした結果は知覚マップで分析したとおりであった。さらに、デザインで階段状の棚もいくつかあったが、高さがあるものを置けるような工夫がなされているものはなかった。

　最後に、自社分析であるが、自社の特徴の分析、技術力の分析、ブランド・イメージを考えた。既に確認したように smart shelf の商品特徴や技術には独自性があり強みがあった。だが、競合商品に比べてブランド・イメージは市場で形成されておらず、この点は弱みとなることをメンバーは認識した。

第9章

（ハイブリッドカーの開発からスタートしたのではない）。3ドアハッチバック（後部窓が跳ね上げ式のドア（ハッチ）で、車室と荷物室とが隔てられていない形）はインテグラなどで培ったホンダの得意とする技術とデザインであった。

そして、ハイブリッドカーにすると決めた後でも、インサイトのエンジンを転用せずに、ホンダの魂といえる1.5ℓのi-VTEC（エンジンの回転数に応じてバルブの開きを変更させるため、パワフルな走りと低燃費とが両立可能）を積んだエンジンを開発した。軽量化させることにより、1.5ℓでありながら2.0ℓの加速を実現している。AT（オートマチック・トランスミッション：一般には「オートマ」と呼ばれる）では物足りないため、MTにしたいという思いを実現することにより、一気にスポーツカーらしくなり、ドライバーは走りを楽しむことができる。また、ボンネットを低くすることで車高が低くなり、空気抵抗の低下や運動性能が高まっている。

以上のように、ホンダがこれまでに培ってきた技術がCR-Zでうまく応用されているといえる。

4 競合・技術の確認で気をつけること

こうした分析を行い、新商品が競合商品と差別化ができ、また自社の技術に合ったものであるかといったように、新商品が妥当かどうかを確認していく。その際、気をつけることを3C分析に照らして整理していく。

まず、市場分析では「顧客の声は顧客を代表するものなのか」を考えなければならない。つまり、顧客のニーズとは、自社が狙う市場の顧客が欲しているものであるのかということである。今回のケースでいえば、新商品企画の過程においてホンダの開発部隊は、スポーツカーが好きな顧客を想定していなければならない。燃費だけに関心があったのであれば、マニュアル・ミッションの採用や、実質的な2シーターにする発想は生まれてこない。ターゲットとする顧客層がイメージできていないと、誰のニーズを聞けばよいのかがわからないし、顧客がその商品を使用している姿をイメージすることもできない。

> **Column 9 - 2**
>
> **2次データ**
>
> 　データには1次データと2次データとがある。簡単にいうと、1次データとはアンケート調査などを行い、自分で集めたデータのことであり、2次データとは別の調査や何らかの統計資料などで載っているデータ、つまり自分でない他者が集めたデータのことである。
>
> 　1次データはまさに今、自分が行っている調査のためのものであるため、使い勝手がよい反面、データを収集するのに時間や金銭などのコストを伴ってしまう。対照的に、2次データは時間や金銭などのコストがかからない反面、必ずしも使い勝手がよいとは限らない。
>
> 　このように、一長一短があるものの、実際の商品企画ではスピードが求められるため、2次データによる分析が多く行われている。特に、商品企画のスタートとなる市場の動向（市場規模や市場成長率の分析など）を把握する際には有効であるし、競合相手の販売動向を把握するにも実数を掴むことは不可能なため、2次データを用いていく。
>
> 　最近では、インターネット上でもたくさんのデータを収集することができる。しかし、ここで気をつけなければならないことがある。それはデータに信憑性があるかどうかを吟味することである。企業のサイトではその企業にとって都合のよいデータのみを開示しているかもしれないし、個人のブログなどでは第3者のデータを転用（場合によっては転用の転用の転用……）しているかもしれない。あるいは調査機関が発表するデータでも、その収集の仕方（アンケート調査の場合、サンプルデザインなど）が不明確なことも多い。インターネットの普及により、2次データの収集が便利になった反面、データの信憑性により大きな注意を払わなければならない。

　その一方で、特定顧客の声だけを取り込むと、かえって収益をあげられないという議論もある。あるいは商品によっては顧客の顧客が存在する場合もある。たとえば、パソコンの部品メーカーであるインテルの顧客は組立メーカーであるが、実際にパソコンを使用するのは一般消費者である。また、医療用医薬品

の顧客は医療機関に勤める医師や薬剤師であるが、実際にその医薬品を服用するのは患者である。こうした真の顧客にも目を向けなければならない。さらに、顧客が自動車に望んでいるのは輸送手段としての機能だろうか、それとも走りを楽しみたいのだろうか。あるいは、快適さや顕示的消費（周囲の人に見せびらかすことを目的とした消費）のためだろうか。

次に、競合分析では「誰が競合相手になるのか」を考えなければならない。CR-Z の場合、ハイブリッドカーというくくりで捉えればプリウスであるが、2.0ℓ 以下のスポーツカーであれば WRX（スバル）やアクセラ（マツダ）がライバルとなる。これによって、自社が採る戦略は大きく異なってくる。

さらに、技術分析では「自社の技術は消費者ニーズに合ったものであるのか」を考えなければならない。もし消費者ニーズが燃費に偏っており、デザインや走行性能にはまったく関心がないのであれば、CR-Z やホンダの技術は消費者に受け入れられない。そうでなく、走りを楽しみたい顧客層が存在するからこそ、CR-Z のようなハイブリッドカーが市場で受け入れられるのである。

なお、これら3つの分析は個別に行うのではなく、同時並行的に行わなければならない。そして、先述したように商品コンセプトを考える前段階、あるいは途中の段階でもこれらの分析を行い、自社の商品コンセプトを確認していく必要がある。また、分析では2次データを用いることも多いが、その際には注意が必要である（Column 9 - 2 参照）。

5 おわりに

3 C分析は第6章で学んだ概念と近い。具体的にいえば、市場分析ではセグメンテーションやターゲティングを、競合分析ではポジショニングを、そして自社分析では自社が優位なポジショニングにあるかどうかの見極めを行っていく。

そして、通常の商品企画プロセスでは、商品コンセプトを考える前に、競合相手および、自社の優位性を分析する。商品コンセプトを考えた後に、もう一

度これらの作業を行うのは2つの意味がある。1つは、商品コンセプトが適切であることを再確認することができる。そしてもう1つは、完成した商品コンセプトがよいのかどうかを、あらためて競合相手や自社の技術の視点から検証できる。商品コンセプトを固めるプロセスでは試行錯誤を伴うことが多いため、出来あがったコンセプトは当初のものと変わってしまっていることも多い。そのようなことを防ぐ意味でも有効である。

❓ 考えてみよう

1．3C分析を行う際の注意点について考えてみよう。

2．関心のある企業（商品）を1つ選び、その3C分析について考えてみよう。

3．3C分析のそれぞれのCのどれを優先すべきかを考えてみよう。

参考文献

嶋口充輝、内田和成、黒岩健一郎編著『1からの戦略論』碩学舎、2009年。

次に読んで欲しい本

恩藏直人、冨田健司編著『1からのマーケティング分析』碩学舎、2011年。
株式会社日本総合研究所経営戦略研究会『経営戦略の基本』日本実業出版社、2008年。

第10章
顧客ニーズの確認

1　はじめに
2　ハウス「C1000ビタミンレモンコラーゲン」の顧客ニーズの確認
3　顧客ニーズ確認の進め方
4　顧客ニーズの確認で気をつけること
5　おわりに

1 はじめに

　読者の中には、テレビCMで「使った人の○%が効果を実感しました」といった表現や、「100人中△人が美味しいと答えました」といった表現があるのを見たことがある人もいるだろう。これらの表現は、視聴者がその商品の魅力を感じたならば、一定の広告効果を果たしているといえる。「それだけの人が効果があると感じたのなら、実際に効果があるのだろう」と思ったり、多少疑り深い人であっても「具体的な数字をあげている以上、その調査は本物だろう」と思ったりといった具合である。

　しかし、この種の調査の中には、広告効果を狙ってバイアス（調査中の歪み）のかかった調査が混じっていることもある。たとえば、効果を実感したという調査の場合、「科学的に効果があることが証明された」と事前に説明しているのといないのでは、調査に答える側の回答に違いが出てくることもある。あるいは味覚テストの場合、そもそもそのブランドを好きだという人を集めて調査を行ったのでは、好意的な結果が出てもおかしくないだろう。

　一方、広告効果を狙っての調査ではなく、商品企画の方向性を定めるための

【写真10-1　ハウス C1000ビタミンレモンコラーゲン】

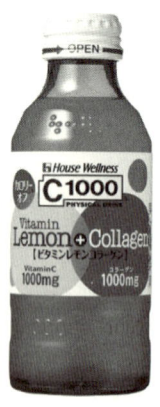

写真提供：ハウス食品株式会社

調査であれば、自分に都合のよいデータばかりを集めるわけにはいかない。都合のよい調査結果だけを使って新商品を出したとしても、実際に売れなければ意味がないからである。では、商品企画において顧客ニーズを確認するためには何を、どのように行えばよいのだろうか。本章ではC1000ビタミンレモンコラーゲンが顧客ニーズを確認するためにどのような方法を用いたのかについて確認したあと、この問題を詳しくみていくことにしよう。

2 ハウス「C1000ビタミンレモンコラーゲン」の顧客ニーズの確認

「C1000ビタミンレモンコラーゲン」は、ハウス食品株式会社のグループ会社であるハウスウェルネスフーズ株式会社（以下、ハウスウェルネスフーズ）から発売された美容サポート飲料である。この商品の特徴を簡単にいえば、ビタミンCとコラーゲンを手軽に摂取できるレモン風味の炭酸飲料といえよう。美容意識の高い20〜30代の女性が肌の調子が気になる時、あるいはちょっと喉が渇いた時や気分転換したい時に飲用する。C1000ビタミンレモンコラーゲンは、そうした飲用シーンを考えてつくられた商品である。

◆ C1000ビタミンレモンコラーゲンの開発背景

ハウスグループでは、消費者調査にもとづいて、栄養機能性飲料を元気・活力、女性美容、成分摂取、生活サポート、治癒目的、特保商品、エネルギーという7つに分類している。C1000ビタミンレモンコラーゲンが発売される前年、2次データをもとに栄養機能性飲料におけるこれら7つのサブカテゴリーの売上動向を調査すると、「女性美容」「生活サポート」「治癒目的」という3つのカテゴリー、中でも女性向けの美容飲料の伸びが顕著であることがわかった。

そこで、女性向けの美容飲料を含む美肌効果訴求市場を調査すると、ビタミンCやコラーゲンといった成分が含まれた、美肌効果を訴求する食品・飲料市場が拡大していることがわかった。このことからハウスウェルネスフーズは、

◆◆◆ 第Ⅲ部　検証的調査

コラーゲンを用いた商品企画に着手するようになった。

　美肌効果を訴求する食品・飲料市場が拡大しているといっても、コラーゲンを配合した美容飲料はビタミンＣ飲料ほど販売されているわけではない。ハウス食品でも「うるおい美率」というコラーゲンを主成分とした美容飲料は、ビタミンＣ飲料ほどに売れ行きがよいわけではない。そこには何らかの理由があると考えた同社は、独自に調査を行うことによって、既存のコラーゲン飲料に対する消費者の不満を明らかにしようと考えた。

　この調査から明らかになったことは、消費者は大別すると3つの点で既存のコラーゲン飲料に不満をもっているということであった。それは第1に、価格が高いということである。実際、当時発売されていたコラーゲン飲料は、200〜250円の価格帯のものが多く、手軽に購入するには高いと思われていたようである。第2に、味覚の面で不満があることがわかった。それは、おいしくない・飲みにくいといった不満や、ニオイがきついという不満に表れている。そして第3に、日々摂取するものだけに、カロリーに対する不満があるようであった。

　ハウスウェルネスフーズは、これら3点の不満を解消すればコラーゲン飲料は売れると考えた。そこで同社は、「気分をリフレッシュしながら、余分なカロリー摂取を気にせずに、美容サポート成分を手軽においしくとることができる」というコンセプトをもった商品として、ビタミンＣとコラーゲンをそれぞれ1,000ml配合した商品であるC1000ビタミンレモンコラーゲンを開発・発売することにした。ビタミンＣとコラーゲンを同時に摂取できることをわかりやすいパッケージデザインにした上で、130円という手軽に購入できる価格帯で、炭酸とレモンによってコラーゲン独特の飲みにくさや後味の悪さを減らし、さらには、1本当たり23kcalとカロリーをおさえることで、美容意識の高い女性に訴えかける商品とした。

◆◆◆ 模擬棚調査

　C1000ビタミンレモンコラーゲンの発売に先立つこと4か月前、都内の某会

場に、同商品のコアターゲットにあたる20～30代の美容意識の高い女性数十人が集められた。集まった女性たちの前には、ある「棚」が置かれていた。この棚は、実際にコンビニエンスストアにあるような棚（模擬棚）で、C1000ビタミンレモンコラーゲンをはじめとする美容飲料を含めた40種類ほどの栄養機能飲料が並べられていた。

　女性たちには「この棚の中から買いたいと思ったものを選んで下さい」という依頼がなされた。結果、C1000ビタミンレモンコラーゲンへの購入意向を示す女性は73％と、有力な競合商品2種類のそれぞれ67％、52％という数値を上回る結果が出た。この調査では、並べられた約40種類の栄養機能飲料すべての中で、同商品の選択率が最も高かった。

　この調査では並行して、模擬棚に並べられたC1000ビタミンレモンコラーゲンを見た回答者がどのように思ったのかに関する調査も行われた。具体的には、同商品を見た印象とパッケージの好き嫌いについて調査することで、好意的な回答が9割近くもあることがわかった。また、「さっぱりした味がしそう」「商品の特徴がわかりやすい」「美容によさそう」「肌の調子が気になるときによさそう」といった好意的な意見も多数聞かれ、C1000ビタミンレモンコラーゲンは顧客に好感をもって受け入れられるパッケージであることが判明した。

❖❖❖ 味覚テストと購入意向調査

　棚にあるC1000ビタミンレモンコラーゲンを手にとってもらえるであろうことがわかると、次に確かめなければならないのは、それを飲んだときの評価である。この評価を確かめるために、味覚テストを行った。いくらパッケージでその商品が選ばれても、飲まれたときの評価が低ければ、繰り返し買ってもらえないばかりか、C1000シリーズ全体に対する悪い評判が広まるかもしれないからである。

　そこで上記の女性に対し、C1000ビタミンレモンコラーゲンを飲んだときの評価を行ってもらった。結果、92％の回答者が飲みやすいと回答し、飲みやすさと爽快感という2点で同商品が回答者に好意的に評価されていることが判明

した。

　パッケージがよく、味もよい。では、次に確かめるべきは、値段を聞いて買おうと思うかどうか、である。そこで、実際に発売されるときの価格である130円という価格を伝え、この価格で購入しようと思うかについて調査した。結果、全体の85％が購入意向をもっていることがわかった。

　これらの調査結果でC1000ビタミンレモンコラーゲンが顧客に受け入れられると判断できたハウスウェルネスフーズは、2010（平成22）年5月17日より、同商品の販売に踏み切ることにした。

3　顧客ニーズ確認の進め方

　発売前に顧客ニーズの確認を行い、仮にそこで調査対象者全員がその商品を欲しいと答えたからといって、必ず売れるとは限らない。なぜなら、調査で欲しいと思った消費者でも、実際に代金を支払うとなると心変わりすることもあるだろうし、店頭でどのように並べられるかによって売れるかどうかが変わることもある。あるいは、その消費者が直前にどのような商品を購入したかが影響して買ってもらえないといったことすら起こりうるからである。では、顧客ニーズの調査を行う必要がないのかというと、もちろん、そういうわけではない。

　企画が完成に近づくと、企画担当者は自身の企画への思い入れが強くなり、その商品が売れるという想いを強く持つようになる。特に、プロトタイプ（試作品）が完成した後などは、自分の企画が目に見えるかたちで存在するようになるため、それを手放すのが惜しくなるということすらある。しかし、それまでにどれほどコストをかけて企画を練り上げたとしても、それが売れなければ、そのコストを回収することはできない。それどころか、市場導入時には取引先との交渉を行ったり広告を用いるなど、それまで以上のコストを要するのが普通である。そのため、商品企画のなるべく早い段階でその商品が売れるであろう確率を確かめる必要がある。そこで、顧客ニーズを確認するために行われる

調査のうち、代表的なものについて確認していくことにしよう。ここで取り上げている調査は、対象となる顧客や市場、商品によって、どれをどのような順番で行うかが決まっているわけではない。そのため、「売れるであろう確率」を少しでも高めるために何をどのように行う必要があるのかを考えることも重要である。

母集団とサンプリング

　調査対象の集団に属するすべてのデータのことを「母集団」という。顧客ニーズを確認するといっても、この母集団を調査対象としたのでは、膨大なコストがかかってしまう。だからといって、たとえば女性向け飲料を女性が企画した場合、自身が好きだからといって売れると考えるわけにはいかない。なぜなら、同じ女性といっても、市場の中には甘党もいれば辛党もいるといったように、さまざまな好みをもった女性がいるからである。

　そこで、母集団の一部であるサンプル（標本）を対象に調査を行う「サンプリング」が行われる。サンプリングを行うことによって、たとえ市場全体を調査対象としなくとも、自分だけの思い込みではなく、一定の信頼度がある調査結果を得ることができる。そこで企業が行う顧客調査でも、調査目的、調査内容、質問の量、予算、実施期間などに応じてサンプリングしたうえで調査が実施される。

コンセプト・テストとブラインド・テスト

　商品アイデアが顧客に与える価値を考え、顧客にとって意味のある言葉や絵、図表で表したものを商品コンセプトという。この商品コンセプトが顧客に受け入れられるかどうかを確認することをコンセプト・テストという。たとえば、「気分をリフレッシュしながら、余分なカロリー摂取を気にせずに、美容サポート成分を手軽においしくとることができる」というコンセプトが顧客に受け入れられるかどうかを確認するわけである。

　一方、商品のモノそのものが顧客に受け入れられるかどうかを確認すること

をプロダクト・テストという。プロダクト・テストでは、試作品を実際に使用してもらうことにより、その商品に対する評価を行ってもらうことになる。とはいえ、たとえば飲料の場合、味や飲みやすさといったモノそのものに対する評価を行ってもらおうとしても、商品名を伝えてしまうと、調査対象者がそのブランドにもともと抱いていたイメージによって結果が左右されることがある。そこで、商品名やパッケージ、あるいは効果・効能を隠したうえで、商品そのものに対する評価を行ってもらおうとすることがある。これを、ブラインド・テストという。

❖❖❖ パッケージ・テストとネーミング・テスト

　近年、ペットボトルの飲料をはじめとして、どのような容器に入っているのかによって売れ行きが左右されることが増えている。また、同じ商品であったとしてもどのような商品名を付けるのかによって売れ行きが変わることもある。そのため、パッケージや商品名が顧客に受け入れられるものかどうかを確認しておく必要がある。

　パッケージ・テストでは、容器の形状やラベルが顧客に受け入れられるかどうかを確認する。そのために、消費者に複数のパッケージの中から自分が買いたいと思えるものを選んでもらう、あるいは試作品と競合商品を並べてみて、消費者にどちらかを選んでもらう調査が行われる。C1000ビタミンレモンコラーゲンの場合は、既に見たとおり、後者の方法がとられた。

　このパッケージ・テストでは、試作品を実際に用いる他にも、写真やスケッチを用いて消費者に選択してもらうこともある。また、情報技術（IT）の進展とともに、パッケージ・デザインだけをコンピュータ上で画像として見せて選ばせることも可能になっている。

　一方、ネーミング・テストでは、その商品名が当該商品のベネフィットをイメージするのにふさわしいかどうかが確認される。特に販売前に商品名に複数の候補がある場合、どの商品名がその商品にふさわしいかということを顧客調査で確認することもある。

◆◆◆ 会場テストとホーム・ユース・テスト

　実際に顧客ニーズを確認しようとするとき、サンプリングした調査対象者を会場に集めてモニターしてもらう方法のことを会場テストという。会場でその商品の試飲や試食をしてもらい、味や使い勝手、容量などを確認するのがこれにあたる。

　しかし、商品によっては顧客がどこで使おうとその商品の評価結果が左右されないものもあれば、実際の使用場面でないと正確な評価結果が確認できないものがある。たとえば、読者の中にも、店頭ではよい商品だと思っていたものが、購入してから実際に使ってみると不満が目立つようになったという経験をもつ商品があるだろう。このような商品の場合、顧客ニーズの確認を行う際にも、実際に使用する場面において評価してもらったほうが正確な評価結果が得られやすいということがいえる。そこで行われるのがホーム・ユース・テストである。ホーム・ユース・テストとは、製品サンプルを家庭で実際に使用してもらい、味や使い勝手、容量などの評価を受けることをいう。これは、使用テストとも呼ばれる。

◆◆◆ リッカート尺度と調査結果の判断

　回答者が選択肢の中から該当するものを選択する形式を「リッカート形式」という。たとえば、1：とても嫌い、2：嫌い、3：どちらでもない、4：好き、5：とても好き、という選択肢のものは5段階のリッカート尺度という。このリッカート尺度では、3の「どちらでもない」を抜いた4段階のものもあれば、2と3の間、3と4の間に「やや嫌い」と「やや好き」を加えた7段階のものもある。

　5段階のリッカート尺度の場合、「とても好き」を答えた数をトップ・ボックス（TB）、「好き」の回答と「とても好き」の回答を合わせた数をトータル・ポジティブ（TP）という。このTBやTPの割合が全体のどれだけを占めているかによって、その企画アイデアが実際の商品化へ進んでよいかどうか

◆◆◆ 第Ⅲ部　検証的調査

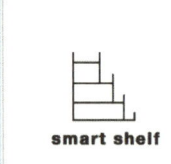

> **Column10 - 1**
>
> ## Riving のケース―顧客ニーズの確認の実践
>
> 2つの検証的調査を終えた Riving は、本章の進め方を参考に、顧客ニーズと
>
> 【図10-1　コンセプト・テスト】
>
> > Smart Shelf は、高さを気にせず置ける棚です。天然木製で、ライトブラウン、ダークブラウンの2色あり、高さ120cm幅120cm奥行き35cmの大きさで、価格は19,800円です。高さに制限がない部分を設けることで、今まで棚に置けなかった背の高いものを置けるようになり、活用の幅が広がります。また、壁付けでも間仕切りとしても利用できます。
> >
> > 以下の質問に対して、それぞれ1つにチェックをつけてください。
> >
> > | | 1) 全く当てはまらない | 2) 当てはまらない | 3) どちらでもない | 4) 当てはまる | 5) とても当てはまる |
> > | --- | --- | --- | --- | --- | --- |
> > | この商品は、ベネフィットが明確である。 | ☐ | ☐ | ☐ | ☐ | ☐ |
> > | この商品は、私の課題を解決する。 | ☐ | ☐ | ☐ | ☐ | ☐ |
> > | この商品のデザインは優れている。 | ☐ | ☐ | ☐ | ☐ | ☐ |
> > | 価格は、価値に見合っている。 | ☐ | ☐ | ☐ | ☐ | ☐ |
> > | 私は、この商品を購入する。 | ☐ | ☐ | ☐ | ☐ | ☐ |
>
> 出所：Riving

> 商品コンセプトとの適合性を確認することにした。まず、母集団とサンプルを検討した結果、キャンパスの大学生を対象に、各学年男性20名女性20名を割り付けて、計160名をサンプルとすることにした。
> 　そのサンプルを対象に、「高さを気にせずに置ける棚」というコンセプトをさらに練り上げたものを提示し、コンセプトの受容性や、デザイン、価格、購買意図の確認するため質問票を作成し、回答してもらうことにした（図10−1参照）。さらに、ここには含めてはないが、家具を欲しい時に調べる媒体や、家具を購入する店舗も自由回答で記入してもらった。
> 　メンバーは、割り付けたサンプル数になるまで、学校の正門近くで、面接調査を実施した。1人ずつ直接面談しながら実施したので、評価がよくなかった消費者に対しては、その理由も確認した。その結果、概ねよい結果がでたので、メンバーはほっとした。
> 　さらに、Rivingは、ホーム・ユース・テストを実施した。1つだけのプロトタイプであったが、実際に複数の学生にそれぞれ1週間ほど利用してもらい、使用した結果不都合などがなかったかどうかを調査した。壁付けとしての利用と、リビングなどで間仕切りとしての利用をしてもらった結果、大きな問題もなくテストを終えた。

を確認することができる。たとえば、TBが20％以上、TPが70％以上なければ商品を発売できない、といった具合にである。

　企画する商品が属する市場に代表的な商品が既にある場合、ゴーサインが出るかどうかはTBやTPだけでなく、競合商品との比較において行われることもある。たとえば、競合商品との比較において、調査対象者の半数以上が企画商品を選ばなければならないといった基準や、70％対30％で競合商品よりもよいと答えてもらわなければいけないといった基準をもつ場合もある。

4　顧客ニーズの確認で気をつけること

　大学の講義で提出されるレポートをみると、学生が「独自にアンケートをとった結果……」などと、自身の主張の説得力を高めようとしているものを見

かけることがある。この努力は努力として認めるものの、残念ながらアンケートの「独自に」という点が「適当に」「いい加減に」と見えてしまうことがあるのも事実である。では、何がいけないのか。ここでは顧客ニーズを確認する際に注意すべき代表的なものについて確認してみよう。

❖ データの妥当性と信頼性

　集めたデータが調査の目的に即したものかどうかをデータの妥当性という。また、誰がやっても同じ答えが得られるかどうかをデータの信頼性という。この妥当性と信頼性が確保されていないと、たとえコストをかけて顧客ニーズを確認したとしても、そのデータを信じるわけにはいかない。

　学生が行う調査の場合、アンケートを「友人に答えてもらった」「大学の講義で配布した」など、データを収集する手間を減らすために的確なサンプリングを行っていないことが多い。たとえばC1000ビタミンレモンコラーゲンの場合、中年男性を対象に調査を行っても、その調査結果から売れ行きを考えるのが適切ではないということは容易に想像がつくだろう。これは、データの妥当性が低いことを意味している。

　では、そのメインターゲットである20〜30代の女性を対象にC1000ビタミンレモンコラーゲンの調査を行うために、もしもハウス食品に入社を希望する就活中の学生を集めて調査を行ったとすればどうだろうか。おそらく、入社を希望する学生であれば、その商品に対する率直な感想を述べるのは難しいだろう。このように、調査する人、あるいは調査される人ごとに得られる結論が違ったものになることを、データの信頼性が低いという。

　コストをかけて調査するからには、データの妥当性や信頼性をなるべく高めなければならない。そのためにはマーケティング分析の基本的な知識が必要となる。その詳細は他へ譲るとして（たとえば、『1からのマーケティング分析』）、ここではアンケートで用いる質問票を作成・配布する際の注意点についても触れておくことにしよう。

❖❖ 質問票の作成・配布・回収

マーケティングや経営学の分野では、アンケートのことを質問票という。この質問票は、本書で説明したインタビュー法や観察法に比べて多数のサンプルを対象に調査を行えるだけでなく、無記名で回答してもらうことによって本音を聞きだしやすい。一方で、質問票によって顧客ニーズを確認しようとすると、無料サンプルを試用してもらっているため、回答者の評価は甘く、満足度が高くなる傾向があるといった点に留意が必要である（Column10-2）。

調査結果を鵜呑みにしてはいけないというのは、どれほど精度の高い調査を行ったときにも忘れてはならないことである。読者の中にも街頭調査などで適当に回答してお茶を濁した経験がある方もいるだろう。質問票調査を行う側に立った場合でも、ついいろいろな質問をしたいと思って調査項目を盛り込み過ぎたがゆえに、回答者が回答してくれなかったり、適当な答えを埋められてしまったりして、信頼性が下がってしまうことがある。回答は5分以内で終えられるものにするというのが、一応の目安である。また、質問内容は平易な文章にし、読み手がさまざまな解釈をしてしまうといったことがないようにする。表10-1は質問票作成時の注意点をまとめたものである。

【表10-1　質問票作成時の「べし・べからず」】

1. 質問はバイアスがかからないようにする。
2. 質問はできるだけシンプルなものにする。
3. 質問は具体的に行うようにする。
4. 専門用語や略称の使用は避ける。
5. 妙に凝った言葉や一般的でない言葉は使わないようにする。
6. 曖昧な言葉、表現は避ける。
7. 質問文は否定的表現よりもなるべく肯定的な表現にする。
8. 仮定的・想定的な質問は避ける。
9. 素直に答えにくい質問の場合、回答に幅をもたせて答えやすいようにする。
10. 選択回答式の場合、質問項目が重複しないようにし、「その他」を入れるようにする。

出所：コトラー＆ケラー『マーケティング・マネジメント［第12版］』

◆第Ⅲ部　検証的調査

◆ 顧客ニーズ確認における制約

　よい企画とはどのようなものかと問われたなら、読者の皆さんはどのように答えるだろうか。斬新な企画、売れる商品を生み出せるような企画、誰もが求める価値を具現化するような企画、さまざまな回答があるだろう。しかし、何よりも重視されるべきは、予算や期限をはじめとした、企画に求められるさまざまな条件に対応していることである。その意味では、顧客ニーズの確認が重要だからといって、無尽蔵に予算や時間を使うわけにはいかない。

　商品のライフサイクルが短い商品のことを考えてみよう。たとえば、パンやスナック菓子など、比較的短期間で新商品が続々と生み出される商品の場合、顧客ニーズの確認に数か月もかけていたのでは、販売するタイミングを逃してしまうこともある。そのため、サンプルに偏りがあることを承知で、社員やその家族といった身近な人から調査票を集めて顧客ニーズの確認を終えることもある。

　あるいは、これまでに全くないような斬新なアイデアを商品化しようとするならば、これまでに存在していない以上、それの良し悪しを顧客に直接確認することはできない。聞かれた側も、それがよいか悪いかを判断する尺度をもたず、答えようがないからである。

　顧客ニーズを確認する作業は、仮に調査結果がよかったからといって、100％売れるとは限らない。しかし、少しでも調査精度を高めることによって、販売後に想定外の「ハズレ」とならないように努力・工夫することは可能である。その意味では、調査にかけるコストと発売後に「ハズレ」を引くリスクのバランスをはかることが重要になるだろう。

Column 10-2

アンケート調査は手軽？ 難しい？

　大学生のレポートなどを見ると、たとえば「このアイデアが実現したら買いたいと思いますか？」などと、自分が聞きたいことを直接的に多数の人に聞けばアンケートが完成すると思っている者が多いようである。しかし、本文中でも説明したように、アンケート調査を行う際にはさまざまな注意を払うことが求められる。

　逆に、マーケティングを少し勉強し始めた者の中には、「アンケート調査には複雑な統計知識が必要で、素人には難しい」と身構えてしまうようになってしまう姿も散見される。確かに、本格的な調査を行おうとすれば、初心者が何の知識もないままに行うのは難しい。また、企業が実際にアンケート調査を行おうとする時には、専門の調査会社に依頼して調査を行うことも多い。そうすることによって、より妥当性や信頼性の高いデータを集めることができるからである。

　そこでこのコラムでは、アンケート調査がどういうものかを手軽に体験してみるためのツールを紹介しよう。たとえば、「アンケートツクレール」（http://enq-maker.com/）というサイトをみてもらいたい。このサイトにアクセスすれば、アンケートの作成を無料で行うことができる。このサイトで手軽にアンケートを作成してみて、アンケートを行うというものを体感してみてはいかがだろうか。

　とはいえ、もちろん、本格的な調査が手軽に行えるというわけではない。同じくアンケートの作成・配布に関するサイトとして、たとえば「サーベイモンキー」（http://jp.surveymonkey.com/）や「マクロミル」（http://monitor.macromill.com/）、「マイボイスコム」（http://www.myvoice.co.jp/）といったサイトをご覧いただきたい。これらのサイトをみると、実際に本格的なアンケート調査を行おうとすれば、どれほどのコストがかかるのかを垣間見ることができるだろう。

◆◆◆ 第Ⅲ部　検証的調査

5　おわりに

　商品企画を行う者にとって最大の敵は何かと問われたなら、私は「自分の思い込み」と答えたい。特に、真剣に取り組んだ企画というのは、「きっと皆も欲しがるはず」「きっと売れるに違いない」といった想いを込めて練り上げていくため、企画者の思い込みが増大される危険性がある。

　本章で説明してきた顧客ニーズを確認することの目的は、商品企画を行い、実際に商品を発売した後に生じるリスクを減らすことにある。そのため、限られた予算や時間の中でいかにリスクを減らすことができるかが、顧客ニーズを確認する最大の目的となる。自分の想いが決して独りよがりのものではなく、実際に顧客に受け入れられると思えるかどうかを冷静かつ客観的、科学的に確かめる。このために、顧客ニーズを確認することが欠かせないのである。

❓ 考えてみよう

1．身近な商品を1つあげ、その商品の企画時にどのような調査が行われたのか（あるいは、行われるべきだったのか）を考えてみよう。

2．その商品の調査を行う際、どのような消費者を対象に調査を行えばよいのかについて考えてみよう。

3．商品の発売後に生じるリスクとしてどのようなものがあげられるかについて考えてみよう。

参考文献

グレン・L・アーバン、ジョン・R・ハウザー、ニキルシュ・ドラキア著（林廣茂ほか訳）『プロダクトマネジメント』プレジデント社、1989年。

高田博和、奥瀬喜之、上田隆穂、内田学『マーケティングリサーチ入門』PHP研

究所、2008年。
フィリップ・コトラー、ケビン・ケラー（恩藏直人監修、月谷真紀訳）『コトラー＆ケラーのマーケティング・マネジメント［第12版］』ピアソン・エデュケーション、2008年。
陸　正「新製品開発におけるマーケティング・サイエンスの応用」、『マーケティング・サイエンス』Vol.9、No.1,2、41-67頁、2001年。

次に読んで欲しい本

田中洋編著『課題解決！　マーケティング・リサーチ入門』ダイヤモンド社、2010年。
恩藏直人・冨田健司編著『1からのマーケティング分析』碩学舎、2011年。
酒井　隆『アンケート調査の進め方』日経文庫、2001年。

第Ⅰ部 探索的調査	第Ⅱ部 コンセプトデザイン	第Ⅲ部 検証的調査	**第Ⅳ部 企画書作成**
第1章 商品企画プロセス	第5章 アイデア創出	第8章 市場規模の確認	**第11章 販促提案**
第2章 インタビュー法	第6章 コンセプト開発	第9章 競合・技術の確認	**第12章 価格提案**
第3章 観察法	第7章 プロトタイピング	第10章 顧客ニーズの確認	**第13章 チャネル提案**
第4章 リード・ユーザー法			**第14章 企画書作成**
			第15章 プレゼンテーション

第11章 販促提案

1 はじめに
2 サントリー「ハイボール」の販促提案
3 販促提案の進め方
4 販促提案で気をつけること
5 おわりに

◆◆◆ 第Ⅳ部　企画書作成

1　はじめに

　ハイボールは、特定のブランドや商品ではない。ウイスキーの１つの飲み方である。特に、日本ではウイスキーのソーダ割をハイボールと呼ぶ。飲み方としてはカクテルやチューハイに近いイメージだろうか。

　2008（平成20）年ごろより、にわかにハイボールは飲食店でよく飲まれるようになった。もちろん、それまでハイボールという飲み方がなかったわけではないが、これほどよく飲まれることはなかった。しかも、多くのハイボールはジョッキに注がれ、ビールのようなスタイルで飲まれるようになった。

　この背景には、サントリーホールディングス株式会社（以下、サントリー）のマーケティングがある。ウイスキーメーカーの雄であるサントリーは、2008年ごろからハイボールの普及活動に力を入れ始めたのである。ハイボールという飲み方を実現するための具体的な方法が考えられ、テレビCMやネット販促を通じて、消費者に向けてのアプローチが行われた。同時に、実際に消費者がハイボールを飲むことになる飲食店に対しても、ハイボールをメニューに入れてもらうためにさまざまな営業活動が行われた。

　当たり前の話だが、広告を打てば商品やサービスが直ちに売れるようになるわけではない。営業が飲食店を回れば、お店がその商品やサービスを置いてくれるというわけでもない。ましてや、お金をかければ何とかなる、販促活動はそんなに単純なものではない。なによりも、相手に納得してもらい、なるほどそれであればと思ってもらえるような理由や仕組みが不可欠である。昨今のハイボールの普及は、相手に納得してもらうために精緻に組み上げられた販促活動の成果といえるだろう。

　本章では、いかに販促提案を考えればよいのか、サントリーのハイボール事例を通じて確認していくことにしよう。

【写真11－1　ジョッキスタイルで提供されるハイボール】

写真提供：サントリーホールディングス株式会社

2　サントリー「ハイボール」の販促提案

◆◆◆ いかにしてハイボールを広めるか

　これまでウイスキー市場は長期的な縮小傾向にあった（図11－1参照）。消費者の嗜好も変化し、アルコール濃度がそれほど高くなく、食事に合うものが好まれるようになっていた。当然、ウイスキーはそのままだとアルコール濃度も高く、食事にもあまり合わない。さらには、ウイスキーにはオヤジくさいというイメージがついており、若年層からは敬遠される傾向があった。

　ウイスキーといえばサントリーである。コミュニケーション活動に際して優れた広告表現も多く、1973年には「オールド」のCM「顔」が好評を博した。その音楽に聞き覚えがある人は多いはずである。また、1980年代には、サントリーレッドのキャッチコピー「すこし愛して、ながく愛して」が人気となった。こちらを知っている人も少なくないだろう。これらの広告は、テレビというメディアの力をうまく利用していたといえるが、こうしてウイスキーに力を入れてきたサントリーにとって、今一度顧客との関係性を築きなおす必要性が生ま

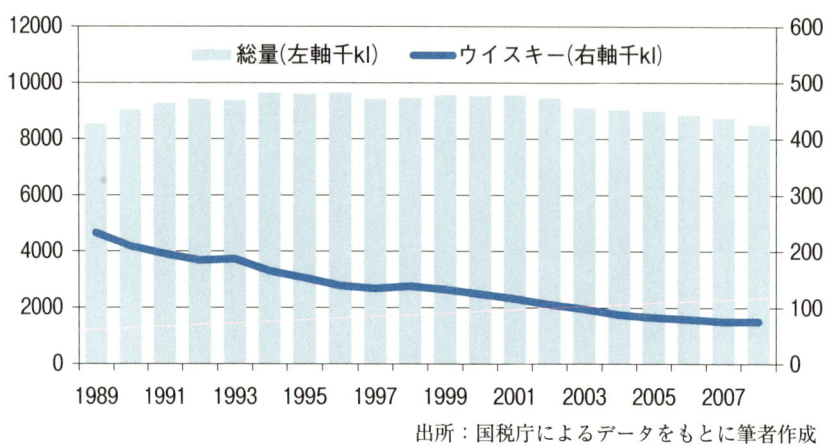

【図11-1　酒類販売（消費）数量の推移】

出所：国税庁によるデータをもとに筆者作成

れていた。

　2008年、営業現場からの声をきっかけにハイボールプロジェクトが始動する。ウイスキーは、ダウントレンドとはいえ、サントリーにとって極めて重要な意味を持っている。あきらめることなく、ウイスキーをこれまでとは違う形で、もっと今風に提供することができないか。「カジュアルな居酒屋で、一杯目から、気の合う仲間と、食事と一緒に、楽しんでもらえる」そんなウイスキーを考えることになった。そこで考えられたのが、ウイスキーを割って気軽に飲む方法であり、昔からあったハイボールの再提案であった。

　サントリーは、ウイスキーそのものが飲まれるシチュエーションを広げるため、「ハイボール」という飲み方を提案することに決めた。また訴求するブランドには、市場で根強い人気を保ち、ソーダ割に合う味わいの「角瓶」を選択した。ウイスキーをカジュアルに楽しませるという考えに、社内の一部では反発もあったが、テストマーケティングや営業サイドの支持を得ながら、ハイボールの企画は練られていった。

　実は、ハイボールによって市場の活性化を狙うアイデアは、1年前の2007（平成19）年にすでに生まれていた。当時、ウイスキー愛好家から新しい店舗を作りたいという依頼を受けていたサントリーは、業態開発部で、ハイボール

第11章 販促提案

をジョッキで飲むスタイルまで考えていた。2007年の夏には有楽町で「ウィッフィ」という店舗がオープンし、30代を中心にハイボールが人気を集めたのだった。

そうした背景もあり、ハイボールの本格的な提案にあたって、重要な接点と考えられたのは居酒屋をはじめとする飲食店であった。飲食店は、サントリーにとってウイスキーを購入してくれる顧客であるとともに、最終消費者に対する重要な情報発信の拠点となりうる。サントリーは、飲食店を実際にハイボールを見て、飲んで、そしてその楽しみを知ってもらう場所として捉えた。

サントリーは、飲食店の開拓にあたり、角ハイボール専用サーバーを備えたハイボールタワー店やハイボール樽詰め導入店といった、核となる取扱店を全国各地に作った。その核となる取扱店を通じて、一般消費者はもとより、他の飲食店に対してアピールを行い、ハイボールに協力してもらえる飲食店の数を増やしていった。

飲食店では、ハイボールの存在をうまくアピールできるようなシンボルとして、大きく2つの方法を提供した。1つは、先に述べたようにジョッキスタイルでハイボールを提供するようにした。これは、ビールやチューハイのように1杯目からごくごく飲むことができるということをアピールするためであるとともに、ハイボールという飲み方の斬新さを、それを見た人々にも気づいてもらおうとしたからであった。ビールと比較されても大丈夫なように、値段もビールより安く設定した。もう1つは、ジョッキにハイボールを注ぐサーバー「角ハイボールタワー」を、目立つように設置してもらうことにした。専用の機材を用いることで「角ハイボール」の味わいを均質的に提供できると同時に、サーバーが目立つことでアピールにもなり、サーバーからハイボールが注がれる臨場感も得られるというわけである。

その他にも、ハイボールに興味を持ってもらうべく、社員の名刺の裏には、「おいしいハイボールのつくり方」の手順を印刷して配布するようにした。この試みは、興味や認知度の向上だけではなく、おいしいハイボールのつくり方をしっかりと知ってもらうことによって、サービスのばらつきを防ぐという意

図もあった。サントリーでは、消費者調査の結果をふまえ、ウイスキーと炭酸ソーダの配合比について、１杯目から気軽に飲んでもらうためには１：４程度がもっともいい比率であると考えていた。しかし、この比率を各飲食店に統一してもらうことは容易でなく、その啓発活動が営業には求められたのであった。必要があれば直接飲食店に赴いて説明を行うとともに、セミナーまで開いている。

テレビCMも制作された。2008年には、テストを兼ねて、第１弾のテレビCMが制作される。「のど、乾きません？」というキャッチコピーのもと、女優がお店や自宅でハイボールを飲む映像であった。結果は好調であったものの、ターゲット設定が50、60代と以前のまま高めだったためか、若年層への食い込みが足りないと考えられた。

そこで、2009（平成21）年には構成を修正し、女優を店主に見立て、サラリーマンがハイボールをお店に飲みに来るというシーンをテレビCMに採用した。そこには、ただハイボールの飲み方を示すというだけではなく、「あったらいいな」と感じることができる飲食店や商品のイメージをつくろうという狙いがあった。

多くの消費者に広く訴求するテレビCMではあったが、一方で各地にローカライズするという意味を兼ねて、電波エリア別に31タイプの広告導入部分のコピーを用意したCMも制作された。例えば、北海道であれば、冒頭に一言「北海道の夜」と、石川であれば「石川の夜」と入れた。ちなみに、この方法は、飲食店のPOPでも採用されていた。

こうして、飲食店とテレビCMという２つの柱が出来上がる。この２つを押さえることで、ハイボールというウイスキー一般の飲み方が提案できるようになるとともに、サントリー角瓶が他のウイスキーよりも選択される可能性が高まった。特に飲食店を押さえたことで、自然とハイボールにはサントリー角瓶が使われるようになるからである。

❖ インターネットの活用

　インターネットでもさまざまな販促活動が試みられた。まず、飲食店紹介のサイトが用意された。消費者からすれば、どこに行けばハイボールを飲めるのかがわかるようになる。同時に、飲食店側にとっても、彼らの店舗のアピールに一役買うことになった。

　課題の1つとして、おいしいハイボールのつくり方を消費者に伝えていく必要があった。商品を飲んでもらうさいに、一番おいしい状態で楽しんでもらうという「飲用時品質」にこだわった。そこには過去の反省がある。80年代のウイスキーブームの際、飲用時品質がおろそかになったことが、消費者離れを招いた一因となったのである。

　そのための活動の1つとして、ブロガー・イベント「ハイボールナイト」が開催され、日比谷のバーに30名のブロガーが招待された。「すごいハイボールのつくり方」として、その内容はブログ記事になっただけではなく、15件の動画がYouTubeに投稿されたという。その動画は、半年で約30万回閲覧された。

　YouTubeについていえば、テレビCMと連動して、女優によるハイボールのつくり方ムービーが公開された。同じものはサントリーのホームページにも公開され、1か月で100万回のアクセスがあったという。このムービーでは、ただ作り方を放映するのみならず、「混ぜすぎてはダメ」と女優が叱るシーンが織り込まれているなど、エンターテインメント性にも注意が払われ、思わず口コミしたくするような仕掛けが用意されていた。

　YouTubeなどで練り込まれた動画を掲載することで、ひとたび人気が集まり始めれば、その動画を見て面白いと思った人々が口コミしながら影響が広がっていく。その広がりは、新聞や雑誌、あるいはテレビといったメディア報道との連鎖でさらに多くの人々に波及していく。

　もちろん、ただ動画を公開すればすべてがうまくいくわけではない。今では、YouTubeにしても数えきれないほどの動画がアップロードされている。おそらく、ほとんどの動画は注目を集めることなく消えているはずである。大事な

ことは、注目されるようにうまくコミュニケーション活動全体をコーディネートするということであろう。インターネット上では、情報をマスに向けて押し出していくというよりは、情報の流れを活性化できるように後ろから支援していくような姿勢が求められる。

　新聞や報道番組を重視したコミュニケーション活動を、しばしばパブリック・リレーションズ（PR）と呼ぶ。ハイボールという提案そのものが、PRに乗りやすい内容だったということも重要だろう。ハイボールは、冒頭に述べたように個別のブランドや商品ではなく、ウイスキーの一般的な飲み方である。巷でハイボールが好まれるようになっているという現象や情報は、それ自体企業色や広告色が薄いパブリックな内容として、新聞や報道番組も受け入れやすかったといえる。

　こうして飲食店への営業活動とテレビCM、さらにはインターネットを用いた販売促進活動や新聞やテレビといったメディアの報道が連鎖し、ハイボールの認知が加速度的に広がっていった。ハイボールは、みごとにウイスキー市場そのものを活性化しつつある。長年減少傾向にあった販売量も、2009年には25年ぶりにわずかながらとはいえ上昇に転じ、2010年には前年比で約2割増となり、さらに拡大を続けている。それ自体が、また1つの話題となり、テレビや新聞に取り上げられる。

　一般にも認知されるようになり、ハイボールのコミュニケーション活動は次の段階へと進んでいくことになる。サントリーは、家庭で手軽に美味しいハイボールを楽しめる「角ハイボール缶」を2009年に発売した。さらに、2010年には、より手軽にハイボールを楽しんでもらうために「トリスハイボール」の展開を開始した。「白州」「山崎」「ジャックダニエル」といったプレミアムウイスキーなどでも、ハイボール訴求が行われるようになっている。

3　販促提案の進め方

　販促提案を考えるにあたっては、さまざまなプロモーションを効果的に組み

合わせる必要がある。この組み合わせをプロモーション・ミックスと呼ぶ。一般的には、プロモーション・ミックスでは、テレビCMに代表される広告、営業活動の人的販売、クーポンなどのセールス・プロモーション、それから新聞などのパブリシティに取り上げられることをねらったPRが含まれる。

　ハイボールの販促活動を考えてみると、それぞれの要素がうまく行われ、全体的に整合性がとれていたことがわかる。営業活動による販促活動を通じて飲食店や小売店の店頭を押さえるとともに、テレビCMやネット広告を通じて消費者の認知を高める。これらの活動を通じてPRを促進させ、より大きなうねりを作り出していく。特に昨今では、インターネット上の口コミにアプローチできればますます販促活動の効果は大きくなる。後は、必要に応じてセールス・プロモーションを行いながら調整していけばよい。

　プロモーション・ミックスは、ターゲット顧客や他のマーケティング活動にもうまく適合している必要がある。先の第6章で考察してきたターゲット顧客や商品コンセプト、マーケティング・ミックスを思い出そう。いかにテレビCMが強力な効果を持っているとしても、ターゲットがテレビにあまり接触しないのであれば、テレビCMを用いた販促活動には意味がない。店舗でたくさん販促活動を行うという場合でも、そもそも店舗にターゲットが集まらないのであれば仕方がない。ビールやチューハイに対抗するポジションをとるとしても、手ごろな価格で提供できなければ、せっかくの販売促進活動も効果が半減してしまうだろう。

　こうした組み合わせは、一度にすべてをうまく決めるというわけにもいかない。できるだけ早く決めておく必要があることはいうまでもないが、それ以上に大事なことは、結果をよく見て修正していくことである。ハイボールの販促提案にしても、最初から成功が約束されていたというわけではあるまい。ただ飲み方を示すだけではなく、消費者に共感してもらうことが理解や革新につながるのだろう。このことは、ネットをはじめとして、消費者が自発的に活動することの意味が大きくなっている今日では、ますます重要になっている。

Column11 - 1

Rivingのケース─販促提案の実践

　3つの検証的調査で、商品コンセプトやプロトタイプの正しさを実感したRivingは、本章の進め方を参考に販促提案を考えた。

　とはいえ、家具業界の販促方法の理解をしていなかったので、まず競合の販促の仕方を調査した。その結果、企業サイトでの販促や、店頭での現物展示、店頭で配布するカタログが中心であることがわかった。さらには、最近ではFacebook、Twitterなどのソーシャルメディアを利用する企業も出てきていることがわかった。

　Rivingは、それぞれの販促方法を検討することにした。まず、企業サイトは顧客が自らアクセスした上で、当該商品を探さないと商品を知ることができない。そのため、サイト自体のアクセス数が高く、その中でメインに扱ってもらう必要があることがわかった。さらには、実際に見ることや触ることができないという問題もあった。その一方、企業サイトでは、商品の開発背景や詳細、さらに実際の使用シーンの画像なども提示できるので、商品の理解を深めることができることがわかった。先のコンセプト・テストで聞いた媒体では、企業サイトを挙げる回答者が最も多かった。

　次に、店頭での現物展示は、実際の商品を見たり触ったりできるという特徴がある。だが、商品の詳細情報の説明や、使用シーンを提示するのは、店頭では十分なスペースもなく簡単ではない。さらに、在庫として持たなければいけないので、売れ残りリスクという問題もあった。

　最後に、店頭で配布するカタログは、現物展示の商品の詳細情報を伝えるツールとなる。しかし、無料配布が基本となっているので印刷代などのコストの問題も大きいことがわかった。

　そこで、Rivingは、まずはメーカーである宇野木工のサイトにおいて販促を開始する案を考えた。そのサイトには、smart shelfのコンセプトをはじめ、商品の特徴、いくつかのアングルからの写真、壁付けや間仕切りとして使用している写真、詳細のサイズやカラー展開、素材、重さ、コンセプト・テストした結果を掲載するという画面案を作成した。

　さらに、それだけでなく、サイトに顧客を誘導するべく、ターゲットである大

> 学生がよく見るソーシャルメディアを中心に販促を行う計画をたてた。ソーシャルメディアは商品企画の最初の段階から展開していて、すでに200名を超えるファンを持ち、そこからの口コミも期待できた。ソーシャルメディアには商品情報の概要や、ユーザーとの意見交流した内容が掲載されていた。それらのソーシャルメディアとメーカーのサイトが連携しやすいように、メーカーのサイトに「いいね！」や「ツイート」ボタンを設置した。さらには、ソーシャルメディアの管理体制の案も作成した。

4 販促提案で気をつけること

　プロモーション・ミックスともに考える必要があるのは、メッセージとメディアの組み合わせである。メッセージとは、具体的な表現であり、メディアとは、そうしたメッセージを載せる媒体のことである。例えば、「ハイボールを飲もう！」というメッセージを、テレビというメディアに乗せて人々に伝達する。インターネットというメディアに乗せる。同じメッセージであっても、メディアに応じて、その伝達の成果は異なってくるだろう。それはメディアに触れるセグメントが異なるというだけではなく、同じセグメントであっても、異なった意味を受け取る可能性があることを示している。誰かに「好きです」という思いを告白するというとき、電話で伝えるのか、メールで伝えるのか、それとも直接会って伝えるのかによって、当然成否が変わると思うだろう。同じことである。

　メッセージは、商品コンセプトに応じて、商品やサービスの技術的で客観的な特性を伝えることもできれば、情緒的な特性を伝えることもできる。たとえば、パソコンの液晶画面のよさをメッセージとして伝える際にも、技術的に伝えようとすれば、10インチや14インチといった数字を中心にすればよい。一方で、情緒的な特性を伝えようとするのならば、大画面の迫力や美しさなどについて、実際の映像を用いるなどして伝えていく必要があるだろう。もっと別に、競合との違いを伝えることも、あるいはブランド全体としてのイメージを伝え

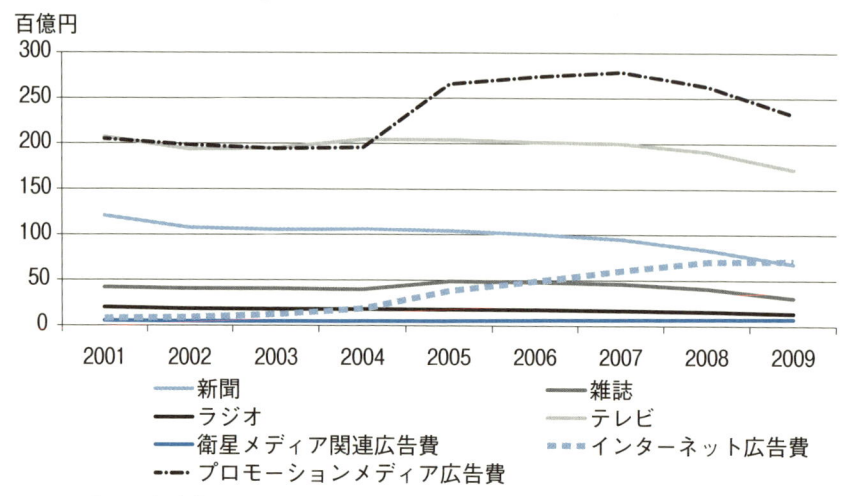

【図11-2　媒体別広告費】

※　2005年より推定範囲が変更されているため、特にプロモーションメディア広告費の数値がそれまでに比べて高く算出されている。
出所：『日本の広告費2010』をもとに筆者作成

ることもできる。これらは、いずれも目的に応じて選択する必要がある。

　メッセージの選択はもちろん重要な問題だが、それ以上に、今日ではメディアの選択が重要になっている。メディアは、長らく4媒体といわれてきた。ラジオ、新聞、雑誌、テレビである（規模からいえば、これに屋外広告、交通広告、DM、フリーペーパー・フリーマガジン、展示・映像などのプロモーションメディア広告費が入る）。近年では、これに新たにインターネットが加えられる。5媒体目としてすっかり定着したインターネットは、2007年時点で、ラジオと雑誌を抜いて第3位の広告量となった。2009年には、ついに新聞も抜いて、テレビに次ぐ広告量となっている（図11-2参照）。

　現場での販促活動を行うにあたっては、基本的なメディアの設定はもとより、メッセージを効果的に発信できる多様なメディアの存在に注目しなくてはならない。そして、多様なメディアがうまく連動することを狙う。例えば、テレビで顧客の認知を高め、雑誌やネットで詳細な情報の提供を行う。同時に、新聞

Column11 - 2

インターネットと口コミ

インターネットが普及し、特にソーシャルメディアを利用する人々が増えた今日、口コミのインパクトが改めて見直されるようになっている。企業と顧客の間ではなく、顧客間で広がっていく口コミは、質・量ともに、販促提案にとって見逃すことができない。

今日の口コミの量的効果としては、いうまでもなくその伝播の早さや広がりが期待される。FacebookやTwitter、あるいはYouTubeに掲載された情報は、「いいね！」ボタンや「ツイート」、「評価」といったソーシャルメディアに備え付けられた機能によってただちに伝わっていく。

質的効果としては、信ぴょう性の獲得が期待できる。友人からの情報は、見ず知らずの人からの情報に比べれば好意的に評価しやすい。企業からの情報よりも、信じるに足ると思う人々も多いだろう。同じ内容であっても、誰から伝えられるのかによって評価が変わる。

一方で、ネット上での口コミを期待する場合には、大きく2つの点に注意する必要がある。第1に、口コミをコントロールすることは難しい。ポジティブな内容だけではなく、ネガティブな内容が伝播していく可能性もある。むしろ、ネガティブな情報ほど伝播しやすいともいわれている。ポジティブな情報を広めようとする活動も、結局ネガティブな形で捉えられて広まってしまうかもしれない。

当然、ひとたびネガティブな情報が伝播し始めた場合には、迅速な対応が求められる。一般に、苦情はその対応によって評価がわかり、最終的にはむしろポジティブな評価へと変わることがある。

もう1つは、より初歩的な問題として、ポジティブな評価はもちろん、ネガティブな評価すら広がらない可能性がある。ひとたび広がり始めれば、口コミの力は大きいといえるが、ほとんどの情報は広がりもしないことが通常である。これは、口コミを期待するにあたっては、最初のつくりこみや、口コミを広げていくための活動が必要であることを示している。

や口コミを通じて情報の信ぴょう性を高め、メディアを連動させることで、より顧客に強くアピールできる形を整えていく。

5 おわりに

　販売促進活動は、ただお金をかけて芸能人を起用すればいいというものではない。短期的には注目を集められるかもしれないが、当の販売提案の試みとしては不十分である。長期的な視点に立ち、目標やアプローチの方法を明確に考える必要がある。

　具体的なアプローチに際しては、プロモーション・ミックスを念頭に置きつつ、メッセージとメディアを考える。プロモーションは1つではないし、ましてやテレビCMのようなマス広告がすべてというわけでもない。逆に、インターネット時代だからといっても、ネットで販売促進しただけで大きな成果を見込むことは難しいだろう。繰り返していえば、ターゲット顧客、商品コンセプト、マーケティング・ミックスとの整合性を考えた上で組み合わせていくことが肝要である。

　優れた販促提案は、やがてPRとしてテレビや雑誌に取り上げられるかもしれない。あるいは、インターネットを中心としたユーザーに取り上げられ、口コミとして伝播していくかもしれない。自分たちが行った活動に広がりがでてくればしめたものである。今度は、こうした広がりを新たにマネジメントする必要が生まれる。これはこれで、難しい問題かもしれない。自社のコントロールが及ばないメディアが重要になっているということだからである。しかしいずれにせよ、まずは自分たちのできる範囲をすべて押さえることから始めばよい。

❓ 考えてみよう

1．身の周りにある商品やサービスの実際の販促方法を考えてみよう。

2．メッセージとメディアを組み合わせることの重要性を考えてみよう。

3．インターネットを活用した販促方法を考えてみよう。

次に読んで欲しい本

岸志津恵・嶋村和恵・田中洋『現代広告論　新版』有斐閣、2008年。
田中洋・清水聰『消費者・コミュニケーション戦略』有斐閣、2004年。

第12章

価格提案

1　はじめに
2　パステル「なめらかプリン」の価格提案
3　価格提案の進め方
4　価格提案で気をつけること
5　おわりに

◆第Ⅳ部　企画書作成

1 はじめに

　新しい商品を企画した場合、その価格はどのように決定すべきか。その商品自体が非常に魅力的だとしても、価格が高すぎては、顧客は買わないだろう。ならば、できるだけ買いやすくするために、価格を安く設定すればいいのだろうか。しかし、商品を顧客に提供するためのコストを価格が下回っては利益を出すことができないし、「安かろう悪かろう」といわれるように、価格が安い商品に顧客がよいイメージを持たない場合もあるだろう。この章では、新商品の価格設定について、特に「原価企画」という考え方を中心に学んでいこう。

　原価とは、商品を製造し、販売するまでにかかるコストのことである。実は、商品企画においては、設計図が完成した時点で、原価の9割が確定するといわれている。顧客にとって魅力的な価格設定をするためにも、また実際に販売した時に十分な利益を確保するためにも、原価をどのように設定するかを考えることは、商品企画において重要である。本章で学ぶ「原価企画」とは、商品企画を始める時点から原価を意識するという考え方だ。実際に市場で発売した時に、本当に顧客にとって必要とされる商品を企画するためには、商品コンセプトや機能を考えるだけでは十分だとはいえない。原価を削減しながら、どのように商品を作り込むかを考えることが、新商品の開発を成功させる上で重要になるのである。

2 パステル「なめらかプリン」の価格提案

　皆さんが、たとえばプリンを買おうとする時、いくら位なら妥当な値段だと感じるだろうか。総務省が実施している「小売物価統計調査」によれば、プリン1パックの代表的な価格は、85〜110円（2011（平成23）年4月時点）である。ならば、200円以上のプリンは高すぎるだろうか。でも、話題のパティシエの作ったプリンならば、500円くらい支払っても食べたいと思うかもしれな

【写真12-1　パステル「なめらかプリン」】

写真提供：チタカ・インターナショナル・フーズ株式会社

い。ここでは、商品の価格をどのような考え方のもとで決定すべきかについて、「パステル」のデザートの商品企画プロセスの事例をみていこう。

　取り上げるのは、チタカ・インターナショナル・フーズ株式会社（以下、チタカ）という企業である。チタカは、「パステル」というブランド名で、レストランの展開と、「なめらかプリン」をはじめとする、カップデザートやケーキの店頭販売を行っている。2010（平成22）年4月1日現在で548名の社員を擁し、204の店舗と5か所の工場を構える。売上高は、2009年3月期の実績で238億円である。

　1994年（平成6年）に店頭発売された「なめらかプリン」は、1日15,000個も売れる、同社のヒット商品だ。一般的なプリンの価格100円前後と比較すれば、1個294円と高価格であるが、売上は好調だ。1998（平成10）年に東京・恵比寿の店で周囲のタレント事務所などの口コミで大ヒットし、売上高は16億円から2000年には53億円に拡大した。さらに2010年6月に新発売された、"至上のプリン"「なめらかプリン『極』（きわみ）」は、1個525円という高価格にもかかわらず、1日に2,000個以上を売り上げ、途中からは容器の生産が追いつかないほどの人気を博した。

◆◆◆第Ⅳ部　企画書作成

【写真12-2　パステルの店舗】

写真提供：チタカ・インターナショナル・フーズ株式会社

① デザート市場の特性と2つの「カンパニー」

　デザート市場は、商品のライフサイクルが数か月と極めて短い。またパステルでは、「まっすぐなおいしさを最高のタイミングでお届けしたい」という思いで、「季節感」「素材感」を大切に、「新しい発見」と「ユニークさ」を顧客に届けることをテーマに、デザート作りを行っている。そのため、「なめらかプリン」のような定番商品に加え、2～3か月ごとに新商品の企画が行われる。

　チタカでデザートの新商品企画と販売の役割を担っているのは、同社の「パステルカンパニー」である。まず、パステルカンパニーに属する「パステルデザート商品開発課」が、新しい商品の企画・開発を行う。開発された新商品は、「パステルDFカンパニー」（以下、DFカンパニー）に属する各工場が製造し、それをパステルカンパニーに属する全国のパステルの店舗が仕入れて販売する、という流れである。したがって、どのような商品を作って、いくらで、どのように販売するか、といったマーケティング・ミックスに関わるすべての意思決定は、基本的にパステルカンパニーの商品開発課が受け持っている。

② 新商品の価格設定

　パステルの新商品の価格提案も、商品開発課の仕事である。それは、大きく2つの情報に基づいて行われる。1つは、競合企業の価格設定も含めた、洋菓子市場の動向に関する情報である。そうした市場の中で、新たに開発した商品がどのようなポジショニングを狙うのかによって、魅力的な価格は変わってくる。もう1つは、コストの情報である。販売価格は、原材料費や人件費といった製造に必要なコスト、開発費や店舗の運営、営業、広告等にかかる販売のコストを賄って、かつ利益が出るほど高く設定されなければ、販売する意味がなくなってしまう。

　そこで、価格設定を考える場合、商品開発課は、まず、レシピに基づいた材料費や、工場で作るのにかかる時間を計測して労務費を割り出すことによって、その新商品を作るための1個当たりのコスト（＝標準原価）を設定する。チタカの企業内では、それぞれのカンパニーが独立の利益責任を負う単位になっており、DFカンパニーが製造した商品を、販売を担うパステルカンパニーに卸す、という社内の取引関係がある。つまり、パステルカンパニーでは、顧客への販売価格から、DFカンパニーからの仕入値および開発・販売にかかるコストを引いた額が、利益となる。それに対し、DFカンパニーでは、パステルカンパニーへの卸価格から、製造コストを差し引いた額が利益となる（図12－1

【図12－1　パステルのデザートに関する価格とコスト】

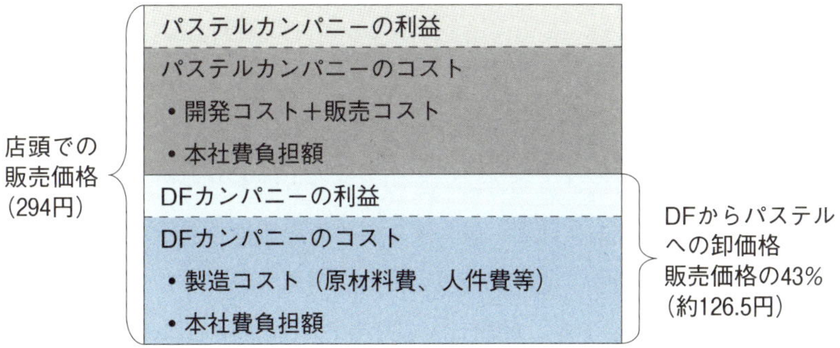

店頭での販売価格（294円）
- パステルカンパニーの利益
- パステルカンパニーのコスト
  - 開発コスト＋販売コスト
  - 本社費負担額
- DFカンパニーの利益
- DFカンパニーのコスト
  - 製造コスト（原材料費、人件費等）
  - 本社費負担額

DFからパステルへの卸価格
販売価格の43％
（約126.5円）

出典：筆者作成

参照)。パステルカンパニーへの卸価格は、カップデザートの場合は、顧客への販売価格の43％、ケーキの場合は60％と決められているため、製造コストが大きくなればなるほど、DFカンパニーの利益が少なくなってしまうという関係がある。

　③　「カンパニー」間の調整

　パステルカンパニーの商品開発課は、できるだけ顧客にとって魅力的な商品を提供しようとする。つまり、他のメーカーにはない、見た目が華やかで目新しいデザートを、妥当な販売価格で売りたいと考えるだろう。一方、そうした目新しい商品を作るためには手間がかかることが多く、従来とは異なる原材料や生産ラインを必要とするため、製造コストは跳ね上がるおそれがある。そうなればDFカンパニーの利益が圧迫されてしまう。したがってDFカンパニーは、逆に、製造コストを抑えて利益を上げるために、今までの工場の設備やノウハウを利用して製造できる、原価率が低い商品を望む。こうした原価率に対する2つのカンパニーの異なる考えによって、開発（パステルカンパニー）と製造（DFカンパニー）はしばしば衝突することがある。

　新しい価値をもった商品を企画できたとしても、その分だけ販売価格を上げることができなければ、結局は原価率が高くなってしまう。そうなれば、目標利益を確保できないため、商品化自体が不可能になってしまうだろう。従来にはない新しい商品企画の場合は、いかに原価率を抑えるかの工夫が不可欠となる。

◆◆◆ 利益を確保する改善活動

　それではパステルの新しいデザート開発では、DFカンパニーが、製造原価を賄って利益を十分に上げるために、どのような方法をとっているのだろうか。

　第1の方法は、最終的に顧客が購入する時の販売価格を上げることである。チタカでは先に見た通り、まず開発段階で商品開発課が製造コストを見積もった上で販売価格を算定する。ただし、こうした販売価格の決定については、「デザート会議」という場で、営業、工場、マーケティング、衛生管理を含む、

すべての部門の責任者に対して説明される。新たな原料や製法により、製造コストが高くなってしまう商品では、DFカンパニーに対して、商品のポジショニングや戦略に関する説明が行われ、本当にその新しい要素が必要なのかが検討される。その結果、商品開発課での原価見積りでは製造できないとDFカンパニーが判断した場合は、最終的な価格が修正されることもある。ただし、その場合には、高くなった価格に見合うだけの価値を、顧客に認めてもらわなければならない。たとえば顧客に、値段が高くなるなら従来の商品でよい、と思われるようなら、新商品は失敗に終わるだろう。逆に、もし新商品が従来のデザートにはなかった魅力的な価値を提供し、差別化されたポジショニングを実現できる場合には、顧客はより高い価格でも喜んで支払うかもしれない。

　第2の方法は、そもそもの製造コスト自体をできるだけ引き下げる努力をすることだ。ここでは、まずどのコストを下げるべきか、優先順位を考えることが大切になる。たとえば、単純に考えれば、材料の質を下げればコストを抑えて利益を上げることができるが、その分商品の品質が下がってしまうため、デザートの味や品質を重視しているパステルでは、材料の質を落とすやり方をとるのは難しい。そのため、品質や衛生は最優先に考えながら、いかに無駄をなくしていくのか、を考えなければならない。

　そうした中、2008年から、DFカンパニーとパステルカンパニーが協働して、「原価低減プロジェクト」が毎年実施されている。もともとDFカンパニーが立ち上げたこのプロジェクトは、コスト低減と利益拡大のあらゆるアイデアを現場から募集し、それを検証・実行するというものである。デザートの製造コストは、原材料となる食材の費用と、実際に製造作業を行う人たちの人件費から構成されている。食材の調達に関しては、見積もりをもとに、販売価格との関係から適した食材が決定される。人件費については、作業工程別に、1個当たり何秒かかるかを実際に測定し、それに製造個数を掛け合わせて実作業時間を積み上げる。こうして、1個当たりの製造コストを計算することができる。

　このうち、原材料費については、たとえばカットケーキのスポンジ生地では、必ず削ぎ落とす部分が出てくる。この無駄になる部分ができるだけ少なくなる

よう、形状や工程を工夫することによって、1個当たりの原材料費はわずかでも抑えることができる。

　人件費についても、作り方を変えたり、工程の無駄を省いたりすることによって、抑える工夫ができる。たとえば、カスタードクリーム1つとっても、これまでは商品ごとに異なるレシピや材料を使った複数の種類のカスタードクリームが作られてきた。しかし、顧客にとって、そうしたクリームの味の違いが些細なもので、価値の違いをもたらさないのであれば、わざわざ分ける必要はない。類似したものは同じレシピに統合することによって、手間を省き、製造コストを低減することができる。また、当時チタカでは、原材料に40種類ものチョコレートを使っていた。チョコレートによって、溶けやすさや苦味の種類が微妙に異なるため、開発のたびに一番よいものを採用したのである。しかし、材料の種類が増えるほど、在庫も多くなり、人件費もかかってしまう。そこで、工場から開発部門に対して、食べ比べてみた時に味がほぼ変わらない場合には、より安い材料に統合することを提案し、種類を半分に減らすことに成功した。

　さらに、こうした無駄をなくし原価を抑えるための取り組みから、新商品のアイデアも生まれている。従来、余ったケーキのスポンジ生地はゴミとして廃棄されていたが、これを活かすためのアイデアを全工場に募集したところ、九州工場が提案したラスクが非常に美味しかったので、店頭で商品として発売を始めた例もある。

　こうしたカンパニーの壁を超えた取り組みによって、2008（平成20）年度は、実に目標経常利益のおよそ30％のコスト低減が実現された。

3　価格提案の進め方

❖ 売って儲かる商品企画

　どんなによい商品を開発することができたとしても、売っても利益が出ない

商品は企業にとって失敗作である。企画された商品は、販売までこぎ着け、さらに利益を生み出すことができなければならない。そのため、商品企画を行う際に、あらかじめコストを意識した商品企画を行う必要がある。コストを無視した商品企画は、製造段階において予期せぬコストが発生したり、コストが高すぎて販売することが困難であったり、たとえその商品が販売されたとしても利益を生み出せずに、早々に市場から撤退となったりすることにもなりかねない。

それでは、商品を販売することから利益はどのように生み出されるのだろうか。別の言い方をすると、どうすれば利益を出せる商品を企画することができるのだろうか。利益は、商品の売上高から、商品の製造・販売のコストからなる総コストを差し引くことで計算される。したがって、企業にとっての目標利益が設定されているなら、以下のようにコストが決定される。

　　総コスト＝売上高－目標利益

目標利益を達成する商品企画を行うために、以下の2つの視点から価格戦略を考える。

❖❖ 顧客の価格受容度と市場競争

① 需要の価格弾力性

まず、利益を増加させようと商品価格を上げても、利益が増えるとは限らない。なぜなら、商品価格の上昇は顧客の需要を減少させ、販売数量が減少する可能性があるためである。この関係を、「需要の価格弾力性」という。たとえば、生活必需品は、価格の変化と需要の変化がほとんど無関係であるため、需要の価格弾力性は小さい（1以下）。しかし贅沢品は、価格の上昇が大きな需要の減少をもたらす可能性があり、需要の価格弾力性が大きい（1以上）。したがって、商品企画を行う際に、通常考えられる価格よりも高い価格をつけるのか、他企業と同じ価格で競争するのか、低価格戦略による大量販売を行うのかの戦略を決めるためには、販売価格の上昇がどの程度の販売数量の減少を伴

うのか、を市場調査により明らかにする必要がある。

② **価格と商品差別化**

　競合企業が多く存在している市場で商品企画を行う場合、他企業が発売している同種の商品価格が1つの参照点となる。同品質・同機能の商品であれば、顧客は少しでも安い商品を選択するはずである。したがって、他商品よりも高い価格で商品を販売する場合は、商品を差別化する必要がある。一方、顧客が欲しい商品を販売している企業が1社しかないという、独占企業の場合であれば、その顧客はその売価で商品を購入するしかないため、独占企業にとって販売価格はある程度自由に設定することができる。

　しかし、複数の企業が同様の商品を販売しており、顧客がどの企業の商品を購入するのかを選択できるのであれば、商品価格は顧客にとっても企業にとっても非常に重要となる。したがって、商品企画を行うときに、先のケースのように代替的な商品が存在しないオリジナリティのある商品(「なめらかプリン『極』(きわみ)」のような商品)を開発するのであれば、コストに利益を上乗せした価格をつけて販売すればよいのだが、代わりとなる商品を販売するライバル会社が存在するようなときには、商品の価格が顧客の購入行動に影響を与えるため、価格設定は重要な問題となる。なぜなら、ライバル会社の商品よりも高い値段をつけるのか、安い値段をつけるのか、同じ値段で勝負するのかが、商品の売上に直結するからである。つまり、代替品が数多く存在している競争の激しい市場では、需要の価格弾力性が高く、価格の増加は大きな需要の減少をもたらすため、商品価格は企業の売上を決める重要な要素となるのである。

　代替的な商品を製造している競争相手の商品価格よりも、高い価格をつける場合は、それに見合った追加的な機能や品質が商品に加えられ、その機能・品質を加えるコストが、価格上昇分より小さいことが必要となる。ここで競争相手となる商品は、企業ではなく顧客が決めることであるため、商品企画の段階で適切な競争相手となる商品を見つける必要がある。もちろん、代替商品が存在しないような商品を企画する場合は、このような心配をする必要はない。顧客の需要を考慮して、予想販売数量を達成するような価格を決定するために、

製造・販売コストに目標利益を上乗せして決めることができる。

❖❖❖ 商品機能を実現するコスト

① コスト構造

マーケットのシェアを増加させることができない場合、目標利益を達成するためには製造・販売コストを削減する必要がある。利益を出す仕組みを理解するためには、まず商品を販売するまでに必要なコストを考えなければならない。商品の原材料のみならず、商品を開発するための研究開発費、商品を作るための原材料費、商品を作る従業員への給料、商品を作る工場の減価償却費やそこで利用される電気・ガス・水道代など、すべてのコストを考慮して価格を決定し、商品を販売することで始めて利益が生み出されるのである。

このような商品の販売までにかかってくるコストの大部分は、商品の企画と設計の段階で決定されているのである。したがって、商品企画をする際には、商品の開発プロセスが進むにつれて発生してくるコストを考慮した、商品企画を行う必要がある。企画段階でコストを考慮せず、製造部門や販売部門でいくらコスト削減に取り組んだとしても、抜本的なコスト削減は不可能なのである。

② 商品企画と目標コスト

新商品の企画を行う場合、既存商品との差別化や、新たな機能を追加するためのコストを考慮し、商品企画のための目標コストをどのように達成すればよいのか、を考える必要がある。顧客に提供する新たな機能を、最低のコストで確実に達成するため、商品やサービスの機能分析を行わなければならない。商品は機能の集合体であると考え、その機能を達成するための最小のコストを明らかにし、顧客から見て不要、無用、あるいは過剰な機能を排除する。そうすることにより、顧客がその商品から得られる満足度を最小のコストで達成し、商品の価値を最大にすることができるのである。

商品を企画するときに、顧客がその商品に期待する最低限の機能に加えて、新たな商品に顧客が期待するさまざまな機能を把握して、その中で実際に、どの機能を顧客が重視しているのか、を確定する必要がある。たとえば鞄の場合、

最低限の機能として、物が入り、運べるといった機能がある。そして新商品の企画として鞄に追加される機能を考え、その機能を達成するための商品構造などをデザインし、顧客が望む機能を最小のコストで達成する。つまり、追加的な機能を付加するために必要なコストの最小化にとって、最も重要なことは、企画する商品がもつ機能を決める、ということである。

③ プロトタイプとコスト算出

設計図すら存在しない段階で商品企画を行う場合、商品の機能を定量的に把握することは困難である。そこで、商品の新たなアイデアが一定のコストで実現可能かどうかをチェックする必要がある。第7章でみたようなプロトタイプ（試作品）をさまざまな角度から検討し、新たなアイデアを実現するためのコストを、ある程度定量化しておく必要がある。商品に新たに加えられる機能が、既存商品と比べてどの程度のコストを追加するものであるのか、その機能を顧客はどれだけ評価するのか、を考えなければならない。プロトタイプを用いることにより、新機能に対する顧客の評価と、追加的なコストを定量化し、さらなる検討を行うことにより、商品企画段階において加えられる機能を達成するための目標コストを作り込むことができる。では、商品を製造・販売するために必要となるコストにはどのようなものがあるだろうか。

④ 損益分岐点

商品を製造するためのコストは、大きく固定費と変動費に分類される。固定費とは、商品の製造量とは無関係に必要となるコストであり、試作品費や商品を作成する金型の減価償却費、研究開発費、広告宣伝費などが含まれる。変動費とは、商品の製造量に伴って増加するコストであり、代表的なものが商品の原材料費がある。固定費と変動費の合計が総製造コストとなり、この総製造コストと売上高が等しくなる点を「損益分岐点」という。この損益分岐点を達成するために必要な売上数量のことを「損益分岐点売上数量」と呼ぶ（図12-2参照）。もちろん、この損益分岐点売上数量が少ない商品ほど、少数の売上で利益をもたらすことができる商品であるということである。

商品の価格を変更することなく利益を出すためには、固定費と変動費のどち

第12章　価格提案

【図12-2　損益分岐点】

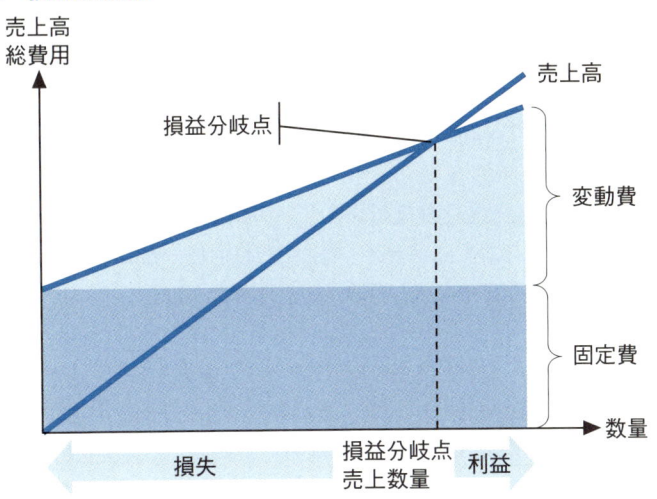

出所：筆者作成

【図12-3　固定費削減の効果】

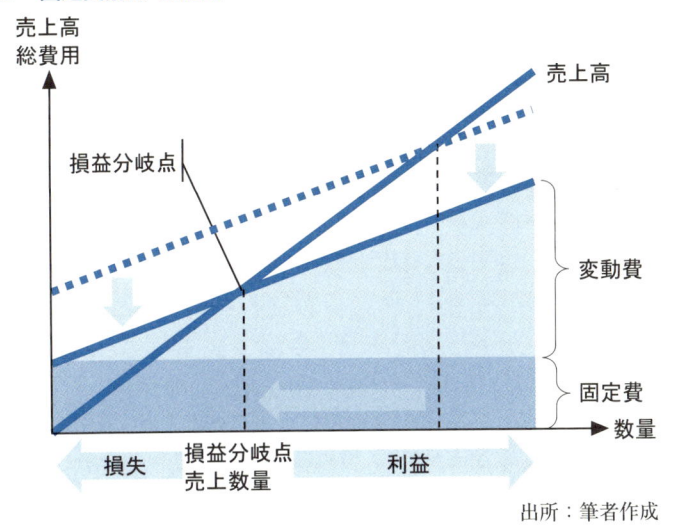

出所：筆者作成

らか、あるいは両方を削減する必要がある。例えば、商品の製造に必要な金型の数やプロトタイプの数を減らすことができれば、固定費を削減することがで

> **Column12 - 1**

Rivingのケース―価格提案の実践

　販促提案を考えたRivingは、本章の進め方を参考に、smart shelfの価格設定の提案を考えた。進め方にあるように、まずターゲット顧客の価格受容性を検討した。競合商品の価格を再度確認すると、多様な価格帯が存在していることに改めて気づいた。より詳細に見ると、本体が化粧合板の棚については7,000円くらいの価格帯から商品があるが、対象となる天然木の棚だと2万円以上のものが多かった。

　だが、メンバーは、大学生向けの商品であることを考えると、天然木であっても2万円までの価格が望ましいと考えた。smart shelfは、オリジナリティが高く差別化できているものの、市場には多くの商品があり、その中でsmart shelf自体にブランド価値はなく、優位性が高いわけではなかった。先に実施したコンセプト・テストでも、購入意向のある顧客は、価格は見合っていると答えており、仮に付けた19,800円という価格は妥当であるように思えた。こうして、Rivingは、市場の他企業より低めの価格設定を提案することにした。競合は多いものの可能性がある魅力的な価格である。

　一方、コスト側からも価格を考慮した。提案前でありメーカーにおける固定費や変動費などの正確なコスト構造はわからないものの、試作品時点での、原材料や金具のコスト、作業時間などから、おおよその原価を計算し、メーカー利益と自分たちの利益を乗せた価格を計算した。その結果は予想より高い価格であったので、さらにコストを下げられる方法はないかとメンバーは考えた。いろいろ考えた結果、消費者が自ら組み立てるノックダウン方式を採用することにした。この方式だと、パーツやネジなどの材料は必要だが、組み立て費用や送料を下げることができる。

　双方の利益も見直して再度計算した結果、2万円弱の価格は妥当性があるように思えた。もちろん、順調に売れて、家具の生産量が大きく増えれば、コストは大きく低減され双方の利益も増える。こうして検討した結果、Rivingは、smart shelfの価格を19,800円で提案することにした。

きる。つまり、図12－3のように損益分岐点が左にシフトし、損益分岐点売上数量が少なくなるため、利益が出やすい商品となるのである。

　まとめると、商品企画を行う場合には、新たに追加する機能を最小のコストで達成するための目標となる原価を設定する必要がある。顧客が期待する機能を最小のコストで達成することができる商品企画を行うことにより、代替品と比べて有利なコストで商品を製造することができる、あるいは損益分岐点売上数量を低下させることができるため、利益を出せる商品を作ることができるのである。

4　価格提案で気をつけること

　価格提案において気をつけることは、第1に、顧客の価格受容度である。つまり企画する商品は、価格を増加させることで需要が減少する商品であるのか、あるいは増加する商品であるのか、そして企画する商品がどのような競争環境の市場で販売されるのか、ということを、商品価格を決定する際に、最初に気をつけなければならない。他の商品とは大きく差別化されているなら、独占的な価格提案を行うことができる。しかし、非常に競争の激しい商品群に新商品を投入するなら、他商品との価格差別をどのように行うのかが、非常に重要な戦略となる。

　第2に、新商品企画において既存の商品から追加された機能が、最小のコストで達成されているかどうかである。機能を追加することによって部品点数が増える、製造の手間が増える、運搬のコストが増えるといったことがあれば、原価企画によるコスト低減の可能性が残っている。

　第3に、生産量の決定である。固定費は、生産量を増やすことで商品1個当たりに割り当てられる金額が減るため、規模の経済が働く。逆にいえば、小ロット生産の商品を開発する場合は、大量生産できる商品よりもコストが高くなる。よって、新たに企画する商品コストは、市場規模と予想される販売個数を考慮して決定しなければならない。

Column12-2

コスト決定曲線

　商品企画において、商品の設計図がいったん描かれれば、商品の製造コストの大部分、通常は70%から80%、商品によっては、ほぼ100%確定してしまうといわれている。実はコストの発生原因の多くが商品企画のごく初期段階で確定し、設計図が描かれた時点でほぼ確定してしまっていることが知られている。この関係を示したのが、次のコスト決定曲線である。

【図12-4　コスト決定曲線】

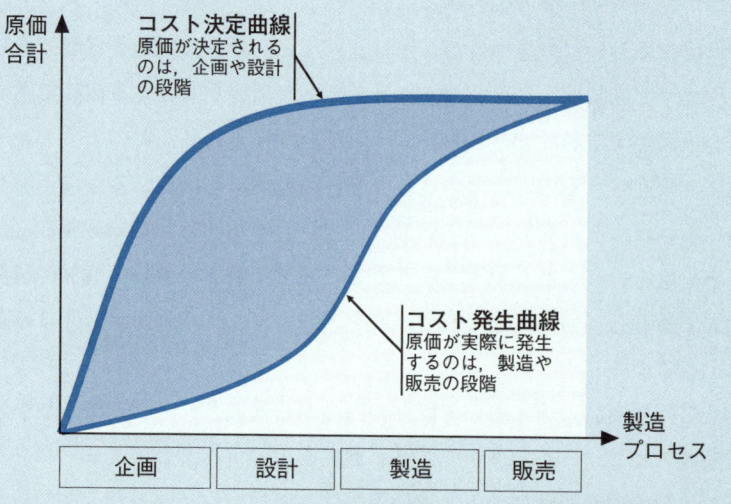

（縦軸：原価合計／横軸：製造プロセス　企画→設計→製造→販売）

- コスト決定曲線：原価が決定されるのは、企画や設計の段階
- コスト発生曲線：原価が実際に発生するのは、製造や販売の段階

出所：加登（1993）

　商品企画の初期段階で、材料費はもちろん、組み立ての工程、商品の販売方法や流通方法といった商品の製造・販売コストを考慮した企画を行い、商品が持つ機能を最小のコストで達成する商品を開発しなければならない。製造段階の後半では、ほとんどコスト削減はできなくなってしまうため、商品企画の初期段階におけるコストの考慮が重要なのである。

5　おわりに

　この章では、商品企画における価格設定の考え方について学んできた。実際の商品企画プロセスにおいては、目標原価を設定し、コストをいかに削減するかを考えることも、商品企画の重要な要素である。まず、商品の企画段階から、商品を販売するまでに必要なコストを考え、価格を決定しなければならないことを、原価企画という考え方によって学んだ。

　次に、顧客がその商品から得られる価値を、最小のコストで達成し、商品価値を最大にする必要があることを学んだ。そのためには、顧客がその商品に期待する機能を定義し、その機能からみて不要なコストを排除するというのが一つの方法である。また逆に、新たに追加された機能がどれほど商品価値を向上させ、差別化を実現できるかを把握できれば、その分だけ販売価格を上げるという方法も考えられる。

　価値ある商品を企画するためには、顧客にとって便利な機能や魅力を追加することと、そのことで増加してしまうコストを削減することの両方が重要である。そのため、商品が販売される市場の競争の程度や、市場規模、マーケティングによる販売個数予想といった情報は、商品原価を考える上で必要な情報である。このような活動全体をふまえて、商品価格と商品原価とのバランスをとりながら、売って儲かる商品を作成するために価格提案を考えることが重要なのである。

❓ 考えてみよう

1．同じ商品カテゴリーの価格の異なる商品に、どのようなものがあるか考えてみよう。

2．そのうちの2つの商品を比較して、商品の原材料や部品数などを比較して

みよう。

3. 特定の商品市場を1つ選び、市場規模、主要な商品、競争関係について調べよう。そして、それらの要因が、各社の価格提案にどのような影響を及ぼしているかを考えてみよう。

参考文献

加登豊『原価企画―戦略的コストマネジメント』日本経済新聞社、1993年。
上田隆穂・守口剛『価格・プロモーション戦略―現代のマーケティング戦略②（有斐閣アルマ）』有斐閣、2004年。

次に読んで欲しい本

田中雅康『原価企画の理論と実践』中央経済社、1995年。
上田隆穂『ケースで学ぶ価格戦略・入門』有斐閣、2003年。
白井美由里『このブランドに、いくらまで払うのか―「価格の力」と消費者心理』日本経済新聞社、2006年。

第13章 チャネル提案

1 はじめに
2 花王「ヘルシア緑茶」のチャネル提案
3 チャネル提案の進め方
4 チャネル提案で気をつけること
5 おわりに

◆◆◆ 第Ⅳ部　企画書作成

1　はじめに

　花王株式会社（以下、花王）は2003（平成15）年3月19日、体脂肪低減効果がある茶カテキンを高濃度で配合した飲料「ヘルシア緑茶」を、関東甲信越の1都9県のコンビニエンス・ストア（以下、コンビニ）を中心に発売、飲料事業に参入すると発表した。市場関係者の中には、飲料メーカーが見落としていた健康価値をうまく商品化したと評価するものもあったが、販売経験のない商品をどのように売るかを心配する声もあった。

　花王はトイレタリーや化粧品を主力事業としており、これらの商品は一度購入すれば使い切るのに1か月ほどかかるものが多く、飲料は毎日のように購入される商品であり、購買頻度が異なる。さらに使用シーンやターゲット顧客も異なり、飲料は花王にとっては販売経験の蓄積がない商品であった。

　ヘルシア緑茶は、それまでになかった価値を提供するよい商品であったが、よい商品が必ずヒットするとはかぎらない。売り方を間違えば売れなくなり、また売り方を工夫することで売上げをさらに伸ばすことができる。ユニチャームが、従来は対面販売方式の薬局でひっそり売られていた生理用品を、明るく公然と売る商品として、セルフ販売方式のスーパーにチャネルを変えて大ヒットさせたように、商品コンセプトに合った「売り方」は、マーケティングの成功のためには欠かせないテーマになる。

　健康価値をうまく商品化したと評される商品を売るために、花王はどのような売り方を選択したのか。この章では、チャネル選択に注目しながら成功する売り方について記述を行いたい。

2　花王「ヘルシア緑茶」のチャネル提案

　新商品のうち、ヒットして翌年まで生き残るものが0.3％といわれる清涼飲料市場で、花王が2003年5月に発売を開始した「ヘルシア緑茶」は、発売年に

【写真13-1　花王のヘルシア緑茶とブランド拡張された商品】

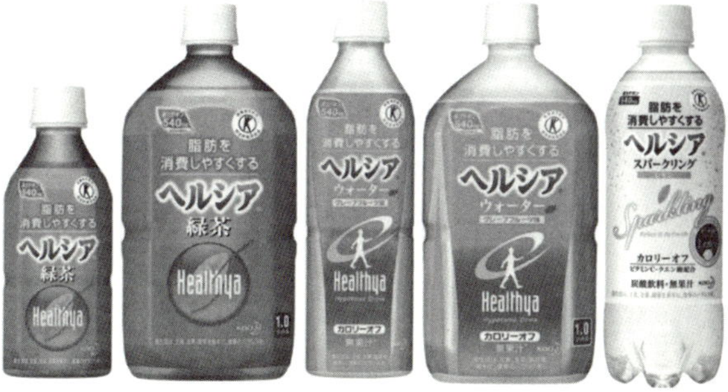

写真提供：花王株式会社

200万ケースが売られ、177億円を売り上げて大ヒットした商品である。ヘルシア緑茶の成功で市場認知度および販売ノウハウを得た花王は、ヘルシア緑茶では2〜3割しか低減できなかった茶カテキンの苦みを75％まで低減したスポーツ飲料のヘルシアウォータを2006年から発売しており、2009年には炭酸を加えることで従来のヘルシア緑茶に比べてのどごしが爽やかなヘルシアスパークリングを開発するなど、ターゲット顧客層を広げようとしている。

花王のヘルシア緑茶開発

① 市場細分化と商品コンセプト開発

花王は、お茶に含まれるカテキンが体脂肪を消費する効果があることに着目し、市販されている緑茶飲料の4倍にあたる高濃度茶カテキンを含有する緑茶飲料を開発した。

ヘルシア緑茶には、350mlペットボトル当たり540mgの高濃度茶カテキンが含有されている。1日1本を目安に3か月飲み続けることで、体脂肪が平均的に10％低減することを試験によって確認し、厚生労働省から特定保健用食品として認定された。特定保健用食品制度とは、政府が、成人病の患者数増加や高齢化に伴う医療費抑制対策として、疾病を予防する目的から、1991（平成3）年に設立した制度である。この制度では、効用を医学・栄養学的に証明した食品に対し、厚生労働省が用途・効果の具体的表示を許可する。

緑茶飲料には、漠然と健康によいというイメージが存在した。特定保健用食品として許可を得た花王は、「体脂肪が気になる方に」をキャッチフレーズとして、「健康機能」という新たな価値を持ち込むことで、一般の緑茶飲料との差別化を図ることにした。

② **ターゲット顧客設定**

体脂肪の低減という健康機能をコンセプトとする場合に、そのターゲット顧客としてまず浮かぶのが、ダイエットに関心の高い若い女性であろう。しかし花王は、BMI（Body Mass Index。世界共通の肥満度指標）25以上の30歳以上の男性をターゲット顧客とした。その背後には、花王特有のブランド哲学があったとされる。

花王の新商品開発では、一時的なヒット商品ではなく、強固なロイヤルユーザーに支えられたロングセラーブランドとなることが要件とされている。この要件は、ヘルシア緑茶においても例外ではなかった。したがって、ヘルシア緑茶の売り方は、清涼飲料業界では常識だった、イメージや販売促進活動、価格による競争には絶対に加わらないことが、事前にルール化された。

実は、ヘルシア緑茶の発売前の調査では、若い女性の支持率が圧倒的に高いという結果も出ていた。もし短期的なヒットを狙うのであれば、若い女性を取り込んだほうが当初の売上規模は大きくなっていたかもしれない。しかし、若い女性は、商品に対する移り変わりが激しいことが予想される。そのため、体脂肪を気にする30歳以上の男性をターゲットとして設定した。

❖❖❖ 花王のチャネル提案

花王は、2004（平成16）年6月22日にスーパーを新たなチャネルとして加えると発表するまでに、コンビニに限定して販売を行った。2003年の発売当時は、市場関係者から「商品特性を考えると、コンビニよりスーパー向き」、「流通ルートの点では、飲み続けることが役に立つとの考え方ならば、スーパーで購入できる大容量の商品も用意すべき」という声も寄せられた。このような指摘があったにもかかわらず、なぜ花王は、販売開始視点のチャネルとしてコンビ

ニを選んだのか。

① 市場細分化とチャネル提案

　花王が発売当時からしばらくの間にチャネルをコンビニに限定したもっとも大きな理由として、市場細分化戦略をあげることができる。当時は、コンビニを利用する顧客の約6割が男性であり、30歳以上が過半数を占めていた。しかし、コンビニを利用する20代男性の利用頻度が月平均16回に対して、30代以上男性の平均利用頻度は8回と（30代男性が12回、40代男性が9回、50代男性が6回、60代以上男性が4回）、30代以上男性のコンビニ利用頻度は決して高くなく、コンビニの収益改善のためには30代以上男性の利用頻度を高める必要があった。しかし、彼らを明確にターゲットとした商品が少なかったために、利用頻度はなかなか改善されなかった。

　ヘルシア緑茶は、体の脂肪が気になる30歳以上の男性をターゲット顧客にして企画されているために、コンビニの主要利用者と重なる。さらに飲み続けることによって成果が得られる商品特性は、30代以上男性の利用頻度を高めたいコンビニ側にとっては、悩みを解決してくれる有望な商品に映った。

　たとえば、ローソンは発売前に関東地区のスーパーバイザー（店舗経営指導員）会議に、ヘルシア緑茶の開発責任者を招いた。商品開発者を会議に招いたのも異例だが、説明を聞いて有望商品と見込んだスーパーバイザーは販売促進活動に動き出した。あるスーパーバイザーはサラリーマンの多い都心のある店舗で入り口付近の一番目立つ棚6段すべてにヘルシア緑茶を並べ、効果を知らせるPOPを大きく掲げた。また店長がヘルシア緑茶を飲み続けて、どの程度自分の体重が変化したかをグラフにまとめ、販促に利用したこともあった。

　さらに地域限定で発売されたヘルシア緑茶のうわさを聞いた九州など他のエリアのコンビニが、ヘルシア緑茶を仕入れるために首都圏のコンビニへ買いに来た事例もあった。このようなコンビニの努力も伴い、2004年はコンビニだけでの販売で売上げが300億円を超えた。

② 商品特性とチャネル提案

　市場細分化戦略とともに、花王がチャネルとしてコンビニを選んだもう1つ

の理由としてヘルシア緑茶の商品特性をあげることができる。

　前述したように、ヘルシア緑茶は健康機能をコンセプトにしたもので、毎日1本を継続的に飲むことで効果が生まれるという特性がある。ヘルシア緑茶の商品コンセプトに促されて飲み始めた顧客は頻繁に購買を行わないといけないために、買物の手間をできるだけ省こうとすることが予想される。この顧客にとっては、近隣にある小売店舗で販売することが望ましい。その面でコンビニはその条件を備えていた。

　③　チャネル拡大と売場提案

　コンビニを中心にヘルシア緑茶の販売を行っていた花王は、時間とともに市場認知度と販売ノウハウ蓄積度が高まり、さらなる販売拡大を目指すことになる。2004（平成16）年6月からは、品揃えを増やしてスーパーなど他の業態へチャネルを広げると発表した。

　それまではコンビニ向けに350mlペットボトルを売っていたが、スーパー向けとして1リットル入りのペットボトルと350mlペットボトル6本1パックにした商品を発売する。この新たに出す容量サイズや6本1パックで、まとめ買いの利便性を高めて、家庭で飲む機会を増やすことにした。

　コンビニは女性より男性客の利用が多いが、スーパーは家庭主婦など女性利用客が多い。ターゲット顧客が異なれば、同じ商品であっても小売側にとっての同商品の位置づけが変わってくる。ヘルシア緑茶は、コンビニ側にとってはのどから手が出るほど欲しい商品だが、スーパー側にはそこまで有望商品ではない。コンビニ側は率先して販促活動を行ってくれたが、スーパーに同じことは期待できない。それでは、花王側から仕掛けるしかない。花王はスーパーに対しては売場提案を積極的に行った。

　売場提案とは、メーカーや卸売業者が小売に対して商品を売り込む際に、個々の商品を提案するのではなく、店舗の売場全体の売上が上がるような棚割り、売場の演出、チラシに商品を掲載する時期、販促のタイミングを提案するものである。小売の視点に立った商品提案といえるが、売場提案活動の中でもっとも重要なのが棚割りの提案といわれる。多くの小売業者は、メーカーや

【写真13－2　花王の売場提案と「トクホ」コーナー】

写真提供：筆者撮影

卸売業者に棚割りを提案させてその中で最終的な棚割りを決定するのが一般的である。

　花王はヘルシア緑茶を売る際にスーパーに対しては売場に特定保健用食品コーナー（別名、トクホコーナー）を提案した（写真13－2参照）。さらに、特定保健用飲料で競合関係にあるメーカーとの共同で売場づくりをスーパー側に提案した。それは、棚割りの主導権を握ることで、店頭露出を増やすためであった。

3　チャネル提案の進め方

　ヘルシア緑茶の事例のように、チャネルを選択する際には、何よりも商品コンセプトに合ったチャネルを選択することが重要になる。そしてその商品コンセプトに合ったチャネル選択を考える際には、ターゲット顧客と商品特性を考

察することが必要になる。チャネルといってもさまざまなタイプのチャネルがあり、それぞれのメリットとデメリットは異なる。したがって、チャネルを提案する際には、これらの内容を慎重に検討することが求められる。

① **ターゲット顧客とチャネル提案**

まず年齢や性別、所得、嗜好、ライフスタイルなどで市場細分化を行うとき、それらの特徴をもつ特定の消費者層が集まる小売店舗をチャネルとして選択する必要がある。ヘルシア緑茶のターゲット顧客を体脂肪が気になる30代以上の男性といいながら、若者や女性が中心顧客の小売店舗はチャネルとして適当ではない。

さらに消費者の嗜好やライフスタイルはつねに変化するものであり、その変化に対応できるチャネルを提案する必要がある。たとえば、最近の変化を見ると、余暇生活では、旅行などの非日常型レジャーが減少する中でパソコンやテレビゲームなどの家型レジャーをする人が増えている傾向がある。このように家にいる時間が長くなると消費行動もそれに合わせて変わることが予想される。

宅配便の利用経験者は2003（平成15）年と比べて2009（平成21）年に約4割が増えている。またインターネットショッピングを月2回以上利用する人は2000年から約10倍まで増加した。宅配便やインターネット通販の利用者増加は、消費者の「在宅志向」といった生活スタイルの変化に合わせて、より適したチャネルが選択された結果である。

② **商品特性とチャネル提案**

またチャネルを提案する際には、商品特性を考慮する必要がある。商品特性は、おおまかに最寄品、買回品、専門品という3つに分類される。それぞれの特性に適したチャネルの提案がある。

まず「最寄品」は、食料品や日用雑貨、医薬品などのように消費者が商品の購買や探索について、できるだけ少ない努力で手に入れようとする商品種類のことである。そのために、最寄品は、多数の近隣にある小売店舗で販売されやすくなる。つまり、量販店やコンビニなど、どこでも商品を買うことができる「開放的チャネル政策」が適している。事例でみたヘルシア緑茶などの飲料は、

これに当たる。

　次に、「買回品」は、ファッション・ブランドのように消費者が購買や探索の努力を惜しまず、商品を慎重に比較するような商品種類のことである。消費者が探索および購買努力を惜しまないだけに、最寄品ほど多数の小売店舗はいらないが、慎重に商品を比較するために品揃えの深さが必要であり、百貨店やファッションビルなど販売する店舗を選別した「選択的チャネル政策」が適している。

　最後に、「専門品」は、買回品のように消費者が購買や探索の努力を惜しまない特徴があるが、自動車や服飾などの高級ブランドのように商品の需要と供給が極めて限られていて希少性が高く、ブランド間の比較ができない商品種類のことである。そのため、消費者への高いサービスやブランド・イメージの維持が必要になるために、小売店をむやみに増やすよりは限定するものであり、特定の専門店だけで販売する「排他的チャネル政策」が適している。

③　チャネル提案と費用

　ターゲット顧客と商品特性に合ったチャネル選択は、その商品の売れ行き、つまり売上に貢献するであろう。しかし売上効果を相殺するほどの費用が発生する場合には収益性は上がらない。ここで多様なチャネルを費用構造の視点で理解しておく必要がある。紙面上の制約ですべてのチャネルの費用を論じることはできないが、ここでは最近利用が増えているインターネット販売について簡単に紹介したい。

　インターネット販売では、消費者は営業時間を気にせず、自宅やオフィスでいつでも商品を購入することができる。また消費者が商品の実物を見てから購入するわけではないので、販売側は現物を用意する代わりに商品情報だけを揃えればよく、店舗にかけるコストを節減できる。またインターネットは海外まで販売エリアを拡張することができる。これらの消費側と販売側のそれぞれのメリットは、インターネット販売の効率性を意味するものであり、流通チャネルとしてインターネットを活用することは非常に魅力的にみえる。

　しかし、インターネット販売には新しい費用が発生することを忘れてはいけ

ない。まず、消費者側の費用であるが、消費者が感じる心理的負担が考えられる。たとえばカーテンのように、店舗でなら実物を見て手触りを確認することができるが、この情報をインターネットから収集することは難しいために消費者が感じる心理的負担をあげることができる。

一方で企業側の費用として、まず物流費用をあげることができる。店舗で商品を購入する消費者は、購入した商品を自宅まで消費者が運ぶことが多いが、インターネットを利用した購買では、消費者の代わりに専門の物流業者が配送することになり、配送費用がかかる。この物流費用の増加は、インターネットで販売する業者の大きな費用発生要因になっているのである。

さらに、物流費用以外にも、インターネット販売のためには、情報システムを構築するための費用と、サーバー管理のように情報システムを維持するための費用がかかる。またインターネットを使うことは世界中の業者と競争することになることを意味するために、その中で自分のウェブサイトを覚えてもらうようにするためには、広告や販促に費用をかける必要がある。

以上のように、インターネット販売には、メリットとデメリットがあるために、チャネルとしてインターネットを利用する際には、費用構造に留意する必要がある。同じことは他のチャネルでもあり、チャネルを選択する際には、そのチャネルを選択することで得られるメリットだけではなく、デメリットについても注意を払う必要がある。

4 チャネル提案で気をつけること

成功するチャネル提案のためには、ターゲット顧客と商品特性に合ったチャネル選択、チャネル費用に対する理解が必要であることを述べてきた。さらに、それら以外にも戦略的視点および柔軟な姿勢も重要である。

花王は、関東地方のコンビニから全国コンビニへ、またコンビニからスーパーなど他の業態へと、時間の経過とともにチャネルを拡張してきた。それは、販売ノウハウや商品知名度が乏しい場合には、取引先を活用することで解決し、

Column 13−1

Rivingのケース―チャネル提案の実践

　販促提案と価格提案を考えたRivingは、本章の進め方を参考に、チャネル提案をどうするかについて考えることにした。

　まず、大学生というターゲット顧客に、どのチャネルが適しているかを考えることにした。先のコンセプト・テストでは、ロフトや東急ハンズ、イケア、無印良品などのライフスタイルショップや、インテリアや雑貨などの専門店に加え、インターネット通販や、ホームセンター、量販店で購入するという回答があった。さらに、smart shelfの購入意向があった回答者に絞ると、インテリア専門店やその専門店のインターネット通販での購入という回答が多かった。

　次に、商品特性が、どのチャネルに適しているか検討を行った。家具は、一般的に探索や購買努力を惜しまない商品であり、買回品であると考えられた。慎重に商品を比較するため、深い品揃えを持つライフスタイルショップや、インテリアショップ、インターネット通販は適していると考えられる。だが、こうした店舗に置くためにはたくさんの商品を生産する必要があり、在庫リスクの問題も発生することがわかった。さらには、店舗の利益も考慮する必要があり、価格を大幅に上げることにもつながる。一方、ソーシャルメディアでの顧客の中には、購入意向の消費者もいて、インターネット通販の可能性も高い。

　そこで、最初はインターネット通販で開始することにし、一定の人気があったら生産量を増やして、同時にインテリアショップに販売するという提案に変更した。さらに、ネットでは直接、購入した顧客とコミュニケーションがとれるので、フィードバックを得ることも可能であり、商品の改善に活かせるというメリットもあることに、メンバーは気づいた。

資源が蓄積されるとそれに合わせてチャネルを拡張した。このように、チャネルを提案する段階では、資源とチャネル選択の問題を長期的視点で考えることが必要である。そして、顧客や競合の変化に応じてチャネルを見直す姿勢も必要となる。

> **Column13 – 2**
>
> ### メーカーや卸売業者による売場提案
>
> メーカーや卸売業者に棚割りを提案させてその中で最終的な棚割りを決定するのが一般的であるが、最近は、単なる棚割り提案の枠組みを超えて、カテゴリーごとに担当メーカーや卸売業者を任命し、小売側のPOS情報を共有し、共同で分析することで小売側の全店舗のカテゴリー棚割り提案を行うような仕組みを導入する小売業者も増えている。
>
> 分析対象商品が多いために、手作業による棚割り計画には限界があり、商品数が一定以上の規模になると、プラノグラム（planogram）をはじめとするコンピュータを利用したいくつかのシミュレーションが利用される。
>
> プラノグラムは棚割りシステムを代表するソフトウェアの商品名であり、小売側の棚割りを合理的に行い、その棚の利益を最大にしようとする概念である。コンピュータグラフィックの発達によって、多数の商品をどの棚にどのように配置すれば、その小売店舗の売上を最大化できるかをシミュレーションする。棚パワーとブランドパワーを組み合わせるもので、トップシェアのメーカーや卸売業者が、リテールサポートの用具として活用している。
>
> 効果的な棚割り提案のためには、小売の店舗の陳列棚を計画するだけではなく、物流センターの保管棚を割り付ける際にも効率性を高める必要がある。そのために物流センターでは、品目ごとの荷動き頻度やカテゴリーを考慮した棚割付けが行われており、さらに物流センターの効率を高める目的から自動倉庫を建設する小売業者もある。自動倉庫の場合には、棚割付けがコンピュータを使ってリアルタイムで行われ、また、どの棚にもランダムにアクセスが可能であることから自由度が高い。
>
> 物流センターの自動化や自動倉庫の建設には膨大なコストがかかるために、このコストを節約したい小売業者の中には、卸売業者に自社専用の物流センターを建設してもらうことでコスト節約を図るケースもある。特定小売専用の物流センターを建設する卸売業者にとっては新たなコスト増加になるが、取引における自社商品の割合を高めることが期待できるために、取引関係の強化につながるメリットがある。

5　おわりに

　商品を販売する方法は多様に存在する。しかし、選択肢が増えたために正しい売り方を見つけ出すことが難しくなってしまったのも事実である。ヘルシア緑茶の事例から優れたチャネル選択のためには、ターゲット顧客と商品特性に合ったチャネルを選択することが重要であることを説明した。また、多様なチャネルのメリットとデメリットを理解する必要があることについても述べた。

　本章では、生産者と商業者との関係について、生産した商品のチャネル選択問題に焦点を当てた。これは生産者側から流通を眺める視点に立ったものであり、もう1つの重要な局面である商業者との関係から生まれる相互作用については触れていない。現実のチャネル提案においてはこの点が重要になる場合がある。このことを、チャネル管理と呼ぶが、チャネル選択の知識を得た人は、続けてチャネル管理まで知識を深めることを勧めたい。

❓ 考えてみよう

1. 本章で紹介したコンビニやスーパー、インターネット販売以外に、どのようなチャネルがあるかについて考えてみよう。

2. 1で考えた多様なチャネルのメリットとデメリットを費用の観点で考えてみよう。

3. インターネット販売に向いている商品と向いてない商品を分類してみよう。そしてインターネット販売に向いてないと思われる商品を売るための方法について考えてみよう。

参考文献

高嶋克義『現代商業学』有斐閣、2002年。
高嶋克義・桑原秀史『現代マーケティング論』有斐閣、2008年。
石井淳蔵・栗木契・清水信年・西川英彦・水越康介・吉田満梨『ビジネス三國志』、プレジデント社、2009年。

次に読んで欲しい本

石原武政・竹村正明編著『1からの流通論』碩学舎、2009年。
高嶋克義『現代商業学』有斐閣、2002年。

第14章
企画書作成

1　はじめに
2　フジッコ「フルーツセラピー」の企画書作成
3　企画書作成の進め方
4　企画書作成で気をつけること
5　おわりに

◆◆◆ 第Ⅳ部　企画書作成

1 はじめに

　企画書を作成する。この段階になると「ああ、今までやってきたことをまとめればいいのだな、ゴールは近いな」と安心するかもしれない。だが、そう簡単にはいかない。よい企画書は、コンテンツを単純にひとつひとつ積み上げていくだけでは作れない。まとめ方がよければ素晴らしい企画書になるが、逆に、まとめ方がよくなければ誰の共感も得られないひどい企画書になる。企画書は「単なる情報の集合」ではなく「伝達のための手段」なのである。

　皆さんの中にも、たとえばデジタル家電のような複雑な説明を要する商品を買いに行った際、係員の説明がやたらと細かくて、説明を聞くうちにかえって商品の特徴がわからなくなってしまった経験を持つ人は多いのではないだろうか。この体験は、伝える側と伝えられる側の間に何らかのギャップが存在しているために生じる。

　実は、新商品の企画書にも同じことがいえる。企画書には、その内容を伝えるべき相手が必ず存在する。それは、社内の企画会議の場であれば上司や経営陣ということになるし、社外の商談の場であれば取引相手ということになるだろう。いずれにしても、企画内容を相手に伝えるためには、強調すべき点は強調し、あまり必要のない説明は控えるようにするなど、提示する情報の取捨選択を行わなければならない。また、企画内容をどのような順序で相手に伝えていくべきかにも気を配らなくてはならない。相手に何かをうまく伝えるということは、これらのことについて細心の注意を払ってはじめて実現するのである。

　本章では、フジッコ株式会社（以下、フジッコ）の「フルーツセラピー」のケースを通して、企画書の内容とは具体的にどのようなものなのか、そして企画書を作成する際にはどのようなことに注意しなければならないのかを学ぶ。

【写真14−1　フルーツセラピー（グレープフルーツとバレンシアオレンジ）】

写真提供：フジッコ株式会社

2　フジッコ「フルーツセラピー」の企画書作成

❖ フジッコ株式会社の概要

　フルーツセラピーは、カラダとココロを癒すヒーリング・デザートとして2003（平成15）年3月にフジッコから売り出されたチルド（冷蔵）ゼリーカテゴリーの商品である。

　フジッコは1960（昭和35）年創業の食品メーカーで、売上高は約500億円である。主力商品は煮豆と昆布佃煮で、これらの商品が売上の約60％を占める。もともと煮豆や昆布佃煮を得意としてきたため、得意分野ではないデザート分野で新商品を発売することを決定するためには、説得力のある企画提案が必要だった。その企画書の内容を、開発の経緯に触れながら確認していくことにしよう。

❖ フルーツセラピーの開発経緯と現状

　フルーツセラピーは、健康コンセプト商品として開発されたチルドゼリーカ

テゴリーの新商品である。開発当時、世間ではストレス社会の到来が話題になっており、癒しや健康志向がブームになりつつあった。癒しを求めるためのアロマテラピーがはやり始めた頃である。こうした背景から、同社は健康コンセプトの新商品を企画・開発して売り出すことになった。

ちなみに、同社の商品企画のパターンは大きくは２つに分けられる。１つは「ニーズ発想的商品」と呼ばれ、これはお客さんのニーズにもとづいて企画する商品である。もう１つは「シーズ発想的商品」で、「こんな商品はどうだろう」とお客さんに問いかけて受容性を探る商品である。フルーツセラピーは、具体的なニーズに対応した新商品ではなく、癒しブームという漠然とした背景を受け、デザート分野で健康によい新商品を売り出してはどうか、ということで企画されたため、後者のタイプの商品開発といえるだろう。

実際に売り出されたフルーツセラピーは、初年度の売上げが約15億円と、同社のデザート部門拡大の原動力となった。社外的な評価としては、日経プラスワンの評価（日経産業消費研究所・新製品評価情報センターが採用する新製品評価基準（各項目５点満点）に基づく）では、コンセプトが５点、アピール度が４点、ブランド力が５点と高評価を得ている。また、日経リサーチが2008（平成20）年４月にスーパーのバイヤーに対して実施した調査では、チルドゼリーカテゴリーで総合３位となっている。具体的な項目別に評価を見ていくと、「味・食感」、「商品コンセプト」、「ターゲット設定」の３項目でカテゴリー１位、「パッケージデザイン」、「ネーミング」、「消費者キャンペーン、イベント」、「POPなどの店頭販促物」の４項目でカテゴリー２位を獲得している。異なる側面からの評価としては、フジッコのフルーツセラピーがフルーツゼリー市場拡大のきっかけの１つとなったことを業界各社が認めている。

こうした社外的な評価からフルーツセラピーの成功を見て取ることができるだろう。では、そのフルーツセラピーの企画書はどのようなものであったか。それを確認していくことにしよう。

第14章　企画書作成

◆ 企画書の具体的内容

　同社ではＡ４サイズ１枚の企画書にすべての重要事項をまとめることになっている。何度も書き直しながら最終的にまとめられた企画書は、役員会でのプレゼンテーションを経た上で、実際に発売されるかが決断される。そのため、商品企画においては企画書の出来栄えはとても重要な要素となる。

　フルーツセラピーの開発は「シーズ発想的商品」であったため、企画書作成においては、「この商品は誰にどんな価値をもたらすのか」、具体的には、誰がターゲット顧客で、その商品にはどんな新規（新奇）性があり、既存商品に対してどのような差別性があるのかが重視された。

　では、実際の企画書の内容を確認していこう。具体的には、以下の内容が企画書に書かれることになっている。

①　社会的背景の理解

　まずは提案の社会的背景である。社会ではどのような現象が起きているのか、その中でどのような問題が生じているのか、その問題は解決する必要があるのか、等を検討しなければならない。社会的背景をつかみ損ねると、せっかくの企画が最初から躓くことになりかねない。社会的背景にマッチした商品でなければ多くの顧客を獲得できないからである。もちろん、ニッチ市場を狙った商品の場合は、その市場を取り巻く背景を考慮しなければならない。この場合はマニアックな商品を企画することになる。重要なことは、どの市場を狙う場合であっても、それを取り巻く社会的背景を正確につかんでおくことである。フルーツセラピーの場合であれば、労働環境がシビアになっていることによるストレス社会の到来、そのために多くの人がさまざまな局面で癒しを求めるようになってきている、といったことが企画提案の社会的背景となる。

②　商品コンセプト開発とターゲット設定

　提案の社会的背景を受けて、商品のコンセプトが検討される。商品コンセプトは、どのような商品なのかを簡潔に一言で表現されていなければならない。フルーツセラピーの場合であれば、「フルーツの効果で元気回復するサプリメ

ント感覚デザート」（現在のコンセプトは、「まるで生のフルーツを食べているようなフレッシュなおいしさ」）、ということになる。言うまでもなく、このコンセプトは、ストレス社会において癒しが求められるようになってきているという社会的背景に対応するものである。

　商品のコンセプトを決定する際に、同時に検討しなければならないのがターゲットである。具体的には、誰が何のためにその商品を買うのかを検討しなければならない。フルーツセラピーの場合は、癒しを求めている30代の女性がターゲットとされた。さらに、その商品がどのような消費シーンで食べられるのかも検討しておく必要がある。フルーツセラピーの場合は、家に帰ってきたときに、あるいは仕事の休憩時に、癒しを求めることを目的として食べられることを想定している。

③　市場規模と競合の確認

　ここまでは商品に関することであるが、世間に売り出す以上、当然、市場の状況も把握しておかなければならない。具体的には、売り出そうとしている商品のカテゴリーの市場規模がどれくらいの大きさなのか、そのカテゴリーにおける競合商品にはどのようなものがあるのか、といったことである。フルーツセラピーの商品カテゴリーはゼリーだが、その中でもとくにチルド（冷蔵）ゼリーのカテゴリーに属する。競合商品として想定されたのは、ゼリーカテゴリーの商品の中でも小売店頭で優勢であったドライゼリー（常温保存が可能なゼリー）であった。

　ここで注意しなければならない点は、どのカテゴリーのどの商品を競合商品として想定するかによって、市場規模の推定や競争のフィールドが変わってしまうということである。フルーツセラピーの場合はドライゼリーを競合品として想定したが、仮に、チルド（冷蔵）ゼリーカテゴリーを競合品として想定した場合は、他のフルーツゼリーやコーヒーゼリーなどが競合品となる。さらに視点を広げてみると、プリンやシュークリーム、あるいはロールケーキといったデザートカテゴリーも競合となる可能性がある。コンビニエンスストアの店頭を想像してみると、どのカテゴリー同士が競合関係にあるのかがある程度イ

メージできるはずである。

　競合品をどのような商品と想定するかに依存するものの、ポジショニングを明らかにしておくことも重要である。自社が売り出す予定の新商品は、すでに市場で販売されている競合商品とどこが異なっていてどこが新しいのかを検討しておかなければならない。新規性（新奇性）と差別性の検討である。フルーツセラピーの場合は、具体的には他社のドライゼリーをライバルと位置づけ、それらの商品で占められている小売店頭の棚を奪還することを目的とした。ライバルの想定が決定すると、その商品との差別性や新規性が検討できるようになる。ドライゼリーは常温で保存するという特徴をもつため、使用する果肉は缶詰になったフルーツ素材であった。それに対して、フルーツセラピーは、果物らしさと香りのよさを打ち出すために本物のフルーツの味わいにこだわった。具体的には、フルーツの果肉を急速に冷凍した原料を使用することによって、にが味・酸味を生かした味を実現し、ライバルに対してフルーツのフレッシュさを強調することになった。

　ここまで検討すると、具体的な商品のビジュアルのイメージを考えることができるようになる。フルーツセラピーの場合は、競合商品との関係から、フルーツにこだわったフレッシュなゼリーであることをアピールしなければならない。そのため、容器については内容物が見えるクリアーなものが採用されることになった。しかも、ターゲットの女性が気軽に食べられるように、従来のカップ型の容器ではなく、縦長のスタイリッシュな形状の容器が採用されることになった。また、商品コンセプトと一貫させるため、デザイン面でもできるだけ無駄を省いたシンプルなものが採用された。

　商品のビジュアルとともに商品の特徴も考えなければならない。具体的なスペックである。何グラムにするか、原材料に何を用いるか、何カロリーにするか、などである。フルーツセラピーの場合は、癒しと美の追求を実現するため、低カロリーで食物繊維が豊富、疲労回復効果のあるクエン酸や美肌効果のあるビタミンCを豊富に含む、といったことが決定された。

　ここまでくれば、いよいよ企画書を仕上げていく段階となる。企画書作成に

おいて重要となるのは、一番伝えたかったことは何だったのか、それが伝わる内容になっているか、そしてその内容は説得的か、ということである。これまでは部分的に検討してきた商品コンセプトやターゲット、消費シーンや商品特徴が相互に矛盾していないか、全体として首尾一貫しているか、主観に偏った提案になっていないか等をチェックしながら企画書を仕上げていく。企画書が出来上がれば、あとは社内でのプレゼンテーションを残すのみである。

3 企画書作成の進め方

◆◆◆ 企画書作成の進め方

　以上が企画書の具体的内容だが、ここからは企画書作成の進め方を確認していこう。フジッコのフルーツセラピーの企画書の具体的な項目は以下の8点、すなわち、①提案の社会的背景、②商品コンセプト、③商品のターゲット、④消費シーン、⑤商品イメージ（ビジュアル）、⑥商品特徴（スペック）、⑦市場状況、⑧商品ポジショニングであった。これらの項目を網羅するかは企画者の自由である。ここでは、オーソドックスな企画書作成の進め方を確認しておくことにしよう。

　これまでの章で確認したように、まずは、企画の根幹であるニーズの探索を行わなければならない。フジッコの場合は提案の社会的背景からニーズを導出しているが、一般的には、ニーズを探るために、まずは探索的調査を行う必要がある。具体的には、消費者に対してインタビューを実施する（第2章）、消費者の行動や生活を観察する（第3章）、あるいは、先進的なリード・ユーザーからニーズを引き出す（第4章）、といった作業が必要になる。

　探索的調査からニーズが得られれば、次は、それを商品コンセプト化、視覚化しなければならない。具体的には、ブレーンストーミングを行ってアイデアを創出する（第5章）、ターゲット顧客や商品のポジショニングを考慮しながらコンセプトを開発する（第6章）、実際に簡単なプロトタイプをつくってコ

ンセプトを研ぎ澄ます（第7章）、といった作業が必要になる。

　コンセプトが定まってくれば、次は検証的調査を行う必要がある。具体的には、すでにあるデータから市場規模を推定する（第8章）、競合企業の商品・技術の状況を確認する（第9章）、消費者に対してコンセプトや試作品が受け入れられるか調査する（第10章）、といった作業が必要になる。

　検証的調査が終われば、商品以外の側面、具体的にはマーケティング・ミックスを考えなければならない。どのようなプロモーションで商品の販売を促進していくのか（第11章）、それくらいの価格で販売すれば望ましい売上・利益を獲得できるのか（第12章）、どのようなチャネルでどのように売場提案すればターゲット顧客に効果的に商品を届けられるのか（第13章）などを検討していかなければならない。

　なお、実際の企画においては、上記の順序どおりに検討を進めていかなければならないわけではない。先にターゲットが決まっている場合もあれば、商品ポジショニングが決まっている場合もあるだろう。あるいは、自社で保有する技術を使った商品を売り出したい、という会社側の都合があるかもしれない。そこはケースバイケースで進めていく必要がある。また、上記の内容をすべて網羅しなければならないというわけでもない。基本的には、探索的調査に基づくニーズの発見、ニーズを解決する商品コンセプトの検討、そして検討したコンセプトの妥当性を確認するための検証的調査、という作業が盛り込まれていればよい。

◆◆ 企画書のレイアウト

　こうしたことを検討すれば、いよいよ企画書を仕上げていく。企画書のレイアウトは自由だが、一応、基本の例を示しておこう。

　フジッコのようにＡ４判1枚の企画書に仕上げてもいいし、複数枚にわたるボリュームのある企画書に仕上げてもよい。適宜、商品のビジュアルや図表などを入れると効果的だろう。

【図14－1　企画書のレイアウト例】

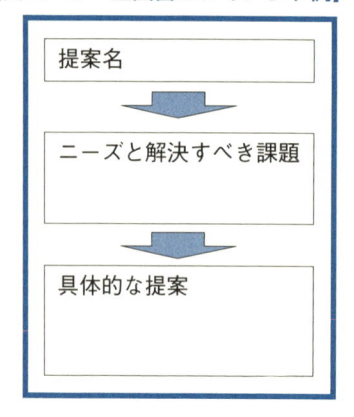

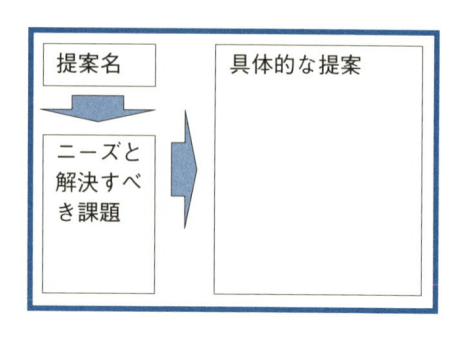

出所：筆者作成

4　企画書作成で気をつけること

❖❖ 企画書作成3つのポイント

　よい企画書を作成するためには、少なくとも以下の3点に注意しなければならない。

　第1は、企画提案を行う相手が誰であるかを明確に意識しているか、ということである。企画書においては、業界用語や専門用語を用いることがあるが、その用語は提案する相手にもきちんと通じるものなのか。たとえば、企画した商品分野のことに詳しくない意思決定者に提案する場合は、当該商品分野の常識についての説明や、専門用語の解説あるいはわかりやすい一般用語への置き換えといったことが必要となる。当然のことであるが、提案を受ける側にとってわかりやすくなければならない。言い換えれば、受け手の立場に立った企画書でなければならない。

　第2は、企画書の各項目が論理的に整合的（矛盾がない）か、ということである。たとえば、商品のビジュアルをものすごくおしゃれなデザインにしたと

Column14 - 1

Rivingのケース―企画書作成の実践

　Rivingは、本章の進め方を参考にして、企画書を作成することにした。企画書作成とは何だか難しそうだと思っていたメンバーであったが、内容を読んでみて、今まで実施してきた商品企画を整理すればよいということに気づいた。

　そこで、メンバーは今までの資料を眺めつつ、どう整理すれば読み手がわかりやすいかを話し合った。その結果、商品企画の中心となる商品コンセプトを最初に整理して書いて、それに関連づけて、探索的調査、検証的調査、販促・価格・チャネル提案を整理すれば、わかりやすいのではないかという結論に至った。

　まず、A4の白紙の右上の方に、商品コンセプトである「高さを気にせずに置ける棚」を記入し、ターゲットや仕様などがわかる説明や、さらにプロトタイプの写真や、ポジショニングを表す知覚マップを加えた。

　次に、左上に、探索的調査として実施したインタビュー法、観察法、リード・

【図14 - 2　smart shelf 企画書】

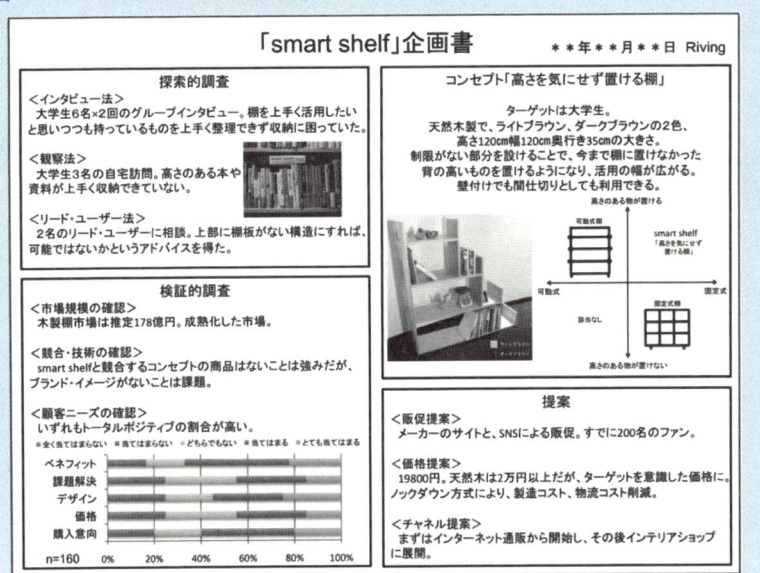

出所：Riving

> ユーザー法において、商品コンセプトの開発につながった発見事項を記入した。さらに、その調査概要や、関連する写真を加えた。
>
> 　続いて、左下に、検証的調査として実施した市場規模の確認、競合・技術の確認、顧客ニーズの確認において、商品コンセプトに関連する検証事項を記入した。さらに、その検証概要や、関連する図表を加えた。右下には、販促・価格・チャネル提案を、商品コンセプトと関連づけた形で記述した。
>
> 　最後に、それらをパワーポイントに入力して、企画書案を完成させた。それをもとにメンバーは、気をつけることに書かれていた、読み手を意識した内容、論理的整合性、客観的データという3つの視点に問題がないかを再度確認し修正を行った。さらに、ゼミで企画書を配布し問題がないかどうか確認してもらい、企画書を無事に完成させた（図14-2参照）。

しても、ターゲットがおしゃれさを気にしない顧客層であれば、そのこだわりはムダになってしまう。あるいは、広い購買層をターゲットにしたとしても、商品そのものが一部のマニアにしか受けないようなこだわりの強いものであれば、うまくはいかないだろう。重要なのは、企画書全体を眺めた時にひとつひとつの項目が全体として首尾一貫していることである。各項目を検討していくうちにすでに検討した他の項目を変更する必要が出てくることもあるだろう。その場合は、全体の整合性を考慮しながら再検討していく必要がある。

　第3は、提案したい内容が客観的なデータにもとづいているか、ということである。商品の企画担当者は、その企画にのめり込めばのめり込むほど、自身の企画に愛着が生まれ、周りの状況が見えにくくなる危険性がある。自分では絶対に成功する自信がある企画であっても、客観的な裏付けがない場合は、相手にはうまく伝わらない可能性が高い。というのは、相手は企画者と同じ思いや価値観を共有しているわけではないし、企画者と同じ知識・情報を共有しているわけでもないからである。企画は、独りよがりになってしまっては、思わぬ失敗に陥る危険性がある。

◆◆◆ 企画全体を通しての注意点

　最後に、企画全体を通して気をつけておかなければならない注意点についても触れておこう。以下の３点である。

　第１は、競合企業が似たような商品を出してくるかもしれないリスクである。せっかく苦労して企画しても、発売後すぐに競合他社に模倣されてしまうと、たとえヒットしたとしても、期待したほど売上や利益を伸ばすことができないかもしれない。企画者は、企画にのめり込みつつ、競合他社の状況も冷静に観察しておかなければならない。競合他社が模倣できないような資源（たとえば、自社のブランドイメージや独自の販売チャネルなど）を活用した企画であれば、それに越したことはない。

　第２は、新商品を売り出したくても売り場が確保できないというリスクである。たとえば、日用雑貨品メーカーが食品を売り出そうとした場合、主要な販売ルートが他社に押さえられていて新規に参入するのが難しい場合がある。ターゲットや商品ポジショニングを考慮しつつ、販売経路が確保できるかも想定しておく必要がある。

　第３は、自社内の他の部署が新商品の発売に協力してくれるかわからないというリスクである。新たに売り出される商品は、誰かが生産し、いずれかの販売ルートを使って顧客まで届けられることになる。だが、たとえば、自社の既存商品と重複する新商品を企画した場合、自社の生産部門が新商品を生産するのを嫌がる可能性がある。あるいは、営業部門が新商品の販売に積極的に協力してくれない、という可能性もある。というのは、新商品を売り出すことによって自社の既存商品の売上が落ちてしまい、企業全体としてデメリットが生じてしまう危険性があるからである。

　こうした点にも注意しつつ企画書を仕上げていく必要がある。

Column14-2

伝わる企画書

　内容を慎重に吟味すること以外にも、相手に伝わる企画書を作成するコツは存在する。それは企画書そのもののビジュアルだ。たとえば、内容をどのようにレイアウトするのか。図表をどのように使うのか。色遣いをどうするか。これらは企画書をよりよいものにするために役立ってくれるテクニックである。このようなテクニックが必要となること自体、企画書がコミュニケーションのツールであることを如実に示している。

　企画書のレイアウトについては本文中で例示したので（図14-1参照）ここでは図表を例示したいと思う。たとえば食品会社の消費者調査の結果を提示する場合は、以下のような図を用いたほうが伝わりやすいだろう。

【図14-3　棒グラフの例】

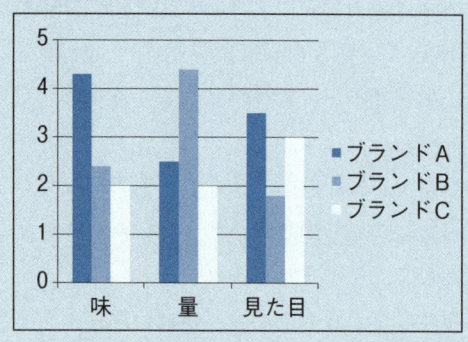

出所：筆者作成

　あるいは、現在の市場シェアを説明する際には、「ブランドAが○％、ブランドBが△％、ブランドCが□％…」と記述するよりも、以下のような図を用いたほうが伝わりやすい。

　文字だけの企画書では、提案を受ける側が退屈する危険性がある。また、内容を理解するために大きな労力を要することにもなる。そんなときに有効なのが図表の利用である。

　実際にはいろいろなフォーマットや図表がある。このほかにも色遣いなどで企

【図14-4　円グラフの例】

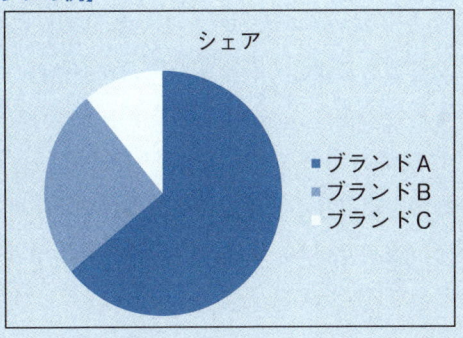

シェア
- ブランドA
- ブランドB
- ブランドC

出所：筆者作成

画書の印象は変わる。これらについては関連書籍が出版されているので各自で確認してみてほしい。

5　おわりに

　本章では、フジッコ株式会社の「フルーツセラピー」のケースを通して、企画書にはどのような内容が必要となるのか、そして、企画書を作成する際にはどのようなことに注意しなければならないのかについて学んできた。

　よい企画書は、特定のフォーマットに新商品のコンセプトやターゲットなどの項目を網羅的に埋めていくだけでは生まれない。よい企画書を作成するためには、受け手の立場に立った表現や言葉遣い、提案全体として整合性がとれているか、あるいは提案内容が客観的なデータに基づいているか、といったことが必要となる。場合によっては、必要な情報を敢えて省略したり（この場合は、企画書に資料を添付しておくなどの対応が必要となる）、特定の情報を強調したりすることが必要になる。企画書は単なる書類ではない。企画書は、対内的／対外的なコミュニケーションのツールとして理解すべきなのである。

　商品を新たに世に出すということは企業にとって大きな挑戦である。商品企画には大きなコストがかかるからである。コストがかかるからには、売り出し

◆第Ⅳ部　企画書作成

た新商品はヒットさせなければならない。だが、現実問題として、新商品がヒットする確率はかなり低いといわれている。商品開発の世界には「千三つ（せんみつ）」という言葉あるが、これは新たに売り出された商品がヒットする確率は1000分の3くらいである、ということを表している。コンビニエンスストアの棚を継続的に観察していると、一部のヒット商品以外は頻繁に入れ替わっていることがわかるだろう。企業は継続的な「ヒット商品」を目指して、日々、新商品の開発に挑んでいる。企画書作成は、その中でも中心的な役割を果たす重要なプロセスなのである。

❓ 考えてみよう

1．ヒット商品を1つ選択し、その企画書がどのようなものであったかを考えてみよう。

2．よい企画書、悪い企画書の差は何かを具体的に考えてみよう。

3．特定の商品カテゴリーの商品企画書を考えてみよう。

参考文献

高田博和・上田隆穂・奥瀬喜之・内田学『マーケティング・リサーチ入門』PHP研究所、2008年。

次に読んで欲しい本

石井淳蔵・嶋口充輝・栗木契・余田拓郎『ゼミナール　マーケティング入門』日本経済新聞社、2004年。
戸田覚『あのヒット商品のナマ企画書が見たい！』ダイヤモンド社、2005年。
富田眞司『伝わる！通る！夢が叶う！　Ａ４・1枚究極の企画書』宝島社、2007年。

第15章
プレゼンテーション

1　はじめに
2　グリコ「メンズポッキー」のプレゼンテーション
3　プレゼンテーションの進め方
4　プレゼンテーションで気をつけること
5　おわりに

◆◆◆ 第IV部 企画書作成

1 はじめに

「コンニチワ　ボクハ　マッキントッシュ　アノカバンカラ　ダシテクレテ　ホントウニウレシイヨ」

パーソナルコンピュータが人前で初めてしゃべった言葉である。1984（昭和59）年1月24日のことだ。あまりの衝撃に、その場にいた2,000人の観衆たちは、興奮して訳もわからず奇声を上げ、その瞬間を目撃したのだった。この演出をしたのは、今は亡き、スティーブ・ジョブズ。トイ・ストーリーやファインディング・ニモなど3Dアニメーションの作品で有名なピクサー社のCEOを務めたのみならず、iPodやiPhone、iPadで有名なアップル社の前CEOでもあった。

おそらく、世界最高のプレゼンテーションをしていたのはスティーブ・ジョブズだろう。彼のプレゼンテーションは、洗練されていて美しいというだけではない。彼は、聴衆にアップル社の製品を買う理由を発見させるのである。

プレゼンテーションは商品の価値を伝える手法の1つである。だが、その方法に絶対的な理論などなく、なぜそのやり方が合理的なのかを説明することはできない。スティーブ・ジョブズは世界最高のプレゼンテーションをしたといわれるが、彼が黒のセントクロイのモックタートルにリーバイス501、ニューバランスM991で出てきたら、それがうまいやり方といわれ、われわれがやったら逆にふざけるな、といわれるに決まっている。プレゼンテーションには理論はなく、実践の場こそが重要である。にもかかわらず、このことを理解してないプレゼンテーションが多い。

この章では、皆さんがつくりあげてきた商品を売り込む最後の作業をする。あれほど入魂した商品のよさが伝わらないのは、プレゼンテーションがうまくいかないからである。以下では、グリコの「メンズポッキー」の開発時におけるプレゼンテーションを例にとり、どのような工夫があるのかを考えていこう。

2 グリコ「メンズポッキー」のプレゼンテーション

　1995(平成7)年秋、担当者は追い込まれていた。初めて開発を担当した商品は、計画を下回る売れ行きで、苦戦を強いられていた。そんな中、上司から「来年のポッキー誕生30年を機に、ポッキーチョコレートを再活性化せよ」という指令が下された。「今回こそ、期待に応えないと。でも、どうやって活性化するのだ？　ありきたりの30周年記念キャンペーンでは、お客さんの興味を惹けないし……」と担当者は自問自答した。

❖ アイデアのひらめき

　悶々とする日々が続いたある日、あるアイデアを思いついた。「そうだ、最近、配荷が落ちている『ポッキービター』をリニューアルし、それを起爆剤として、『ポッキーチョコレート』に注目させよう。ビターをクールな男性に見立て、ポッキーチョコレートとの素敵なカップルを演出できると、中高校生に話題になり、どちらの商品にも興味を持ってくれるのでは。キムタクが口紅の

【写真15-1　ポッキーチョコレート】

写真提供：江崎グリコ株式会社

第Ⅳ部　企画書作成

CMをするぐらい、今の若い子は、男女の境界があいまいになってきているし……。しかも、『ポッキー四姉妹物語』でポッキーの擬人化、ストーリー仕立てのCMは評判だった。いけるぞ！」。

商品は、ビターなチョコをたっぷりコーティングし、香ばしくサクサクと仕上げてポッキーチョコレートと差別化しよう。プロトタイプは、順調に仕上がり、消費者調査も期待通りの結果。満を持して、商品開発会議に臨んだ。

◆◆ 商品開発会議にて

開発会議は、発売の可否を決定する場。出席者は、開発部だけでなく、研究所や調達関係、技術部門に広告部門、営業部門の責任者クラスが中心となる。全部門のコンセンサスがないと発売できない。最も緊張する会議である。

担当者は、「若い女性が、男っぽいカッコ良さを楽しむビターなポッキー」というコンセプトをキムタクのCMや最近のファッション等のユニセックス化の事例を挙げながら、必死でプレゼンをした。

突然、営業幹部が叫んだ。「君の話は、まったく理解できない。女性は、本当にそんな気分になるのか？　男性セールスが、そんな女性心理をバイヤーに説明できるのか？」。

それに対応して、担当者は必死で説明した。「リポビタンＤのマッチョなカッコ良さではなく、ブラックスーツを着こなす、リゲインの本木君のようなクールで、スマートなポッキーです！　わかりませんか？」。しかし残念ながら、その日は承認を得ることができず、議題は先送りとなった。

◆◆ プレゼンテーションは誰にするのか

落胆する担当者に広告部のメンバーが声をかけてきた。デザイナーと広告制作の仲間である。２人とも、「君の話はよくわかる」と理解を示してくれた。さらに、「ポッキーチョコレートとペアで良いデザインができそうな気がする。四姉妹という家族をテーマにしたCMの次は、若い女性が一番関心のある恋をテーマにしたCMができる」と支援してくれた。

第15章　プレゼンテーション

　勇気づけられた担当者は、再度、商品開発会議に提案した。今回の会議では、CMは、「ポッキー四姉妹物語」と同様のストーリー仕立てにして、メンズポッキーのイメージをわかりやすく伝えることを説明し、パッケージデザインは、ポッキーチョコレートとペアにすることで、30周年のポッキーチョコレートも販売しやすくなると説明した。商品の企画の話に終始していた前回と異なり、CMなどの販促提案や店頭対策等の具体的な販売戦略まで、ストーリー仕立てで説明できたので、営業幹部も納得し、ようやく発売の了解を得ることができた。

　担当者は、この会議で伝えることの難しさを実感し、セールスに向けた営業会議やバイヤーとの商談のプレゼンでは、さらに工夫が必要だと感じた。

　そこで、まず、「ポッキー坂恋物語」という制作中のCMのデモテープを流し、コンセプトをビジュアルで理解できるように工夫した。同時に、店頭セールのイメージがしやすいように、販売促進プランも絵にして説明した。さらに、最近の若者のトレンドを説明し、メンズポッキーによって、チョコレート売り場が盛り上がり、ポッキーチョコレートともども売上増が見込めることを、データを交えながら、熱意と自信を持って説明した。

　このように、プレゼンで苦労した商品であったが、メンズポッキーは、その

【写真15-2　メンズポッキー】

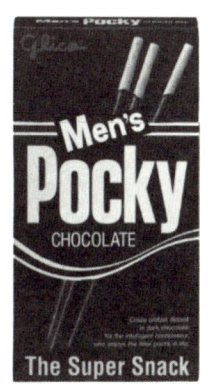

写真提供：江崎グリコ株式会社

年の日本食糧新聞主催の「食品ヒット商品」で優秀ヒット賞を受賞するほどのヒット商品となった。

担当者は、今回のプレゼンを通じて、熱意を込めて一生懸命話をすると必ず伝わることを学んだ。同時に、プレゼン相手にとって、何が理解の障害になるかを想像しながら、伝える相手により、あの手この手で、伝え方を工夫することも大切だと実感した。

3 プレゼンテーションの進め方

ここまで実際の商品企画におけるプレゼンテーションのリアルなシーンを紹介してきた。ここからは、そこで行われたことは何だったのか、その意味を少し理論的に考えていこう。

◆◆ なぜプレゼンテーションをするのか

商品企画や新製品開発マネジメントにおいて、マーケティングのテキストが教えてくれる伝統的な商品情報の伝達方法は、広告である。テレビを使った広域的なCMは、情報伝達の方法として、依然として最も効果が高いと信じ込まれている（ゆえにCMを行う費用は非常に高い）。全国新聞に掲載する広告も同様である。1面（全15段と呼ぶ）に掲載すると、3,000万円とか、5,000万円とか、目もくらむような価格が提示されることになる。インターネットも、近年では、有力な広域伝達方法である。インターネットになると、情報伝達の受け手は世界中に広がることになる（ただし、英語で表現すればだが）。

商品のチラシやパンフレットは、自社の商品を買おうと考えている人が手に取るので、まずその商品に対して肯定的であろう。だから、技術や機能について詳細な解説を掲載することができる。そのうえ、店頭の商品陳列も商品情報伝達の役割がある。それはなんといっても商品を実際に触れるということである。言葉や写真でわからない商品の実際の大きさや重さ、あるいは触感などの情報は容易に伝達できるだろう。

これだけの商品伝達方法があって、その上に何をいまさら、という感がなくもない。これ以上何か情報を伝達しなければならない商品なら、よさを語るのが逆に不安になりそうだ。

ひとつの考え方は、プレゼンテーションはさらに異なる情報伝達機能を持っているからだ、というものである。それは場（ば）が与えられることによる。CMにしても、パンフレットにしても、常に競争の中にさらされていて、そこで自分の商品に注目してもらわなければならない。ハードルが1段階高いわけである。それに対して、プレゼンテーションの場は、まず、その商品に注目してもらえる条件は整っている。しかも、出席者とその場で話し合い（質疑応答）することもできる。

そこでは、商品の機能を最もよく知っている開発者（一般的にはプロダクト・マネージャー）が、その商品のコンセプトや機能、そして使い方を、誰もが注目する場で紹介することができるのだ。こんなことは15秒のCMでも、パンフレットでもできない。今みたポッキーの企画提案プレゼンテーションでも、具体的な販促提案を先行的に考えたり、具体的なCMを流しながら説得あたっている。プレゼンテーションの場では、さまざまな手法が複合的に使えるのである。

さらにプレゼンテーションには、できあがってしまって、もう手を加えられない広告方法とは異なる有利さがある。それはライブであることだ。プレゼンテーションを進めるためには、この複合的な利点を活用するような設計にするとよいだろう。

◆◆◆ 誰にプレゼンテーションするのか

プレゼンテーションの企画は、誰にどんな情報を提供するのかを想定することから始まる。メンズポッキーの商品企画でも、商品企画担当者は、さまざまなプレゼンテーションを用意した。開発会議ではコンセプトを訴求する具体的なプロモーション戦略を披露した。これは営業幹部に向けての情報であろう。セールスやバイヤーには、商談に参加して、メンズポッキーのコンセプトや売

上予測についての話をしたことだろう。販売店には、この商品を扱うメリットがあることが伝えられたはずである。

　流通論の講義を思い出すまでもなく、商品が消費者の手元に届くまでには、さまざまなプロセスを経ているのが一般的である。そのプロセスに関わるすべての人々が、新しい商品（ここではメンズポッキー）に何らかの思いを抱いている。それらすべての人々に共通なのは、それを扱う（買う）理由が欲しいことである。

　誰にプレゼンテーションをするのかに気をつけなければならないのは、その理由が人々によって異なるからなのである。そして、プレゼンテーションがうまくいくための理論がないのも、相手が多様なことによる。気むずかしい人におちゃらけたプレゼンテーションは効かないことだろう。反対に、普段おちゃらけている人が、そのときに限って、おちゃらけたプレゼンテーションを気に入らないかもしれない。しかも、恐ろしいことに、場合によってはその逆もありえるのだ。

　だからプレゼンテーションで、一般的に成功する手法などありえないのだ。だからこそ、誰にどのような情報を提供するのかが重要になるのである。プレゼンテーションが1回しかできないのであれば、情報提供を決めた特定の人物以外の参加者には、質疑応答時に誠意を持って対応するしかない。誰にでも高い評価をされるプレゼンテーションなど、ない。

◆◆◆ 何をプレゼンテーションするのか

　誰に何をプレゼンテーションするのか決まったら、今度はコンテンツづくりである。コンテンツとは、プレゼンテーションの内容のことである。具体的にはプレゼンテーションツール（多くの場合は、キーノートかパワーポイントだろう）のスライドに載っている情報のことである。文字であったり、写真であったり、ビデオであったりする。このコンテンツをどのようにつくりだすのかが、プレゼンテーションの巧拙を決める主要な要因の1つである。

　コンテンツは、企画書作成時の情報が中心となる。商品コンセプト、ター

第15章　プレゼンテーション

ゲット、市場規模や売上予測、こういったことは、社内プレゼンテーションの場合は決定的に重要である。あるいは、社内プレゼンテーションの場合は、市場規模と売上予測だけでいいかもしれない。「この商品コンセプトに反応するターゲットは誰々で、その市場規模はこの程度で、そこでの競合は何社あって、われわれはこれだけのプロモーションをするので、これだけのシェアを取れそうです。だから売上はこれだけになって、製造原価がいくらだから、粗利はいくらになります。」この内容が営業幹部の業績評価に貢献する規模であれば、相手の納得感は高まる。

　社内プレゼンテーションでは、配布資料の情報を中心に話すことが基本で、それ以外の情報の話をすることは好まれない場合がある。資料に掲載されている情報だけしか伝えないのであれば、なぜプレゼンテーションを改めてするのかといえば、それはスライド1枚1枚のつながりにストーリーが必要だからである。

　市場規模は50億です。「だからやります」なのか、「でもやりません」なのかは、構成したストーリーによる。プレゼンテーションでは、そのときに、文字や写真以上の情報を提供することができるだろう。それは、言語以上の伝達が可能になるからである。プレゼンターが、動きや表現を入れることで言語以上の伝達が可能になるだろう（コラム15-2参照）。

　このことは、社外プレゼンテーションの場合はもっと重要になる。消費者にとっては、あなたの会社の売上予測なんてどうでもいいことだからだ。消費者は、いったいその商品が自分に何をしてくれるのか、そして、なぜそれを買わなければならないのかを知りたがっているからである。ただでさえ、あなたが開発した商品と同等の機能を提供してくれる商品など、この世にはいくらでもあるのだ。なぜそのたくさんの競合製品の中から、あなたのつくった商品を選ばなければならないのか。

　だから何をプレゼンテーションしなければならないかといえば、あなたの「夢」である。夢とはあなたが商品を通じてどのように生活を改善したいのか、についてのストーリーである。もちろん商品コンセプトを説明するのは重要で

◆◆◆ 第Ⅳ部　企画書作成

ある。商品の差別性を強調するのも大切である。機能や新技術も知りたがっていることだろう。しかし、もっと大切なことは、それを使えば、これからの生活はこうなるのだ、それをこの商品はこのように実現する、というあなた自身の夢を語ることである。プレゼンテーションとは夢をストーリーにのせ、場の聴衆と共有することなのだ。このとき、商品コンセプトは、このストーリーを一言で表した言葉に他ならない。プレゼンテーションとは、このストーリーを複合的な方法を使って表現できる場なのである。

◆◆◆ どのようにプレゼンテーションするのか

　したがって、プレゼンテーションでは、スライドはもとより、サウンド（効果音のみならず、自分の声を含む）、照明、そして身振り手振りによって、夢に形を与えることができる。

　プレゼンテーションといえば、キーノートやパワーポイントのようなパソコンのソフトウェアでつくればよいと考えがちになるが、夢を実現するストーリーをライブで表現しなければならないとなると、そうではないことがわかるだろう。スライドショーなどは、その要素の一部にすぎない。それよりもストーリーのほうがはるかに重要である。村上春樹の小説を読めば、文字だけでリアルなビジュアルシーンが頭に描き出されるだろう。そのために必要なのは、しっかりしたストーリーである。夢に至るストーリーを、リアルなシーンをもって組み立てることが先決である。

　幸い、ストーリーづくりには確立した方法がある。ハウツーがあるのだ。ストーリーづくりは、小説や映画、漫画などのハウツーを参考にすればよいだろう。そこに出てくる主人公（キャラクター）のつくり方すら、定式化しているぐらいである。唯一ないのは、夢である。夢は与えられるものではなく、自分で描くものだからである。

　夢を語るとき、われわれは、おそらく全身で語るだろう。身振りは自然に出てきて、そして、シーンを雄弁に表現することだろう。

第15章　プレゼンテーション

> **Column**15 - 1
>
> ## Riving のケース―プレゼンテーションの実践
>
> 　企画書が完成した Riving は、本章の進め方を参考に、いよいよ最終のプレゼンテーションの準備にとりかかった。メーカー役員に向けてのプレゼンテーションは、Riving に 5 分間が与えられていた。
>
> 　プレゼンテーションのコンテンツは、企画書の情報が中心となるが、それをよりわかりやすく説明するために、メンバーはパワーポイントで、新たにプレゼンテーション資料を作成することにした。企画書をメーカー役員に渡すので、資料では画像や図表を入れて、視覚的な内容を中心にすることにした。たとえば、使用イメージがわかるように、個人の部屋では壁に沿わせて、リビングでは間仕切りとして使用しているような、シーン別使用例の写真を使うことにした。
>
> 　プレゼンテーションの仕方としては、パワーポイントでの資料の説明だけでなく、実際に寸劇を入れて、その課題や商品コンセプトの重要性を簡単にわかるようにした。さらに、原稿を読みながらでのプレゼンテーションでは、役員に想いが伝わらないので、体全体を使って表現したり、原稿を見なくても話したりできる状態を目指すことにした。
>
> 　メンバーで、パワーポイントのリハーサル機能を使って何度も話す練習を繰り返した。その後、自分たちでビデオに撮影してわかりやすいかどうかを最終確認した。
>
> 　プレゼンテーションの 1 週間前に、ゼミ内で事前発表会を行った。「寸劇が本当に困っているように見えない」といわれ、話し方や動作の改善など練習を繰り返した。さらに、他の説明部分も、手の動きを加えたり、重要なことは声のトーンを変えるなど改善した。
>
> 　発表当日、行きの電車やバスの中、プレゼンのイメージトレーニングを何度も繰り返した。発表会場の前で、最終のリハーサルを行った。暗記も、時間配分もほぼ完璧だった。そのかいもあって、発表は、内容・時間配分共にすべてうまくいった。終了後、役員から賞賛の言葉と企画の承認をもらった。Riving のメンバーは喜びもつかの間、発売に向けての活動の準備を始めだした。

4 プレゼンテーションで気をつけること

　ここまでプレゼンテーションの進め方を考えてきた。誰に何をどうやって伝えるのか、結局のところ、コミュニケーションのハウツー本に書かれていること、そのままである。それらとの違いは、コミュニケーションではしばしば、やり取りのうちで新しい価値を発見していくことがあるが、プレゼンテーションの場合は、商品コンセプトを定められたとおりに伝達しなければならないことである。伝達すべきコンテンツは変更できない。

　だとすると今度は、広告一般と変わらないことになってしまう。広告との違いは、ライブであることによる双方向性である。したがって、この性質を考えると入稿後や、オンエア後に修正の効かない広告とは違って、その場で、いくばくかの補正（加筆や修正といったところである）が可能になる。プレゼンテーションは、そういった特徴を持っている。こうした特徴がそのまま、プレゼンテーションで気をつけることになるだろう。

❖❖❖ まずスライドを忘れよ

　スライドは、広告と同じように事前に確定した資料になってしまう。したがって、ライブを特性とするプレゼンテーションで、それに拘泥すると広告と同じ情報伝達の一方通行になってしまうだろう。これは論外である。したがって、スライドを使って表現するにしても、それをつくることを第1に置いてはならない。スライドは夢を伝達するための手段に過ぎないからである。

　では、プレゼンテーションで語る夢と、それを表現するストーリーはどのように見つければよいのだろうか。アイデア（頭に描いた夢の原型）の出し方というような本があるが、それにも理論はなく、経験をあたかも合理的であるかのように語っているにすぎないので、参考にすべきではない。夢は、誰かに手伝ってもらって描けるものではない。夢は、自分で語りたくなるまで、出てこないのだ。だから、われわれ凡人にはなかなかストーリーづくりはできないの

である。

　しかし、準備はできる。アイデアを形にすることにかけて芸術家に勝る職業はない。建築家の安藤忠雄は、まず紙ナプキンにスケッチをするそうである。思い立った瞬間にそれを逃さないこと、それぐらいしか妙案はない。紙ナプキン（でなくてもいいのはもちろんである。小さなメモ。せめてボールペン。最悪、手に書けばよい。）を必携することぐらいだろう。

❖❖❖ 理解したい相手に対しての後押し

　広告論の重要な知見の１つに、認知的不協和の解消がある。これは、ある商品を買った人こそが、その商品のカタログをもっともよく見る、という調査結果によって証明された。ある商品を買った人は、それが他に比べてよかったかどうか、非常に不安で、自分の意思決定が正しかったと誰かに言ってもらいたいのである。カタログは、決して自分の買った商品の悪口は書かない。これが認知的不協和の解消である。

　認知的不協和の解消は購買後に起こることだが、プレゼンテーションは、ためらう買い手（消費者）の背中を押してあげることなのである。だから、夢を語らなければならないのだ。歴史を振り返れば明らかなように、目の前の現金には打算が働くが、夢は共有できるものなのだ。

❖❖❖ 自分たちのプレゼンをビデオに撮りなさい

　上手なプレゼンテーションには理論はないが、下手なプレゼンテーションには理由がある。それは練習をしていないことである。せめて、スピーチ内容は暗記して、スライドの順番は憶えることだ。自分の声をスピーカーから聴くことは、カラオケ経験のある現代っ子には違和感はないだろうが、それでも自分の声を記録して、別のスピーカーから聴くことは大切である。どこにメリハリをつけたらいいのかわかるようになるからである。

　それは独りよがりなプレゼンテーションにならないための工夫でもある。他人に指摘されても直せない悪い癖も、自分で見ると直せるものである。

Column15-2

ノンバーバルコミュニケーション

　プレゼンテーションは、言語以上の表現を可能にする。準備はするが、場の状況によって、当意即妙な新しいリアリティをつくりだすことができる。それは、その場で言語行為（何かを説明したり、描写したり、質疑応答したりすること）をするからである。しゃべることは、言語を伝達する以上の行いである。

　文字でも行間を読む、という言い方があるように、ある特定の読者に対しては、表現された単語や言葉以上の意味を伝えることができる。プレゼンテーションの場合も同様で、スライドの文字を読み上げたり、写真を説明したりする以上の情報を伝達することができる。それはプレゼンターの声の大きさや、言葉の強弱、あるいは音程（もともと声のキーの高い人や低い人がいる）、声の質などが表現に直接影響する。それだけではない。プレゼンターは自分自身がそのまま表現手段なのである。表情、視線に加え、姿勢や身振り手振りまでが、何らかの伝達すべき意味を表現するのである。

　録音ではなく、ビデオで撮影し、それをみて練習するというのは、この効果を重視しているからに他ならない。

　ノンバーバルコミュニケーションを最初に議論したのは、進化論で有名なチャールズ・ダーウィンである。ダーウィンは、1831年ビーグル号に乗って世界中を旅して回ったが、未開の土地で現地の人々とのコミュニケーションをどのようにとるのか、という問題に直面した。そのときダーウィンはどうしたのか、は各人で調べよう。

　現在では、メラビアンの法則（アルバート・メラビアン、アメリカの心理学者）が有名である。彼は、声の調子で単語の伝わり方がどの程度異なるのかを実験によって調べた。「たとえば」といった場合、声の強弱を違えることで、どの程度「たとえているのか」に違いが出たということである。

　ノンバーバルコミュニケーションの実験では、たとえば、怒った調子でしゃべったとしても、言語から意味を読み取るウェイトはたったの7％に過ぎず、むしろ、見た目（言葉は怒っているが、笑顔であったというようこと）が55％、聞こえ方が38％にもなることがわかっている。文字や言葉の意味内容ではなく、いかに、表現の手法、プレゼンテーションが重要なのかよくわかるだろう。

5　おわりに

　社内でも社外でも同じだろうが、プレゼンテーションの前には、これから自分が立ってしゃべる場所を覗き見よう。自分以外のすべての参加者の目が、一か所に集まる。全員があなたの発声を待っている。ドキドキ、ドキドキ、緊張感が高まってくる。

　上手なプレゼンテーションは、いくら聴いても飽きない。それどころか、自分もあの程度ならできそうだと錯覚してしまう。これが上手なプレゼンテーションの特徴だ。ところが、振り返って自分のプレゼンテーションとなると、文字を並べただけのスライドシート、しかもコピーペーストしたのでフォントがところどころ異なっている。慌ててしまってアンチョコを追うどころか、抑揚さえままならない。

　このテキストを読み終えたみなさんは、もうこんなことはないだろう。準備は完璧、リハーサルは万全、そして何よりも夢があるからだ。あなたがつくった商品は、夢が形になっているんだろう。その商品は、世の中を変えていくのだ。さあ、驚かせよう。

❓ 考えてみよう

1. テレビや映画あるいはYouTubeなどから、よいプレゼンテーション、よくないプレゼンテーションをリストしてみよう。

2. よいプレゼンテーションとよくないプレゼンテーションの違いは何かを、本章で学んだことを使って考えてみよう。

3. プレゼンテーションには理論がないが、なぜないのかを考えてみよう。

◆◆◆ 第Ⅳ部　企画書作成

参考文献

マジョリー・バーガス（石丸正訳）『非言語コミュニケーション』新潮社、1987年。
カーマイン・ガロ（井口耕二訳）『スティーブ・ジョブズ　驚異のプレゼン』日経BP社、2010年。
大塚英志『物語の体操』朝日新聞社、2003年。

次に読んで欲しい本

大塚英志『物語の命題　6つのテーマでつくるストーリー講座』アスキー新書、2010年。
楠木建『ストーリーとしての競争戦略』東洋経済新報社、2010年。
ニール・ヒックス（浜口幸一訳）『ハリウッド脚本術―プロになるためのワークショップ101』フィルムアート社、2001年。

索 引

■ 数字・アルファベット ■

@ニフティ……………………………71
1次データ……………………………161
2次データ……………………………161
3C分析………………………156・159
ABC……………………………………118
BBVA……………………………43・44
C1000ビタミンレモンコラーゲン…166
CR-Z……………………………………150
Facebook………………………14・67・194
Fit's……………………………………136
IDEO………38・118・120・122・123・
　　　　　　　　　　　　129・130
JANJANソース焼きそば……………98
KJ法……………………………50・88
kraso……………………………………60
mixi………………………………67・71
NCRコーポレーション………………44
POP…………………………………12・223
Riving……14・30・51・68・91・111・
　　　　126・143・174・194・214・
　　　　　　　　229・243・259
SCAMPER……………………………88
smart shelf……………………………14
TB………………………………………175
TOTO…………………………………78
TP………………………………………175
Twitter……………………………17・194
Wells Fargo…………………………39
YouTube………………………………191

■ あ 行 ■

アイデア会議…………………………93
アイデア・スクリーニング……………6

アイデア創出…………………………13
アテンション…………………………12
アナロガスリサーチ…………………46
一貫性…………………………………106
伊藤園…………………………………139
イノベーション…………………39・66
イノベーションの民主化……………93
因果性…………………………………109
インターネット………………………254
インタビュー……………67・101・240
インタビュー法………………………13
インタラクション……………125・127
飲料化比率……………………………139
ウィキペディア………………………71
エースコック…………………………98
絵コンテ………………………………127
エスノグラフィー………………38・54
オスボーン……………………………92

■ か 行 ■

会場テスト……………………………173
開発者の想い…………………………115
花王……………………………………220
価格……………………………………241
価格受容度……………………………215
価格戦略………………………………209
価格提案………………………………15
価値……………………………………108
カップ麺………………………………98
カップラーメン………………………106
カテゴリー棚割り提案………………230
フェリシモ……………………………58
モンベル………………………………93
川喜田二郎……………………………90
観察………………………119・128・240

265

◆索 引

観察法……………………………13・67
キーノート……………………256・258
企画書………………………………234
企画書作成………………………4・15
キットカット………………………141
希望点列挙法…………………………87
規模の経済…………………………215
キャスティング……………………127
競合・技術の確認……………13・159
競合商品……………………………238
競合分析……………………………156
空想生活…………………………16・71
口コミ………………………………197
クラウドソーシング…………………71
クラッソ………………………………78
グループインタビュー
　　　　　　　　　………4・25・27
欠点列挙法……………………………87
原価…………………………………202
原価企画……………………………202
原価率………………………………206
言語行為……………………………262
顕在顧客……………………………109
現実…………………………………110
検証的調査…………………4・13・241
現場…………………………………109
現物…………………………………109
広告……………………………193・254
購入意向調査………………………169
コードネーム………………………105
顧客ニーズの確認……………………13
顧客評価……………………………108
コクヨ…………………………………71
固定費………………………………212
コンセプト……104・108・124・127・
　　　　　　　130・168・171・237
コンセプト開発……………… 13・126

コンセプトデザイン……………4・13
コンセプト・テスト……9・110・171
コンセプトの検証…………………110
コンセプトの表現…………………112
コンセプトの役割…………………108
コンテンツ…………………………256

■ さ 行 ■

差別性………………………………239
サントリーホールディングス……186
サンプリング………………………171
サンプル………………171・175・178
ジェームス・W・ヤング……………85
ジェーン・フルトン・スーリ………43
資源…………………………………245
試行錯誤……………………………109
自社分析……………………………156
市場規模……………136・139・146・238
市場規模の確認………………………13
市場規模の推定………139・143・145
市場性………………………………109
市場成長性…………………………109
市場分析……………………………156
資生堂……………………………20・21
実現性………………………………109
質問票………………………………177
シナリオ……………………………127
社内浸透……………………………105
社内プレゼンテーション…………257
需要の価格弾力性…………………209
使用テスト………………………9・173
消費シーン…………………………238
消費者参加型の商品開発……………71
商品アイデア………………29・31・34
商品コンセプト……29・31・34・124・
　　　　　　　128・130・159・175
商品陳列……………………………254

266

索引

商品伝達方法……………………255
情報伝達機能……………………255
新規性……………………………239
人的販売…………………………193
信頼性………………176・177・179
スケール感………………125・127
スティーブ・ジョブズ……………85
ステージ・ゲート・プロセス……15
ストーリー………………………258
スペック……………………106・108
生活雑貨大賞…………………61・71
セールス・プロモーション………193
セレンディピティ…………………86
潜在顧客…………………………109
千三つ……………………………248
双方向性…………………………260
ソーシャルメディア
　　………14・67・71・93・197・229
損益分岐点………………………212
損益分岐点売上数量……………212

■ た 行 ■

ターゲット……………22・25・238
ターゲット候補…………………109
ターゲット顧客…………………108
ダーティプロトタイピング
　　………………124・125・126
タイアップ広告……………………11
ださく似たおち……………………88
妥当性………………………176・179
探索的調査……………4・13・240
チェック・リスト法………………87
知覚マップ………………103・110
チタカ・インターナショナル・
　フーズ…………………………203
チャネル…………………………241
チャネル提案………………………15

調査票……………………………178
チラシ……………………………254
ディテール………………125・127
データの信憑性…………………161
デプスインタビュー……26・27・32
トータルポジティブ（TP）……173
特徴のディテール………………125
特定保健用食品…………………221
トップ ナノックス…………………4
トップ・ボックス（TB）………173
トヨタ……………………………150

■ な 行 ■

ナイトライン……………………118
謎のローソン部……………………71
なめらかプリン…………………203
ニッチ市場………………………237
認知的不協和……………………261
ネーミング・テスト……………172
ネット・コミュニティ……………67
ノンバーバルコミュニケーション…262
ノンユーザー……………………101

■ は 行 ■

場…………………………………255
バイアス……………………166・177
ハイブリッドカー………………151
ハイボール………………………186
ハウスウェルネスフーズ………167
ハウス食品………………167・176
パステル…………………………203
パッケージ・テスト……………172
パブリック・リレーションズ（PR）
　………………………………192
はるさめヌードル………………101
パワーポイント…………256・258
販促提案……………………………15

267

索 引

パンフレット……………………254
ヒアリング調査…………………84
ビデオプロトタイピング……124・127
ヒューマンファクター……………39
標準原価…………………………205
比率連鎖法……………142・143・144
ファジー・フロント・エンド……78
フェリシモ………………………71
フォーカス・グループインタビュー
　………………………………25
フォームブレスト…………124・126
富士通……………………………44
フジッコ…………………………234
ブラインド・テスト……9・171・172
プラノグラム……………………230
プリウス…………………………150
フルーツセラピー………………234
ブレーンストーミング
　……………92・102・120・124・240
プレゼンテーション……………15
プレゼンテーションツール……256
プロダクト・マネージャー……255
プロトタイピング………13・118・123
プロトタイプ…………102・106・108・
　　　　　　　118・123・212・240
プロトタイプ思考………124・131
プロペラデザイン………………129
プロモーション…………………241
プロモーション・ミックス……193
ヘビーユーザー…………………100
ヘルシア緑茶……………………220
編集………………………………127
変動費……………………………212
ホーム・ユース・テスト……173・175
ポジショニング………110・112・239
ポジショニングマップ…………110

母集団………………………171・175
ホンダ……………………………150

■ま 行■

マーケティング基本要素………108
マーケティング・ミックス……204・241
マクドナルド……………………145
マジョリカマジョルカ………20・21・24
味覚テスト………………………169
無印良品…………………………125
メッセージとメディア…………195
メラビアンの法則………………262
模擬棚………………………168・169
目標コスト………………………211

■や 行■

ユーザー・イノベーション……66

■ら 行■

ライオン…………………………4
ライトユーザー…………………101
ライフサイクル…………………204
ラポール…………………………32
リード・ユーザー………………240
リード・ユーザー法………13・58・65
リッカート尺度…………………173
緑茶飲料…………………………139
類似性に基づく推定
　………………140・141・144・145
ローソン…………………………71
ロケハン撮影……………………127
ロッテ……………………136・137・138

■わ 行■

ワーキングプロトタイプ
　………………………124・126・128

268

執筆者紹介 （担当章順）

西川英彦（にしかわ　ひでひこ）……………第1章及び各章のColumun 1
法政大学　経営学部　教授

山本奈央（やまもと　なお）…………………………………………第2章
名古屋市立大学大学院　経済学研究科　専任講師

佐々木千穂（ささき　ちほ）…………………………………………第3章
株式会社インフィールドデザイン　代表取締役・ファウンダー

清水信年（しみず　のぶとし）………………………………………第4章
流通科学大学　商学部　教授

川上智子（かわかみ　ともこ）………………………………………第5章
早稲田大学　大学院経営管理研究科　教授

廣田章光（ひろた　あきみつ）………………………………………第6章
近畿大学　経営学部　教授

東　利一（ひがし　としかず）………………………………………第7章
流通科学大学　商学部　教授

栗木　契（くりき　けい）……………………………………………第8章
神戸大学大学院　経営学研究科　教授

冨田健司（とみた　けんじ）…………………………………………第9章
同志社大学　商学部　教授

坂田隆文（さかた　たかふみ）………………………………………第10章
中京大学　総合政策学部　教授

水越康介（みずこし　こうすけ）……………………………………第11章
首都大学東京大学院　社会科学研究科　准教授

松浦総一（まつうら　そういち）……………………………………第12章
立命館大学　経営学部　准教授

吉田満梨（よしだ　まり）……………………………………………第12章
立命館大学　経営学部　准教授

金　雲鎬（きむ　うんほ）……………………………………………第13章
日本大学　商学部　准教授

横山斉理（よこやま　なりまさ）……………………………………第14章
法政大学　経営学部　教授

竹村正明（たけむら　まさあき）……………………………………第15章
明治大学　商学部　教授

太田昌宏（おおた　まさひろ）………………………………………第15章
公益財団法人　日本生産性本部　主任経営コンサルタント

■編著者略歴

西川　英彦（にしかわ　ひでひこ）

法政大学経営学部教授（商学博士）
2004年　神戸大学大学院経営学研究科博士課程修了。
ワールド、ムジ・ネット取締役、立命館大学教授を経て、2010年より現職。
専攻は、マーケティング論、ユーザー・イノベーション論。
主な著書に、『1からの消費者行動』（共編著、碩学舎、2016年）、『ソロモン消費者行動論』（共訳、丸善出版、2015年）、『ネット・リテラシー』（共著、白桃書房、2013年）など。

廣田　章光（ひろた　あきみつ）

近畿大学経営学部教授（商学博士）
1999年　神戸大学大学院経営学研究科博士課程修了。
アシックス、大阪国際大学教授を経て、2008年より現職。
専攻は、マーケティング論、製品イノベーション論、デザイン・シンキング。
主な著書に、『1からのマーケティング（第3版）』（共編著、碩学舎、2009年）、『中小企業マーケティングの構図』（共編著、同文館出版、2016年）など。

1からの商品企画

2012年2月10日　第1版第1刷発行
2016年5月30日　第1版第19刷発行

編著者　西川英彦・廣田章光
発行者　石井淳蔵
発行所　㈱碩学舎
　　　　〒101-0052　東京都千代田区神田小川町2-1　木村ビル10F
　　　　TEL 0120-778-079　FAX 03-5577-4624
　　　　E-mail info @ sekigakusha.com
　　　　URL http://www.sekigakusha.com
発売元　㈱中央経済グループパブリッシング
　　　　〒101-0051　東京都千代田区神田神保町1-31-2
　　　　TEL 03-3293-3381　FAX 03-3291-4437
印　刷　東光整版印刷㈱
製　本　㈱関川製本所
ⓒ2012　Printed in Japan

＊落丁、乱丁本は、送料発売元負担にてお取り替えいたします。

ISBN978-4-502-69300-7　C3034

本書の全部または一部を無断で複写複製（コピー）することは，著作権法上での例外を除き，禁じられています。

楽しく読めて基本が身につく好評テキストシリーズ！

★ビジネスケース，写真，図表，コラムを多数収録。
★ソフトカバー・2色刷

1からの 経営学
加護野忠男
吉村典久 編著
A5判・248頁

1からの 流通論
石原武政
竹村正明 編著
A5判・284頁

1からの マーケティング
石井淳蔵
廣田章光 編著
A5判・304頁

1からの 会計
谷　武幸
桜井久勝 編著
A5判・248頁

1からの 戦略論
嶋口充輝
内田和成 編著
黒岩健一郎
A5判・292頁

1からの 観光
高橋一夫
大津正和 編著
吉田順一
A5判・268頁

1からの サービス経営
伊藤宗彦
髙室裕史 編著
A5判・266頁

1からの 経済学
中谷　武
中村　保 編著
A5判・268頁

1からの マーケティング分析
恩藏直人
冨田健司 編著
A5判・296頁

発行所：碩学舎
発売元：中央経済社